新时代高校学生工作理论与实践系列丛书　　钟一彪　主编

新时代高校学生工作实务基础

钟一彪　主编

中山大学出版社
SUN YAT-SEN UNIVERSITY PRESS

·广州·

图书在版编目（CIP）数据

新时代高校学生工作实务基础/钟一彪主编．—广州：中山大学出版社，
2024.1
（新时代高校学生工作理论与实践系列丛书/钟一彪主编）
ISBN 978－7－306－08015－8

Ⅰ. ①新… Ⅱ. ①钟… Ⅲ. ①高等学校—学生工作—研究 Ⅳ. ①G645.5

中国国家版本馆 CIP 数据核字（2024）第 004289 号

XINSHIDAI GAOXIAO XUESHENG GONGZUO SHIWU JICHU

出 版 人：王天琪
策划编辑：赵　婷
责任编辑：赵　婷
封面题字：林帝浣
封面设计：林绵华
责任校对：郑雪漫
责任技编：靳晓虹
出版发行：中山大学出版社
电　　话：编辑部 020－84113349，84111997，84110779，84110776
　　　　　发行部 020－84111998，84111981，84111160
地　　址：广州市新港西路 135 号
邮　　编：510275　传　　真：020－84036565
网　　址：http://www.zsup.com.cn　E-mail：zdcbs@mail.sysu.edu.cn
印 刷 者：广州市友盛彩印有限公司
规　　格：787mm×1092mm　1/16　20.75 印张　361 千字
版次印次：2024 年 1 月第 1 版　2024 年 1 月第 1 次印刷
定　　价：50.00 元

本书系广东省 2021 年度教育规划课题（德育专项）"新时代高校学生工作治理体系研究"（项目编号：2021JKDY002）及 2021 年度广东省高校思想政治教育课题"人才强国战略下高校培育时代新人的机制研究"（项目编号：2021GXSZ004）阶段性成果。

编委会名单

主　编：钟一彪

副主编：陈有志　李　燕

编委会成员（按章节排序）：

彭雪婷　刘洁予　董　婉　陈保瑜

张　剑　罗妙琪　周　昀　黄佳玮

前　言

中国特色社会主义新时代是中国发展新的历史方位，是中国必将实现中华民族伟大复兴中国梦的新时代，是科学社会主义必将大放异彩的新时代，也是改革开放不断深入、富强民主文明和谐美丽的社会主义现代化强国必将建成的新时代。作为中国特色社会主义建设者和接班人，高校学生面临新的时代境遇，肩负新的历史使命。

教育决定着人类的今天和未来，是国之大计、党之大计。习近平总书记指出："青年的价值取向决定了未来整个社会的价值取向，而青年又处在价值观形成和确立的时期，抓好这一时期的价值观养成十分重要。"① 随着政治、经济、文化和社会环境的发展变化，我国高校学生的价值追求呈现多元多样的特征。高校是立德树人的地方，必须把立德树人成效作为检验高校一切工作的根本标准。高校学生工作应随着中国特色社会主义教育事业的发展而不断丰富、不断完善，要以学生成长为中心，围绕学生、服务学生、关心学生，培养能够引领未来的人才。

《新时代高校学生工作实务基础》一书正是立足新时代对高校人才培养的要求，基于高校学生工作基层一线的实践，从高校学生工作的对象特征、时代境遇、工作内容、工作保障、深化发展等五个方面共十章展开论述，以期为新时代高校学生工作的开展提供系统参考，进而为培养德、智、体、美、劳全面发展的时代新人做出更大的贡献。

---

① 习近平：《青年要自觉践行社会主义核心价值观——在北京大学师生座谈会上的讲话》，载中国政府网，https://www.gov.cn/xinwen/2014-05/05/content_2671258.htm。

目　　录

第一章　高校学生的基本特征

马克思指出："人们的观念、观点和概念，一句话，人们的意识，随着人们的生活条件、人们的社会关系、人们的社会存在的改变而改变。"① 新时代高校学生正处于中国特色社会主义建设取得巨大发展成就和努力实现中华民族伟大复兴中国梦的关键时期，他们的知识更扎实，眼界更开阔，思维更活跃，是整个社会最积极向上、最富蓬勃朝气的新生力量，是国家的希望、民族的未来。在社会环境影响与高校学生身心发展的相互作用下，高校学生的思维、生活、学习、交往等方面的状况都发生了相应的变化，并出现了许多体现鲜明时代印记的崭新特点。在思想状况和价值追求层面，高校学生的批判精神、实利意识、个体需要等逐渐增强。反映在实际行动和日常交往领域，则表现为高校学生的独立自主倾向、集群分众意愿、选择多元多样等特征日益凸显。

第一节　高校学生的思想状况

进入新时代，随着综合国力的进一步增强，中国逐渐转变了过去世界政治经济秩序从属者的角色，更加坚定地走向世界舞台中央，发出自己的声音。作为对时代发展变化最敏感的群体，新时代高校学生的思想状况也因此发生了巨大的变化，他们的思想蕴含更多的多元性、开放性、批判性与包容性因素。

---

① ［德］马克思、恩格斯：《共产党宣言》，人民出版社 2014 年版，第 48 页。

一、高校学生思想的多元性

改革开放以来，随着国家经济体制的变革，社会结构深刻调整，人们的思想观念产生了深刻的变化。高校是各类思想文化传播、相融、交锋的重要场所，在此中浸润的青年学生眼界开阔、思维活跃、思想多元等特征日益凸显。

首先，中华优秀传统文化是新时代高校学生思想的底色。习近平总书记指出："中国传统文化博大精深，学习和掌握其中的各种思想精华，对树立正确的世界观、人生观、价值观很有益处。"① 新时代高校学生从小汲取中华优秀传统文化的营养，其中蕴含的仁、义、礼、智、信以及修身养性等传统思想理念，对高校学生树立正确的世界观、人生观、价值观，以及提升道德境界、坚定理想信念具有根源性的意义。"博大精深的中华优秀文化是我们在世界文化激荡中站稳脚跟的根基……沉淀着中华民族最深层的精神追求"②，中华优秀文化中的精神力量能有效冲淡多种思潮交汇带来的消极影响，引导高校学生培育平和理性的处世心态，找准人生的方向与生命的价值。

其次，国外思潮、大众文化不断冲击新时代高校学生的思想。在信息社会化、经济全球化浪潮的不断推进下，西方资本主义的文化思想以前所未有的态势冲击着人们的思想观念。西方现代与后现代思潮的激荡，主张对本质的否定和对非理性的推崇，强调思想的多元性、差异性，不断解构、碎化中国思想文化。除此之外，享乐主义、拜金主义、自由主义、民族虚无主义等思想也给高校学生带来了消极影响，它们侵蚀着高校学生的理想信念，消解着高校学生的政治信仰，让部分高校学生的思想受到巨大的冲击，陷入与新时代要求不相适应的困境之中。此外，市场经济的发展与因社会转型而兴起的大众文化，使得人们热衷于追求贴近生活现实、深度不足的文化形态。这种文化在满足人们日常消费、娱乐需要的同时，也使得人们较少关注生活意义、人生价值与理想信念，从而产生得过且过、"躺平"等心态，这些心态也影响了部分高校学生。

进入新时代，相比于之前单纯被动的文化输入接受者，中国更多地参与到

---

① 习近平：《习近平谈治国理政》第一卷，外文出版社 2018 年版，第 405 页。
② 习近平：《习近平谈治国理政》第一卷，外文出版社 2018 年版，第 164 页。

世界政治、经济、文化建设当中，新时代高校学生更是主动承担思想文化输出的责任使命，牢牢地把握道路自信、理论自信、制度自信、文化自信。新时代高校学生的思想具有鲜明的道路自信，他们积极关注国内外时政，正确认识我国与不同国家形成的良好伙伴关系网，深谙坚持中国特色社会主义是历史发展的必然，是中国人民走向伟大民族复兴的必经之路。新时代高校学生的思想包含鲜明的理论自信，他们主动参加校内外马克思主义理论学习活动，自觉用习近平新时代中国特色社会主义理论武装头脑，用发展的眼光看待和分析全球局势，并将理论运用到实际学习生活中。新时代高校学生的思想展现鲜明的制度自信，中国抗击新型冠状病毒肺炎①（以下简称"新冠"）疫情斗争取得了重大战略成果，充分展现了中国共产党领导和我国社会主义制度的显著优势，其中涌现出许许多多青年先锋队，他们信念坚定，"用臂膀扛起如山的责任，展现出青春激昂的风采"②。新时代高校学生的思想凸显鲜明的文化自信，他们的个体文化意识不断提高，对民族文化持有高度的认同感，并能正确认识中国文化资源与世界各国文化资源的关系，相信"文化自信是一个国家、一个民族发展中更基本、更深沉、更持久的力量"③，勇担中华优秀文化输出大使的重任，在学习、生活、交流中弘扬中华优秀传统文化的魅力，并且善于加强文化的创造力。

二、高校学生思想的开放性

开放带来进步，封闭导致落后。随着中国对外开放的大门越开越宽，高校学生思想的开放性逐渐加强。所谓思想的开放性，一是能够不断吸收和借鉴其他优秀思想，使自己的思想吐故纳新；二是学习思维能够与时俱进，贯通不同学科的方法与成果，保持思想创新的源泉与动力。

新时代高校学生对外来思想文化的吸收与接纳程度更高。如今，"世界潮

---

① 2022 年 12 月 26 日，国家卫生健康委员会发布公告，将"新型冠状病毒肺炎"更名为"新型冠状病毒感染"。

② 习近平：《在全国抗击新冠肺炎疫情表彰大会上的讲话》，载中国政府网，https://www.gov.cn/xinwen/2020 – 10/15/content_5551552.htm。

③ 习近平：《习近平谈治国理政》第三卷，外文出版社 2020 年版，第 18 页。

流，浩浩荡荡，顺之则昌，逆之则亡"[1]，随着对外开放的不断深化、互联网技术的高速发展，国家、民族和地域层面的禁锢进一步被突破，社会、学校、班级等群体的时空封闭性进一步被打破，国内外思想文化交流日渐频繁，多样的思想文化在国内交融激荡。新时代高校学生思想的开放性和其与时俱进的程度密切相关，他们成长于一个提倡开放、独立和自由的时代，并且身处思想文化极度活跃的高校，每一个个体都具有较强的思想开放性，热衷于随时随地向其他个体表达自己的想法。在教师的带领或者学生自发组织下，高校学生通过读书会、交流小组等加强多元思想文化交流，广纳各种有益、先进的思想，批判保守、狭隘、单一的思想，提升思想弹性，使自己具有更加开阔的世界视野，能更加准确、全面地把握世界发展的新形势、新局面与新特征，扩展作为时代新人的责任与使命的思想广度与深度。

新时代高校学生学习研究的思维更加宏大开放。"国家发展靠人才，民族振兴靠人才。"[2] 当今世界的综合国力竞争日趋激烈，我国正在加快向创新型国家前列迈进的脚步，人才强国战略给新时代高校学生带来了新机遇。为适应自主人才培养需要、提升人才资源竞争优势，高校越来越重视培养学生学习研究的开放性思维。相对于过去那种只注重传达、解释、理解的传统教学模式，高校更积极地向现代教育模式转变，变单向灌输式为交流互动式、开放思维式，注重教师与学生之间的交流，采用讨论、引导、启发、示范等方法，引导学生主动参与学习研究过程，培养学生的自主学习能力。同时，比起较为固定的学习内容与标准考试答案，高校更注意引导学生在实践中正确对待课堂上学到的思想理论，不把任何理论当作教条，而是把现有思想理论作为进一步研究的出发点和供研究使用的方法，在思维的开放中，争取学术思想"入主流、立潮头、走出去"，在世界发展大格局中贡献中国智慧与中国力量。

三、高校学生思想的批判性

所谓批判，就是破旧立新；所谓批判性思想，就是指人们对自身的反思和

---

[1]　习近平：《习近平谈治国理政》第一卷，外文出版社 2018 年版，第 248 页。

[2]　《习近平出席中央人才工作会议并发表重要讲话》，载中国政府网，https://www.gov.cn/xin-wen/2021 - 09/28/content_5639868. htm。

对外部世界的批判，是"对思维展开的思维"[1]。辩证法意义上的批判不是对自身与现实世界一味消极地否定、控制与打压，而是在批判中树立更高形态的理想，再通过不断地努力实践，把理想转变为新的自我与现实，是一种分析力、辨别力与判断力。

新时代高校学生通过对自身的反思，不断提升自我。孔子云"吾日三省吾身"，高校学生的自我反思是对自己思维的认知与批判，以此不断调整自身的学习方法、思维策略以及认知方式。自我反思促使学生思考自己的思维过程，以此达到监督、管理、控制自己思想的效果，并及时修正思考过程中的失误与不足，促进心智与学习能力的提升。自我反思目标的达成意味着自我意识内在的真正统一，具有思想批判性的学生在不断的反思中内化、建构自己的世界观、人生观、价值观，明显地提升各方面认知能力，最终超越外界和自身。

新时代高校学生在对外部世界的批判中保持精神的独立。如今，越来越多的新思想涌入中国，这些思想良莠不齐，既有正面的积极思想，又有负面的消极思想，如拜金主义、历史虚无主义等。习近平总书记指出，当前思想舆论领域大致有红色、黑色、灰色"三个地带"。[2] 由于思想传播渠道多样，给一些杂音、噪音的滋生和蔓延提供了土壤。批判性思想使高校学生对于社会信息的辨别能力有所提高，让学生在纷乱繁杂的社会信息中汲取正向的养分，保持精神独立，不易被单边的见解蒙蔽双眼。此外，批判性思想内含公正、勇敢、理性等人格品质，引导学生不迷信、不盲从、不偏激，促使学生生发出勇于担当的社会责任感，学会利用所学的知识理性地参与关于国家、世界治理的讨论。

新时代高校学生凭借自身实践，努力改变世界。习近平总书记强调："广大青年要牢记'空谈误国、实干兴邦'，立足本职、埋头苦干，从自身做起，从点滴做起，用勤劳的双手、一流的业绩成就属于自己的人生精彩。"[3] 思想的批判性根植于实践之中，是脚踏实地与仰望星空相结合的产物。新时代为高校学生提供了许多社会实践机会，引导"学生认识问题根源并找到解决问题

---

① ［美］布鲁克·诺埃尔·摩尔、理查德·帕克：《批判性思维：带你走出思维的误区》，朱素梅译，机械工业出版社2015年版，第2页。

② 参见《习近平在全国党校工作会议上的讲话》，载求是网，https://www.qstheory.cn/dukan/2020－06/04/c_1126073316.htm。

③ 《习近平同各界优秀青年代表座谈时的讲话》，载《中国青年报》，2013年5月5日，第01版。

的出处，从而更好地激发学生学习上的创造力，对问题的探索、方案的选择、理论的甄别以及科研的创新都有明显的贡献"[1]，让高校学生在实践中充分发挥思想的批判性。新时代高校学生响应国家号召，结合学科专业特色，围绕乡村振兴、粤港澳大湾区建设、健康中国等国家发展战略，深入乡村、社区、街道、中小学校等基层，突破原有的实践活动局限，拓展实践方法和渠道，在实践中将理论与实践、思想与实际结合起来，不断提升自我素养，努力打造理想信仰中的新世界。

四、高校学生思想的包容性

当今世界正经历百年未有之大变局，科学技术迅猛发展，经济版图发生结构性改变，发展中国家群体性崛起，中国不再是世界政治经济秩序的被动接受者，而是旗帜鲜明地弘扬中国特色社会主义主旋律，建设并传播社会主义核心价值观，倡导宽容、沟通，尊重差异，包容多样性，积极推动完善更加公平合理的国际治理体系，谋求社会共识，促进社会成员和谐相处，展现泱泱大国风范。

新时代高校学生得益于世界各国日益紧密的经济文化交流，并在较为开放、自由的环境下成长，特长众多，见多识广，其思想比以往的任何一代人都更具包容性，也更加认同"求同存异、互利共赢""美美与共、天下大同""构建人类命运共同体"等包容性思想。

新时代高校学生接受新思想的能力强，推崇"求同存异、互利共赢"。"求同存异、互利共赢"强调中国命运与时代命运的紧密相连，包容理解并正确对待各种思想，允许不同思想观念的存在，博采众长，共同发展，共享成果，体现"和而不同"的思想。包容性思想就是把对世界开放作为基本准则，注重"求同存异"与"合作共赢"，高举和平、发展、合作、共赢的旗帜，将中国治理体系和世界治理体系相融合，在合作中凝聚共识，构建相互尊重、公平正义、合作共赢的新型国际关系。

---

[1] 贺振东：《批判性思维：作为马克思内在的理论特征分析》，载《长春理工大学学报（社会科学版）》2021年第3期，第69页。

新时代高校学生注重"美美与共、天下大同",倡导构建人类命运共同体。中国人民的梦想同世界各国人民的梦想息息相通,实现中国梦离不开和平的国际环境和稳定的国际秩序。① 但是近代以来,西方中心论的盛行和实践,使全球范围内的不同民族、国家和文明日益分裂为中心与边缘的主从关系,进而造成形形色色的"文明的冲突"。新时代高校学生保留着中华优秀传统文化的思想底色,对于世界大同具有强烈的向往情怀与奉献精神,愿意在自己所能接受的范围内实现"各美其美、美美与共"。构建"人类命运共同体"就是这一传统思想的当代体现,反映了中国对天下大同思想的现代化追求。文明因多样而交流,因交流而互鉴,因借鉴而发展。通过文明交流,建设一个开放包容的世界,既致力于中国自身思想文化的发展,又强调对世界文化的包容与责任,不仅能造福中国人民,而且能造福世界人民。

第二节 高校学生的价值追求

习近平总书记指出:"青年的价值取向决定了未来整个社会的价值取向,而青年又处在价值观形成和确立的时期,抓好这一时期的价值观养成十分重要。"② 随着新时代社会经济、政治和文化的变化,我国高校学生的价值追求总体呈现出多维性、自主性、理想性与实利性的特征。

一、高校学生价值追求的多维性

随着新时代高校学生接收的新思想、新文化越来越多,他们的价值观也发生了前所未有的变化。高校学生思想的多元性导致价值追求的多维性。

新时代高校学生的价值追求表现为在个人价值基础上对个人与社会整体关系的重新整合。换言之,他们更加注重在自我价值与社会价值结合的基础上实

---

① 参见习近平《习近平谈治国理政》第三卷,外文出版社 2020 年版,第 20 页。
② 《习近平在北京大学师生座谈会上的讲话》,载中国政府网,https://www.gov.cn/xinwen/2014 - 05/05/content_2671258.htm。

现自我价值，将自我完善、个人能力的发展以及自我价值的实现视为更重要的事情。具体而言，在个人与社会的关系上，新时代高校学生对社会接受程度更高，他们更倾向于把社会作为自己发展的客观条件，在时代的发展变化中谋求个人的发展；在职业发展上，他们既希望收获合心意的薪资和社会地位，又希望职业发展符合个人与时代发展需要；在实现个人价值追求的路径上，他们渴望通过自身的努力获得成功，同时又对家庭、学校、社会具有一定的依赖性，希望在家庭、学校、社会的支持下，自己的兴趣爱好得到培养和发展。

新时代高校学生的人生价值评价标准更加多样化。高校学生对单一人生价值标准和价值选择持否定态度，对多维性表现出自觉或不自觉的追求。以前，许多高校会将学习成绩是否优异作为学生评价的重要标准甚至是唯一标准。随着新时代教育评价体系改革，德智体美劳全面发展、创新创业、在某一领域有突出贡献、参与乡村振兴等逐渐成为新时代高校学生人生价值追求的评价标准。他们积极培育和践行社会主义核心价值观，正确认识个人与他人、个人与社会、个人与国家的关系，不断提高思想道德素养；他们认真学习，积极思考，在升学深造上有更高的个人要求；他们积极参加各项文娱、体育、劳动活动，养成良好的体育锻炼习惯，自觉提高审美能力和人文素养，培养马克思主义劳动观。

但是，多维的价值追求冲击着主流价值观，并会造成积极的、消极的甚至错误的价值追求并存的局面。多维价值追求内部既融合又矛盾，人们在价值聚焦表达和价值选择时容易徘徊不定，而高校学生正处于价值观的形成与发展阶段，在纷繁复杂的时代变化中，他们自身还不能完全做出人生价值追求的正确抉择。因此容易出现部分学生的理想信念不坚定，处于动摇与困惑之中，甚至在价值追求多维化的掩盖下，用错误的价值追求取代正确的价值追求的现象。

二、高校学生价值追求的自主性

所谓人的自主性，是指个人作为社会实践的主体所表现出的行动自主性，在自我的行动过程中发挥自觉意识和支配能力，对实践过程形成主导和控制作用，并能够为自己的自主行动后果承担责任。[①]

[①] 参见教材编写组《社会学概论》（第二版），人民出版社 2020 年版，第 85 页。

高校学生处于"自我意识的成熟阶段",是个体心理自我得到巨大发展的时期。[①] 这时候,他们会十分关心自己的内在需求与想法,关注自己能否掌握自己的人生与发展。此外,市场经济突出个人本位,互联网时代推崇个性自我,新时代高校教育教学也更加注重体现学生的主体地位,更尊重学生的个性化发展,并给予学生一定的学习自由权。在各方面合力的影响下,高校学生发展为思维敏捷、开拓创新、目标明确、追崇挑战且具有多元性格的群体,其个性化更加凸显,特别是在人生价值追求上,他们更倾向于发挥独立自主性,在自我选择中实现自我、发展自我。

有研究表明,在实现人生价值追求的条件中,66.3%的高校学生主要依靠"个人能力和自我奋斗",仅有6.6%的学生选择依赖"家庭背景、社会关系"来追求自己的人生目标。[②] 在实现自我价值追求的具体方式上,高校学生更偏向自我权衡与独立思考,不喜欢过度受他人支配,如在商讨毕业去向的过程中,他们更希望在参考家长、老师、同学的意见,自己权衡各方面条件后做出决定,选择最能凸显自我想法、依靠自身努力实现价值追求的道路。

虽然新时代高校学生崇尚独立个性、强调主体意识,但是在他们的价值追求中,真正属于独立思考、自主选择的成分并不多。因为高校学生正处于青年时期,其情绪和认识观念尚未稳定和定型,他们对自身的认识和评价可能存在一定的偏差,近年来,社会思潮对高校学生自主意识的影响不断增大,有的学生受到极端主义、新自由主义等不良思潮影响,以叛逆的、绝对的自由作为价值追求的自主性的表现,或者盲从社会和周围人的观念与行为,以此作为自己价值追求的判断标准。但是,自主性并非仅意味着拥有自己做决定的权利,还意味着给他人提供意见的能力,懂得适时地询问他人的意见,为自己的决定与选择承担结果。[③] 新时代高校学生价值追求的自主性提升,应该保持与社会、学校、家庭之间的依恋关系,更多地体现为对社会主义核心价值观的自主追

---

① 参见张广东、李桦《青年成长与青年教育——辅导助人工作读本》,中山大学出版社2018年版,第15页。

② 参见万美容等《湖北省90后大学生思想行为特点实证分析报告》,载《学校党建与思想教育》2013年第10期,第15～18页。

③ 参见林惠雅《大学生对自主的界定及其发展历程:以亲子关系为脉络》,载《应用心理研究》2007年第33期,第231～251页。

求，通过社会实践教育发挥主观能动性，同时通过加强对唯物辩证法的学习来提高创造性，以正确的理想信念引领价值追求，主动将个人理想追求与社会理想结合起来，发挥自己的时代价值。

三、高校学生价值追求的理想性

理想指引人生方向，信念决定事业成败。党的十八大以来，习近平总书记围绕"理想"发表了一系列重要讲话，在不同时间、多种场合强调广大青年要坚定理想信念。如 2018 年在北京大学考察时，习近平总书记寄语"广大青年要把自己的理想同祖国的前途紧密联系在一起"①。2019 年在纪念五四运动 100 周年大会上，习近平总书记再次强调："青年的理想信念关乎国家未来。青年理想远大、信念坚定，是一个国家、一个民族无坚不摧的前进动力。"②理想信念是新时代高校学生成长成才的方向标，是他们安身立命的根基与力量源泉，只有坚定理想信念，才能把激昂的青春追求融入伟大的中国梦建设当中。

在政治价值追求上，新时代高校学生努力成为德智体美劳全面发展的社会主义建设者和接班人。他们坚持中国特色社会主义道路，坚持中国共产党领导，坚持将马克思主义、毛泽东思想、邓小平理论、"三个代表"重要思想、科学发展观、习近平新时代中国特色社会主义思想作为指导思想，在校期间积极向党组织靠拢，认真学习党的理论知识，对党和国家领导人的重要讲话精神能深入学习领会，并切实将理论知识与实际学习生活相结合，牢固树立实现中国梦的远大理想。

在人生价值追求上，新时代高校学生主张增强知识更新的紧迫感，如饥似渴地学习，既扎实打牢基础知识又及时更新知识，既刻苦钻研理论又积极掌握技能，不断提高与时代发展和事业要求相适应的素质和能力；并且将个人职业选择融入国家发展需要之中，希望到国家最需要的地方去建功立业，在为社会

① 习近平：《习近平在北京大学师生座谈会上的讲话》，载中国政府网，https://www.gov.cn/xinwen/2018－05/03/content_5287561.htm。

② 《习近平在纪念五四运动 100 周年大会上的讲话》，载《人民日报》2019 年 5 月 1 日。

服务的过程中实现自己的人生价值，"到基层和人民中去建功立业，让青春之花绽放在祖国最需要的地方，在实现中国梦的伟大实践中书写别样精彩的人生"[1]；同时对自己未来所从事的职业保持高度的崇高感与价值感，为了实现自己的价值追求抱有努力奋斗的态度。

在道德追求上，新时代高校学生始终坚持传承中华优秀传统美德，并结合时代发展需要，吸收国外优秀的文明道德。他们坚持把社会主义核心价值观作为现代化社会建设和发展进程中的主流意识体系，在自身思想层面和精神认知方面给予足够的重视，崇尚真理，追求真知，高度认同勤俭节约的物质生活方式，不推崇奢华享受，在业余时间采用健康积极的休闲放松方式，如运动、旅游、阅读等。

四、高校学生价值追求的实利性

习近平总书记在北京大学师生座谈会上强调："做人做事，最怕的就是只说不做，眼高手低。不论学习还是工作，都要面向实际、深入实践，实践出真知；都要严谨务实，一分耕耘一分收获，苦干实干。"[2] 如今，一部分高校教育受到市场经济和高校扩招的影响，逐渐产业化和功利化，在指标与目标的关系把握上不够清晰，导致部分高校学生的价值观或多或少地受到实用主义的影响，更加注重个人的权利与发展，集体意识和责任感不强，理想信念不够坚定，缺乏精神追求。

新时代高校学生价值追求的群体特征展现出理性和务实的一面。由于与"80后""90后"学生的成长背景不同，很多新时代高校学生更加看重个人价值与社会价值的共同实现，关注更多与个人的发展和与前途密切相关的现实问题。他们拥有更加明确的实利性目标导向，更加注重将学习、能力锻炼与价值创造结合起来；他们擅长设定短期、具体、实在的价值目标，如在大学二年级，通过个人努力学习、广泛参与各类活动，争取得到优秀的绩点与

---

① 《习近平给河北保定学院西部支教毕业生群体代表回信》，载中国政府网，https://www.gov.cn/xinwen/2014 – 05/03/content_2670639.htm。

② 习近平：《习近平在北京大学师生座谈会上的讲话》，载中国政府网，https://www.gov.cn/xinwen/2018 – 05/03/content_5287561.htm。

学业奖学金。在学业与金钱关系上，他们认识到金钱的作用，既渴望个人文化知识的积累，又希望将来有丰厚的收入，在追求实惠和世俗化生活的同时，也努力追求高学历和高层次的自身发展。在职业发展上，目前部分高校学生的就业观比较理性，更垂青稳定的工作，也愿意为了理想奉献自己的青春，但他们会更加关注在奉献过程中自身价值的创造；他们甘于融于集体，但也会考虑在集体中自我利益的获得，在就业问题上存在理想性与实利性相结合的倾向。

理性与务实只是新时代高校学生价值追求的实利性的一个方面。另一方面，受到价值追求多维性的影响，一些领域出现道德失范、诚信缺失等问题，社会对什么是对什么是错、该信什么不该信什么的界限逐渐模糊。受此波及，高校学生中的精致利己主义者呈现增多的趋势，体现为对实现人生价值追求的规范的评判底线化，对人生价值观的评判金钱化，对科学与错误、庸俗与高尚、悲观与乐观、进步与落后等人生价值边界的评判模糊化。

这部分高校学生自我意识较强，内心缺少人文关怀，缺乏集体意识和责任感，更加注重个体的权利与发展。但他们善于分析与利用规则，擅长在教师、父母面前伪装自己，刻意表现出努力、负责、认真、积极、上进等优秀学生品质，但实质上缺乏长远眼光，对未来没有详细规划，受社会不良观念的影响，追求物质利益，学习上功利主义至上，没有当代青年应有的理想信念，缺乏精神追求，工作和学习时，在公开场合与私下场合的表现往往前后矛盾。精致利己主义者通过某些方式达到目的后就会一而再再而三地重复，甚至成为身边同学效仿的榜样，从而造成群体性的价值追求扭曲。

第三节　高校学生的行为方式

随着时代的发展，高校学生的人际关系发生了多样、复杂的变化。而新时代更需要独立实践能力强、创造思维活跃、人际交往顺畅、职业道德素养高的综合性人才，由此，高校学生的行为方式表现出独立性、创新性、竞争性和集群性等特征倾向。

一、高校学生行为的独立性

独立性是个体不依附他人而能够自主思考和行动的能力和特征，是高校学生适应校园和社会生活的必要前提，也是其承担社会责任的重要素质。

进入大学，学生身体发育的急剧成熟、社会交往关系的快速扩展和学习认知方式的迅速转变，让他们更多地将目光聚焦到自己的世界当中，通过不断地自我观察、自我分析、自我评价，产生各种各样的自我想象和自我理想，也对主体意识有了进一步的追求。由于高校区域分布较散，高校学生很多都是远离家人在陌生的城市独自学习和生活，尽管学校里有教师、同学，但是还是拥有很大的空间可以独立学习、生活。随着主体意识的觉醒、独立空间的扩大，高校学生开始以极大的兴趣观察、思考和判断社会生活中的种种现象，政治、历史、文化艺术、法律道德、社会风气、人际关系等都成了他们认识和思考的对象，成了他们十分关切的问题，他们希望从中找出现象的本质，形成自己的看法。他们的社会性情感也越来越丰富，并逐渐形成一定的为人处世的态度和行为方式，动机、兴趣、品德、自我意识、世界观与人生观都逐渐形成并稳定下来。① 所以，他们在潜意识中开始更加注重个人意识表达的效果，思考如何摆脱长辈的束缚，努力保护自己的个性权益，实现属于自己的价值追求。

高校学生的独立性倾向比较强，追求个性独立与自我表达，不希望父母、老师对自己有过多的监管，尽管刚进入大学的他们生活自理能力较差，独立能力也比较弱，但仍努力学会独立做决定。他们自我关注的目标是自给自足，学会以一个自给自足者的姿态独立生活，将自我关注视为自己承诺与他人建立长久关系前的一个必经阶段，他们也开始思考一些重大的人生问题，寻求自我认同。

尽管独立性倾向强烈，但是由于高校学生刚从家庭中独立出来，且由于心理情绪不稳定、能力不足等因素，他们还是不时处于独立与依赖的矛盾之中。经济上还是渴望依赖父母，也希望从父母那里得到精神上的理解、支持、信任与呵护，需要在平等自由的关系中与父母、教师交流心声，渴望被关心、关

---

① 参见张广东、李桦《青年成长与青年教育——辅导助人工作读本》，中山大学出版社 2018 年版，第 29 页。

爱、关注。尤其是在遭遇挫折时，他们更渴望得到成人的及时关心、爱护和指导，需要在自由自在、无拘无束的气氛中与家长、老师平等地交流感情、倾吐心声，以达到身心的平衡，重新投入到大学的学习、生活中。

二、高校学生行为的创新性

2013 年 11 月 8 日，习近平总书记在致 2013 年全球创业周中国站活动组委会的贺信中说："青年是国家和民族的希望，创新是社会进步的灵魂，创业是推动经济社会发展、改善民生的重要途径。"[①] 创新是引领发展的第一动力，是建设现代化经济体系的战略支撑。新时代高校学生富有想象力和创造力，是创新创业的蓬勃力量。这就要求新时代教育必须着眼未来，抓紧培养能够适应和引领未来发展的一代新人，特别是培养、集聚大批拔尖创新型人才，引导广大高校学生把自己的人生追求同国家发展进步、人民伟大实践紧密结合起来，刻苦学习，脚踏实地，锐意进取，在创新创业中展示才华、服务社会，加快实现我国整体科技水平从跟跑向并跑、领跑的战略性转变。

近年来，高校通过不断的教育实践，转换教育范式，努力挖掘学生的思维潜能，在更深层面上展现科学本质，培养学生的创新精神与实践能力。一是充分发挥第二课堂优势，积极举办"挑战杯""互联网 +"等创新创业比赛，充分发挥教师—学生双向学习交流作用，通过"以赛促学"培养一批动手能力强、具有创新意识的学生。二是加大产学研结合的力度，与社会企业联合办学、共建实验室，将理论学习与动手实践相结合，在培养学生解决实际问题能力的同时，使他们的创新意识得到进一步的增强。三是培育学生的主体意识，提升学生的主观能动性。主体意识是创新的内在动力和基础，在教育改革的引导下，新时代高校学生的主观能动性变强，主动性和创造性也随之提升，他们较容易形成具有独创性的作品，以此激发创新意识的形成。

除了高校教育实践改革，高校学生的学习方式也发生了巨大的改变。学生不再满足于传统的应试教育，更多地需要培养自主学习、探究能力与创新精神

[①] 《让青春在奉献中焕发绚丽光彩——习近平总书记关于青年工作重要论述综述》，载《人民日报》2021 年 5 月 4 日。

的教育实践指导。他们对于学习内容持有一种批判的态度，认为只有经过独立思考、审慎分析之后，才会形成内心的认同，达到"博学之，审问之，慎思之，明辨之，笃行之"的效果。并且，他们对于想做、爱做的事敢试敢为，敢于做先锋，在创新创业中努力从无到有、从小到大，把理想变为现实。

三、高校学生行为的竞争性

社会主义市场经济占据主导地位后，由契约关系生发的个体主义登上了人际交往的主舞台，人们逐渐重视个体能力和劳动创造成果在个人价值实现中的重要性，对于价值实现的手段也转向以能力为核心，强化了人们的竞争意识。社会上有越来越多人认为，有进取心的人具有强烈的竞争意识和追求更高目标的意志，他们通过不断与强于自己的对手竞争，努力赶上和超越对方。人们通过竞争的方式获取更多更优质的资源，在竞争中实现个人价值，从而确证自我的独特价值。

高校的一些管理制度、考核评价体系等助长了竞争风气，也影响到学生的行为。部分高校学生把高校当作一个充斥着竞争的"角力场"，用尽精力、想尽办法地投入到与他人的竞争当中。他们以"超越别人，比别人强"为目标，将其贯穿于自己的全部行为方式中，一旦在竞争中失利，便会怀疑、否定、迷失自我，甚至酿成悲剧性的后果。恶性竞争的行为让高校学生的人际关系变得冷漠，若"帮助别人"就有可能无法"战胜他人"的想法在学生心中滋生，将导致师生间的学习交流、同学间的交往变得虚假、空洞。

新时代高校学生更倾向于合理看待竞争与合作，选择"竞争性合作"。竞争性合作强化了学生的主体意识，增强了个体的主动性、积极性与创新性，对于个体成长、社会进步具有重要意义。高校学生之间通过透明、公平、有效、有原则的竞争方式，增强个体的知识储备和综合技能，从而在各项活动中协同合作、团结互助，实现"取人之长，补己之短"的目的，提升个人整体素质，最终增强彼此的社会竞争力。[①] 此外，新时代高校学生的自我反思能力较强，

---

① 参见王玉洁、姚世国、盛梦《构建高校大学生"竞争性合作"同窗关系之研究——以武汉高校为例》，载《科技创业（月刊）》2014年第2期，第115页。

因此也主张自我竞争，即推动纵向竞争，自己与自己进行比较，而非只盯着与他人的竞争。自我竞争更多地展现了高校学生的自我反思能力，强调与自己的过去比较、竞争，促进个体的健康发展，免于掉入恶性竞争的困境当中。

四、高校学生行为的集群性

集群性也被称为社会性、合群性，具体表现为豁达、大度、同情、谅解、宽容、互助等品质。集群在人际关系与社会发展中发挥着一加一大于二的作用。新时代高校也越来越重视对学生的集体主义教育，通过各式各样的活动充实和丰富学生的学习与生活内容，强化个人对生活的依恋感，引导学生更重视精神享受与社会和谐，高校学生行为的集群性也在不断显现。

在校园交往中，有着共同利益与集体意识的高校学生通过密切互动构成了各式各样的学校集群，如党支部、团支部、班级、学生社团等。学生在集群中通过交流或交换自己拥有的学识、才能等个人资源，来满足集群的不同需要。这些需要既包括物质方面的需要，也包括精神、感情等方面的需要；既有学业方面的需要，也有文化、生活方面的需要。正是在这种彼此交流、合作的过程中，学生之间形成了不可分割的相依和共存关系，也形成了集群各自独特的文化精神目标，大家为之不断努力奋斗。并且，时代发展也让网络集群在高校学生群体中的受众面越来越广，高校学生对网络集群行为的依赖性愈发强烈。网络社群不再是简单的数字化产物或现实社群向网络的延伸，而是一种"实体"化的存在，呈现出多样化的特点，如游戏社群、综艺社群、运动社群、各种专业社群、交友社群等。[①] 高校学生更倾向于在网络社群获取信息、交流思想、发表意见或者进行活动号召等，其带来的巨大影响不容忽视。

然而，随着经济发展带来的个人主义的逐渐强化，部分高校学生在个人与集群的关系中变得更加强调自我。他们认为个人是组成集群的重要基础，过分强调个人的利益，从而忽略了集群的作用，觉得没有个人则集群无从谈起。集体意识淡化导致同学之间的关系变得冷漠。曾有调查显示，94.33%的高校学

---

① 参见曲翔、彭雪婷《高校班集体建设与培育时代新人研究》，载《学校党建与思想教育》2021年第21期，第52页。

生认为"在大学与同学建立良好的人际关系"很重要，但是46.74%的高校学生认为其与同学的关系并不十分融洽。①

恩格斯说："人们从一开始，从他们存在的时候起，就是彼此需要的，只是由于这一点，他们才能发展自己的需要和能力等等，他们发生了交往。"②集群强化了高校学生之间的交往，加强了个体对集体的归属感和责任感，要培养他们的协同、合作精神，从而实现优势互补。新时代大力弘扬集体主义精神，倡导团队合作意识。单打独斗的行为方式已经难以适应社会的发展和需要，个人的追求与抱负也难以通过孤军奋战来实现。只有借助集体的力量，个人的能力与风采才能得以充分展现，并走向成功之巅。

第四节　高校学生的社会交往

人的需要是社会交往的源头，社会交往主要是指个人之间的人际交往以及初级群体之间的相互关系，它包含了人与人之间的物质、思想、文化交往。③信息沟通是社会交往的一个基本条件和内容，新时代互联网与以大数据为核心的技术进步推动了社会交往的深刻变革，也使新时代高校学生的社会交往呈现出网络化、娱乐化、分众化、法治化的特征。

一、高校学生社会交往的网络化

随着互联网信息技术的发展，以及电脑等移动终端的逐渐普及，虚拟的互联网环境已经成为我国的客观社会环境。中国互联网络信息中心（CNNIC）发布的第48次《中国互联网络发展状况统计报告》显示，截至2021年6月，我国网民规模达10.11亿，较2020年12月增长2175万，互联网普及率达71.6%。10亿用户接入互联网，形成了全球最为庞大、生机勃勃的数字社会。

----

① 参见王玉洁、姚世国、盛梦《构建高校大学生"竞争性合作"同窗关系之研究——以武汉高校为例》，载《科技创业（月刊）》2014年第2期，第114页。

② 《马克思恩格斯全集》第42卷，人民出版社1979年版，第360页。

③ 参见《社会学概论》教材编写组《社会学概论》（第二版），人民出版社2020年版，第69页。

在新时代，网络的发展改变了传统的社会交往方式，网络交往显然已成为社会交往的重要方式之一，高校学生热衷于流变、液化、灵动的"指尖上的交往"。高校学生可以在网络环境中学习必要的专业课程，扩展专业视野；拓展社会交往，丰富人际关系；得到文化滋养，提升自身人文底蕴；组织开展各项活动，增强学生活动实践的针对性和实效性；等等。这不仅促进了高校学生交往的多样性、开放性、包容性和共享性，也推动了高校教育的发展。

高校学生的学习和生活实践与网络环境紧密相关，网络交往占据了他们许多学习时间和生活空间，但由此带来的社会交往复杂化也不容忽视。如今的高校学生更习惯于通过微博、微信、QQ 等社交软件，知乎、豆瓣、哔哩哔哩（B站）等社会化平台，抖音、快手、微拍等视频分享软件，随时随地进行网络分享与表达。众多社交应用使得学生与"陌生人"的联系在方寸屏幕之上触手可及，他们的社交网络进一步拓展和复杂化。相较之下，深层次的人际交往和处理人际关系需要投入较多的时间和精力，通过"面对面"交往中的表情、眼神、肢体语言等要素，方能感受彼此的真实情感，并进行深层次的精神交流。

因此，部分高校学生对社交应用的过度依赖使得他们在现实生活中的人际沟通能力和交往实践能力进一步弱化。他们过度沉溺于虚拟的朋友圈，在现实中却把自己封闭起来，削减与现实社会中的人的交往意愿，甚至有些学生出现对现实中的人际交往感到紧张和不适的现象，一旦离开手机便会产生空虚、紧张甚至恐慌的心理，严重影响了身心健康。此外，有的高校学生在不同的网络社群中可能表现出不同的个性特征、语言特征、行为特征，甚至表现出不同的精神特征。[①] 在虚拟的社交环境中很容易滋生不道德的行为，如发表不负责任的言论、做不诚实的事情，这不利于高校学生道德意识的形成和道德行为的培养，反而会降低他们的思想道德素质，降低高校人才培育的质量。

二、高校学生社会交往的娱乐化

随着大众传媒的发展，意识形态传输的范围得以扩大，"文化与资本之间

---

① 参见曲翔、彭雪婷《高校班集体建设与培育时代新人研究》，载《学校党建与思想教育》2021年第 21 期，第 52 页。

有机结合催生出文化消费主义，它体现出一种异化的价值观念，主张娱乐至上"①。网络、新媒体等的发展为娱乐主义的传播提供了更为宽阔的舞台，整个社会逐步呈现出去中心化的文化生态，并对人们特别是高校学生产生了诸如泛娱乐化和过于注重感官快感等一系列影响，再加上"初出茅庐"的高校学生的世界观、人生观、价值观尚未成熟，给社会交往娱乐主义的入侵提供了可乘之机。目前，"00 后"已经成为新时代高校学生的主力军。《中国青年报》与腾讯 QQ 联合发布的《"00 后"画像报告》显示："00 后"使用互联网追星、打游戏、交友自拍、看动漫、看综艺、读书等（排名按照选择比例由高到低），但他们的行为选择及活动频率表现出重娱乐而轻学习的特征。②

新媒体碎片化传播的模式加剧了高校学生社会交往的娱乐化。随着高校学生对微博、抖音等社交新媒体运用的日益深入，他们热衷于通过几句话、几张图片、几分钟短视频等碎片化模式分享日常生活。由于部分新媒体受到资本逐利性的驱使，为了最大限度地获取点击率、追求商业价值，"标题党"屡见不鲜，高校学生在不知不觉中对新媒体社交呈现出娱乐化倾向。所以，部分高校学生的社交新媒体话语、图片与短视频都在为吸引网络社群中潜在的观众而努力，并且花费大量时间、精力去思考这些生活片段如何才能更加吸引眼球，怎样才能更有噱头，如何才能谋取更多的流量。

社会交往娱乐化弱化了道德、理想、精神等深度需要。正如尼尔·波兹曼所说："这是一个娱乐之城，在这里，一切公众话语都日渐以娱乐的方式出现，并成为一种文化精神。"③ 社会交往娱乐化导致部分高校学生更加关注较低层面需要的满足，如追剧、追星、聊八卦、玩游戏、聊吃喝玩乐等，把物质享乐和消遣作为人生最大的幸福与意义，过度追求个人享乐。由此，他们较少追求道德、理想、精神等深度需要，社会交往肤浅化、虚无化，精神世界空虚化，甚至影响到高校安静沉稳的学术氛围，更忽视了自己身为青年一代所肩负的责任与使命。

---

① 彭继裕、郭丰荣：《对中国文化消费主义的审视与超越》，载《西南民族大学学报（人文社会科学版）》2022 年第 2 期，第 71 页。

② 参见沈千帆等《"00 后"大学生的群体特征及教育策略》，载《学校党建与思想教育》2019 年第 24 期，第 55 页。

③ ［美］尼尔·波兹曼：《娱乐至死》，章艳译，中信出版集团 2015 年版，第 192 页。

三、高校学生社会交往的分众化

社会交往分众化是指人们根据交往需求的差异性，面对不同群体的某种特征，表现出特定的交往态度和方式。面对大量信息，人们会下意识地留意与自身相关的、更加熟悉或者感兴趣的信息。社会交往分众化从交往主体出发，根据不同主体的特点进行分组分群交往，比同质化交流更具有针对性，更加容易吸引交往主体的注意力。

当前，社会交往的需求越来越多样，高校学生交往的个性化越来越强。在这种情况下，社会交往更有指向性和针对性，交往对象是特定的，更加有的放矢，并不是所有人都会成为交往的潜在对象。所以，社会交往从"同质"转向"多样"，学生不会面对两个不同的人表现出同样的交往方式。

新时代高校学生的交往需求更加多样。人的需要是社会交往的源头，由于生活背景、专业、爱好等不同，高校学生对交往的需求也不尽相同。以前，由于社会交往的渠道相对单一，主要为面对面交流、书信交往等，社会交往面由于时空等原因而受限。而在信息化时代，交往面呈几何级数拓宽，同时，交往差异化渠道增多，有效满足了社会交往需求的多样性，激活了不同人群的交往选择。

新时代高校学生的交往阵地更加多样。高校以班集体为主体的学生基本组织形式被逐渐弱化，因共同的兴趣、志向而组成的学生社团、兴趣协会等学生组织形式则在不断增强。当代互联网与以大数据为核心的技术进步推动了社会交往的深刻变革。学生喜爱网络流行语和个性化的叙事方式，热衷于新媒体更加个性化或非官方的信息传播方式，倾向于"标签化""特征化""圈群化"的交往形式，由此形成了形形色色的社会交往阵地。

新时代高校学生的交往角色更加多样。"互联网社会是人类在实体社会基础上，以互联互通技术为基础创造出的一个全新的社会活动空间。"[1] 网络的飞速发展构筑了许多网络文化社群，B 站、小红书、知乎、微博等网络社群衍生出许多全新的交往角色。新时代高校学生作为在网络时代成长起来的一代，

---

① 《社会学概论》教材编写组：《社会学概论》（第二版），人民出版社 2020 年版，第 26 页。

他们快速适应了不同网络文化社群的交往角色，并在其中展现出自己独特的才华：在 B 站上，他们是用视频表达看法的"up 主"；在小红书上，他们是撰写分享日志的"博主"；在知乎上，他们是探讨各类问题的"答主"；在微博上，他们是围观的"吃瓜网友"。每个人在不同的网络文化社群中可能扮演着不同的交往角色，社会交往分众化特征更加明显。

四、高校学生社会交往的法治化

进入新时代，人民不仅对物质文化生活提出了更高的要求，而且在民主、法治、公平、正义等方面的要求也日益增长，全社会对公平正义的渴望比以往任何时候都更加强烈。党的十九大报告也明确把"坚持全面依法治国"确立为新时代坚持和发展中国特色社会主义的基本方略之一。

高校作为深入学习贯彻习近平法治思想的重要阵地，是推进中国特色社会主义法治理论创新的重要力量。[①] 高校在人才培养的过程中，高度重视学生思想政治教育工作，以习近平新时代中国特色社会主义思想为指导，通过第一课堂思想政治理论课和第二课堂的丰富教育活动，强化对学生的社会主义法治教育，坚持以中国特色社会主义法治观来引导和教育学生，积极引导和鼓励学生学会运用法律武器解决实际问题，推进中国特色社会主义法治国家的建设。高校以集中教育与日常教育相结合、线上教育和线下教育相结合的形式，弘扬宪法精神，培养学生的法治思维，引导学生成为学宪法、守宪法，维护人民代表大会制度的青年先锋。

经过不断地深化法制宣传教育、弘扬法治精神、塑造法治文化，如今高校尊法学法守法用法氛围浓厚，新时代高校学生交往的法治意识也不断提升。高校学生通过学校搭建的平台，积极参加全国"学宪法 讲宪法"活动，开展国家宪法日"宪法晨读"活动、学生宪法法治知识竞赛与演讲比赛等，学习掌握了基本法学知识，并努力参与法治实践，增强法律体验。面对现实生活中涉及的法律问题，高校学生在实际应用和操作过程中学会运用法律武器解决问

---

① 参见中共中央宣传部、中央全面依法治国委员会办公室《习近平法治思想学习纲要》，人民出版社 2021 年版，第 154 页。

题，如遇到电信诈骗、"校园贷"等校园诈骗现象，学生知道如何维护自身合法利益。除此之外，高校学生将法治意识融入日常学习生活之中，他们认真遵守社会和学校的各项规章制度，诚信考试，按照规范认真完成学术论文。同时，高校学生更加重视学校的规章制度，关注学生权益是否严格按照学校规章制度实施，如学生干部选举是否公平公正、党员选拔程序是否符合要求、奖学金评定过程是否公开透明等，成为学法、懂法、守法、用法的时代新人。

第二章　高校学生的时代境遇

中国特色社会主义新时代是中国发展新的历史方位，是中国必将实现中华民族伟大复兴中国梦的新时代，是科学社会主义必将大放异彩的新时代，也是改革开放不断深入、富强民主文明和谐美丽的社会主义现代化强国必将建成的新时代。中国特色社会主义进入新时代，我国社会的主要矛盾已经转化为人民日益增长的美好生活需要和不平衡不充分的发展之间的矛盾。新时代，我国开启全面建设社会主义现代化国家的新征程。作为时代的主人翁，新时代的高校学生肩负着新的历史使命，面临着新的时代境遇。

第一节　新时代对高校学生的新要求

学生是教育之本，人才培养是社会发展与进步的不竭动力。新时代，为了适应社会经济的快速发展，需要不断推进教育改革，注重教育之本，培养出能担负起中华民族伟大复兴的历史使命的优秀人才。当代高校学生作为新时代的接班人，是社会进步的主体力量，更被赋予许多新的要求，高校学生需要树立正确的世界观、人生观和价值观，注重优秀品质的培养，自强不息、全面发展、严格自律、实干进取，努力学习科学文化知识，认真做好个人职业发展规划，不忘初心、牢记使命，明确自身定位，为社会经济的发展奉献自己的力量，努力担负起中华民族伟大复兴的历史使命。

一、新时代对高校学生全面发展的要求

新时代，经济社会高速发展，教育改革不断推进，对高校学生的德、智、

体、美、劳全面发展也提出了新要求。全面发展是指注重对学生德、智、体、美、劳各方面能力素质的培养，不再只拘泥于成绩和排名，而是为了人的全面和谐发展而实施的教育。[①] 高校学生是新时代的接班人，不管对教育方而言，还是对学生自身来说，促进当代高校学生的全面发展都至关重要。

（一）高校为学生全面发展提供保障

高校需要全面深化教育改革，积极推进教育全面发展，在教学目标、教学计划、课程设计、教学实践中注重对学生德、智、体、美、劳各方面的培养，促进学生综合素质的提升，为学生的全面发展提供基础保障。

在德育方面，提高教师的整体道德水平，制定科学合理的师风师德评价机制，营造良好师德师风，以优良校风建设助力学生思想政治教育；把学生品德教育纳入教学工作计划，细化各项品德教育目标，利用多元化、多形式的思想政治教育方式，加强思想政治教育质量保障，提高思想政治教育水平。在智育方面，善于应用最新的教育方式方法，利用数字化、网络化教学工具，鼓励教师开展专题教研活动，多方面提升教师教学水平，用科学的教学方法促进学生知识水平的提升。在体育方面，注重学生身体健康教育，一方面，开展各种健康教育课程和体育锻炼活动，积极引导学生养成良好的生活习惯，培养学生体育锻炼的兴趣；另一方面，把体育锻炼纳入学生学习成绩考核，加强学生体育锻炼管理。在美育方面，注重培养学生的审美观，不只是对事物外表的鉴别，还有正确的价值观，对事物有辩证、客观的见解，善于发现美，并且具备创造美的能力。可以开设美学品鉴、化妆礼仪、商务沟通等课程，在提升学生审美的同时，塑造言行举止得体、懂社交礼仪、具备高尚情操和文明素质的高校学生，以美育人，以文化人。在劳动教育方面，培养学生热爱劳动的品质，积极开展有关劳动的社会实践课程，并严格进行劳动课程考核，让学生在劳动中体会劳动的价值和乐趣，提升学生对劳动生产工具的使用能力。

（二）高校学生要积极探索自身全面发展途径

新时代，除了高校要推进教育全面发展，高校学生更需要从方方面面落实

---

① 参见黄林芳《教育发展机制论》，上海财经大学出版社 2006 年版，第 108 页。

自身全面发展，为教育全面发展提供内在动力，把各项方针政策落到实处。首先，需要关注自身内心世界的构建，树立正确的社会主义核心价值观，明确当代高校学生的责任感与使命感，努力学习、艰苦奋斗，把为社会、为祖国、为人民创造价值作为目标和追求；保持健康向上的良好心态，乐观自信，内心充满阳光，遇到困难不退缩、不放弃，顽强拼搏，勇往直前；培养正确的是非观，用基础的道德标准和法律意识去看待事物，对事物有辩证、理性的认识。其次，用丰富的科学文化知识不断充实自我，明确学习对个人发展的重要性。一方面，努力学习高校开设的各类必修课程和选修课程，制订学习目标和计划，掌握本专业的必备知识和技能；另一方面，拓宽学习渠道，培养热爱阅读的习惯，从书本中汲取各类知识，积极参与各类教研活动、知识讲座等，从优秀的人身上学习经验。注重自身实践技能的培养，走出课堂，从具体社会实践中提升各方面的能力。积极参与各类社团活动、兼职活动、志愿者活动等，在实践中培养人际交往能力、组织协调能力以及目标责任感等，为毕业后走上社会奠定实践基础。再次，明确身体健康的重要性，积极参与各类体育锻炼活动，确保完成体育课程任务；养成良好的生活习惯，热爱运动，保证每天有一定的运动量，促进体能提升，提高身体素质；形成良好的作息习惯，早睡早起，为学习、生活提供良好的精神状态；调整饮食习惯，营养均衡，为身体提供基础营养供给，多方面努力打造良好的体魄。最后，提升审美能力，善于发现生活中的美，对美有自己的见解和认识；品鉴与欣赏传统文化艺术，并培养自身艺术细胞，善于做美的创造者，让美延续。

二、新时代对高校学生自强不息的要求

自强不息既是一种精神追求，也是一种为人处事之道。自古以来，众多能人志士在面对困境时，正是因为有了自强不息的精神，才能自发地去克服困难，刚毅坚卓、发奋图强、迎难而上，忍受常人难以忍受的艰辛和苦难。在克服各种苦难的同时，不断激发自身潜力，塑造有耐力、善于坚持、积极向上等优秀品质，提升自身能力素质，最终塑造全新的自我。

在新时代背景之下，在实现中华民族伟大复兴之际，高校学生更需要具备自强不息的品质，积极向上，奋斗不息，在努力实现人生价值的同时，为祖国

建设和社会发展的事业发光发热。培育高校学生形成自强不息的精神，既需要教育者开发各种途径加强对学生自强不息品质的培养，也需要高校学生在接受教育的同时树立自强不息的精神，并在日常学习生活中努力践行。

（一）高校重视对学生自强不息精神的培养

高校要充分认识到自强不息对学生自我发展和社会进步的重要性，坚持整合多元化的教育形式，将家庭教育、社会教育与学校教育相结合作为重要的教育方式，合力引导学生树立自强不息的精神品质。

首先，通过制定培养学生自强不息精神的工作方案，将自强不息精神培养融入政治思想教育及日常专业教学工作中，重视品质培养，将自强不息作为学生的一项重要素质纳入考核；同时，发挥校园文化的熏陶作用，通过校园文化的传播，凝练与熏陶学生品质精神。其次，充分发挥父母及家庭对学生的正向影响作用，形成学校—家庭双向培养模式，高校应积极开展自强专题知识讲座、家长会等，向学生家长宣传培养学生自强不息精神的必要性、家庭教育的作用以及家长需要配合学校培养学生品质的重要环节，塑造父母言传身教的良好家庭环境，为学生自强不息精神的培养提供有力的家庭支撑。最后，组织学生积极参与社会实践活动，开展公益活动、校企合作活动，让学生在具体实践工作中，经历面对困难、解决困难、磨炼自我的自我提升环节，在实践中提升自身能力的同时，体会实际工作的艰辛，培养学生顽强拼搏、自强不息的精神，充分发挥社会环境对学生的培养作用。

（二）将自强不息精神的培养融入日常实践

作为新时代的高校学生，更需明确自身的责任和担当，自发培养自强不息的精神品质，努力在学习和生活中践行，不断提升自身文化素质和能力水平，为祖国、为社会做贡献。

在求学中，明确学生的第一要义就是学习，把努力学好科学文化知识作为当下的第一目标。学习本身就是一个艰苦的过程，需要养成热爱学习、主动学习、探索求知的习惯，在学习中遇到困难，不抛弃不放弃，牢记学习目标和使命，努力克服学习过程中的枯燥、懒惰、焦虑等负面情绪，用丰富的文化知识武装自己，促进学习能力的提升。

在生活中，明确自强不息是一种优良品质，更是一种人生追求，它充斥于生活中的方方面面。高校学生需要保持自强不息的生活态度，拥有积极向上、充满正能量的良好心态，面对生活中的困难，不逃避，敢于直面困难，积极解决困难；不过分依赖父母，逐渐养成独立自主的品质，提升生活自理能力；热爱劳动，在学习之余积极参加社会实践活动，在劳动中发挥自身价值，提高社会实践能力，为以后就业奠定良好基础。不只在学习上，在生活中也要保持一颗学习的心态，积极探索生活中的新知识、新技能，学习的脚步永不停止。

三、新时代对高校学生严格自律的要求

严格自律，是指在没有特定的人和制度监督的情况下，个人自发严格遵守各项制度规定、保持良好习惯，自己管理自己，自己约束自己。正如康德所说，真正品德的产生，是来自人们意志的自愿，不受外界的约束，可以通过自主规范来约束自己，故道德的最高境地是"自律"。严格自律既是一种生活态度，也是一种精神追求和道德追求，既有利于形成严于律己、是非分明、公平公正、遵纪守法等优秀品质，塑造健康的精神状态，又有利于形成办事果断、简洁高效的行事作风，克服工作、生活中的不良习惯，保持健康、有条不紊的生活状态。

纵观古今中外名人志士，大多有一个共性，即严格自律，把自律作为人生的重要修行。明代大学士徐浦从小严于律己，把儒家修身律己思想作为日常行事准则，坚持"吾日三省吾身"，不断检点自身言行，使自身一直沿着正确的轨道前行。晋时，孙敬为了让自己时刻保持清醒的学习头脑，"头悬梁、锥刺股"，正是这份坚持与自律，才成为历史上赫赫有名的政治学家。新时代高校学生更需要用严格自律来武装自己，不管在日常学习中，还是日后走上工作岗位，都需要时刻保持严于律己的心态。塑造遵纪守法、作风优良的新时代高校学生，需要高校与学生共同努力。

（一）高校需全面推进自律教育

高校需要注重对自律德行的培养，从教师、学生以及学校管理制度三个方面联动推进对学生严格自律品质的培养，从多方面促进道德、制度约束内化为

学生自身的高尚品格。

从教师层面来看，从古至今就有"为人师表"之说，教师对学生来说，不只"传道授业解惑"，还有言传身教的作用，教师的一言一行都对学生影响深远。要培养严格自律的学生，首先需要一位自律的教师。因而，高校需要加强对教师自律的培养，制定教师行为准则，在完成基本教学工作的基础之上，加强对教师遵纪守法、守时、勤奋努力等自律品质的塑造，并严格落实执行；在教师评价管理中融入对教师自律性的评价，考察教师在教学工作中存在的问题，促进教师不断进行内省与反思，严格要求自我，提升自律能力与教学水平；鼓励教师用严格的"自我管理"感召学生，在一言一行中影响学生，让学生对自身严格要求，保持自律的生活态度。

从学生层面来看，高校需要意识到环境塑造人，学生的价值观以及为人处事风格会随着环境的改变而改变。高校可以制定学生自律互评机制，强调学生在日常学习生活中的自律实例，如按时完成学习任务、上课不迟到不早退、遵守校园规章制度、规范言行举止、定期运动等。高校应鼓励学生相互监督与评价自律行为，并把学生之间的评价作为考核综合素质的一个观测点，促进评价机制有效落实，营造严于律己、勤奋学习的校园风气。

从管理制度层面来看，通过制度约束将各项规章制度内化为学生个人的优秀品质。高校需要完善各项监督管理机制，在制定完备的校园行为准则、课堂规范等基础之上，加强监督管理，设置严格的奖惩机制；需要创新制度管理方式，积极应用智能化、数字化工具为管理赋能，如设置网页版校园准则"黑白榜"、校园负面行为拍照监督举报等，提高管理效能。

（二）学生需将自律内化于心

自律是一生的重要修行，养成严格自律的习惯，不管是对学习的提升，还是对个人优秀品质的塑造都有积极作用。将自律内化于心，主要需要从自我认知和习惯养成两方面来培养自律品质。首先，培养自律品质需要提升自我认知水平，通过加强对日常行为道德规范、校园准则、社会主义制度规范等的探析，提升思辨能力，在遵守规则的同时，学会站在制定规则的角度出发，找到规则的内在逻辑，理解制定这些规则的原因，认识这些规则对人、对社会的作用，以此帮助自己更好地理解规则，提升对规则的认知，通过理解规则去更好地遵守规则。还可以不断学习科学文化知识，加强对规章制度的认知水平。新时代高校学生往往很难养成早睡早起的良好作息，个人可以通过学习身体健康知识，了解熬夜对身体的种种危害，此时，规范作息就会成为一种自发性行为，不再需要外界约束。其次，习惯是一种动力定型，是条件反射长期积累和强化的结果，必须经过长期、反复的训练才能形成。自律的习惯需要通过在日常生活中不断的、长期的训练才能形成。学生在学习和生活实践中，要注重对各种良好习惯的培养，制订周期性目标，将习惯的培养量化和显性化。例如，想养成上课不迟到的习惯，就先制订坚持一周不迟到的计划，再制订一个月不迟到的计划，随着时间的积累，不迟到的习惯也就内化于心、形成习惯了。

四、新时代对高校学生实干进取的要求

实干进取讲求坚持实践第一、知行合一，求真务实、有为善为。"务实"出自《国语·晋语六》："昔吾逮事庄主，华则荣矣，实之不知，请务实乎。""进取"出自《论语·子路》："狂者进取，狷者有所不为也。"[1] 实干进取是行动和作风，实干的过程是补充、完善、校正理论的途径，实干的效果是检验和解决"主义"之争的最好办法。思想的力量只有在行动中才能发挥作用。明代思想家王阳明说，"知而不行只是未知"，知道一定道理却不采取行动，并不算真正深刻懂得了这个道理。就像磨盘只有在转动时才能磨出面，风车只有在旋转时才能发出电；人，只有在行动的过程中才有机会获得成功、创造奇迹。行动起来的威力往往超过原有的想象，甚至能够突破障碍，超越自我极限。进取的过程，是对努力向上、用心做事、积极开拓新局面的作风的塑造。高校学生作为新时代的主人，更需要具备实干进取精神，努力向前，有理想、有抱负、有目标，并且勇于把各种目标和理想付诸实践，为社会主义建设、实现中华民族的伟大复兴奉献力量。

（一）高校要为学生提供实干进取的机会

高校不仅是输出知识的摇篮，也是培养高端人才的基地。新时代对高校也

---

[1] 参见《论语》，江西人民出版社 2016 年版，第 793 页。

有新的要求，高校需要转变人才培养模式和教学方法，注重对学生实干进取精神的培养。首先，加大实践力度，多组织学生进行实践活动，在这奋进的新时代、实干正当时的局势下，高校除了要提高教师的教学水平，还要加强高校的办学理念、技术手段、评估机制、治理体系等核心要素的现代化，要结合当今社会发展，加强高校多功能教学，要有足够的空间让学生进行实践，定期组织学生参与社会活动，开展校企合作，提供各种工作岗位让学生开展实习，从而让学生能够提前做好职业规划和学习规划。其次，加强对学生的思想教育，提高学生的进取意识，组织学生观看励志宣传片，让他们从中看清社会现实，面对优胜劣汰的竞争局势，提前做好准备，时刻保持积极向上的心态。

（二）学生需用行动加强自身竞争力

在这个竞争激烈的社会环境下，首先，学生要加强对专业知识的学习，不断提高自身的专业水平，同时多补充非专业知识，从而更好地用知识武装自己。其次，加大实干力度，新时代高校学生首先要认清当前形势、提高认识，自觉抵制不良影响，娇惯懒散、急功近利、缺乏社会责任的人是无法获得实干果实的。新时代、新征程呼唤只争朝夕的行动者，需要脚踏实地的实干家，在实干中提升自我能力、不断进取，才能让自己变得更加优秀，只有处处以高标准要求自己，才能实现人生价值。所以学生要积极参与高校组织的实践活动，积累更多的社会经验，在实践中检验理论运用能力及水平；通过发现自己的不足并加以改正，能够更好地完成自我定位，才能有效地找到适合自己的工作岗位，并在工作岗位上不断进步，实现自我价值，为社会主义事业奋斗。

第二节　国际形势复杂多变的新挑战

当前，国际形势复杂多变，百年未有之大变局加速演进，国际形势的不确定性、不稳定性上升。单边主义、民粹主义等导致世界经济出现了很多负面情况。个别国家强权霸凌，导致贸易壁垒增加；不断加剧的贸易争端和地缘政治紧张局势，增加了世界经济的风险；全球治理滞后和国际经济发展不平衡的矛盾，阻碍了世界经济的稳定发展；新经济新技术的应用，严重冲击了传统经济和实体经济的发展；发达经济体货币政策调整对新兴市场和发展中国家造成巨大压力；经济全球化的逆风对产业链、供应链、价值链造成重大影响；国际债务和一些国家的老龄化等社会问题，对世界经济的增长造成负面影响。

一、单边主义对高校学生国际交流的挑战

复杂的国际形势下，单边主义盛行，一些国际影响力大的国家不考虑大多数国家及其民众的愿望，退出或带头挑战国际性或区域性的规则和制度，对全球或局部地区的和平、发展、进步带来了破坏性影响，直接影响了高校学生的国际交流和交往。

（一）大国关系日趋紧张

当前世界面临一系列新威胁、新挑战。以美国为首的部分西方国家在单边主义道路上越走越远，单方面"毁约"、肆意"退群"，严重冲击以联合国为核心的国际秩序。某些极端政治势力掀起逆全球化之风，企图制造对立与隔阂，煽动"冷战"思维，筑起"无知围墙"，阻碍全球的国际交流，其中就包括人才交流。

中美关系中存在着深层次的结构性矛盾。在中美竞争日趋激烈的当下，以美国为首的西方发达国家对中国高等教育和科技产业的发展提高了警惕，并对中国实施知识和技术封锁，阻止中国经济、科技和高等教育的崛起，使两国原有的交流合作模式难以继续下去。[①] 国际形势的变化，特别是国际关系的紧张和一些国家签证政策的收紧，给各国高校学生的国际交流带来了不确定性。美国政府发起的贸易战和技术遏制，对中国高等教育对外开放产生了直接的负面影响。

（二）高端领域交流受限

随着全球化的深入和知识经济时代的到来，知识、技术和信息成为推动经

---

① 参见李梅《全球化新变局与高等教育国际化的中国道路》，载《北京大学教育评论》2021 年第 1 期，第 173～188 页。

济发展的核心要素，国与国之间的竞争从根本上来说是科技和人才的竞争。在新一轮科技革命加速演进、各国科技竞争升级和经济激烈角逐的背景下，推动创新驱动发展，加强核心技术的协同攻关是各国都在推进的应对策略。

尖端科技、先进研究在交流中的重要性不言而喻，各国也在不断推进在重点领域的全球协作、友好交流。但某些国家正在制定政策，限制国外的留学生入学，尤其在某些尖端科学领域。以美国为例，自特朗普上台以来，美国对中国的态度一直充满敌意，以其为首的西方势力时常无端造谣，有时指责中国技术人员窃取美国的知识产权，有时怀疑一些中国学生和研究人员有军事背景。美国也明确表示，将限制中国学生学习尖端科技。此外，澳大利亚等国家对中国学生的国际交流也出现了较为严重的排斥情绪，这将对中国的学生交流等活动产生较大的影响。[①]

（三）安全风险日益凸显

安全风险正日益成为学生及其家人在做出留学决定时的一个重要的考虑因素。不少研究表明，在欧美发达国家留学的国际学生遭遇了不同程度的歧视。例如，Lee J. 和 Rice C. 对在美国留学的国际学生进行的一项研究发现，言语侵犯、性骚扰甚至身体攻击在亚洲、中东、非洲和拉丁美洲籍的留学生中并不罕见。这些行为被称为"新种族主义"。[②] 此外，有学者认为，反全球化政策在一些西方国家引发了仇外心理和暴力行为，加剧了其国家内部的种族主义和本土主义，使得留学生日益成为仇恨和犯罪的目标。例如，在弗吉尼亚理工大学发现的"杀死所有穆斯林"涂鸦威胁，以及北卡罗来纳大学教堂山分校发生的三名穆斯林学生被谋杀的典型仇外事件。这些事件表明，在政策导向、政治环境的影响下，高校的反穆斯林情绪和暴力行为不断滋长和恶化，极大地破坏了校园安全环境。[③] 在危险且不公正的人才交流环境之下，越来越多的高校

---

① 参见张应强、姜远谋《后疫情时代我国高等教育国际化向何处去》，载《高等教育研究》2020年第12期，第1～9页。

② See Lee J. and Rice C. "Welcome to America? International student perceptions of discrimination", 53 *Higher Education* 381, 381–409 (2007).

③ 参见姬芳芳、吴坚、马早明《反全球化背景下美国留学生教育政策的新变化》，载《比较教育研究》2020年第5期，第35～43页。

学生需要为了自身安全而更加谨慎地选择是否进行国际交流，在国际交流中如何保护自身安全也成为一大挑战。

二、意识形态渗透对高校学生思想观念的挑战

意识形态渗透，即另一种意识形态对人思想的入侵、替代，会导致人的自我认知混乱，改变人认识世界和改变世界的方式。大规模的意识形态渗透将威胁到人民团结、社会安定，对国家造成极其恶劣且长久的影响。

（一）给高校学生思想观念带来挑战

自 1946 年杜勒斯提出"和平演变"战略以来，以美国为首的西方国家从未放弃利用经济、政治、思想等手段实行该战略，其中的重要一环就是意识形态渗透。在西方敌对势力长期诋毁共产主义思想、实行西方资本主义意识形态渗透后，1989 年，东欧一些社会主义国家的共产党在短时间内纷纷失去政权，从而导致国家性质的根本改变，1991 年苏联解体，共产主义运动遭受了重创。进入 21 世纪后，在西方敌对势力的操控下，多种反社会主义主流意识的错误思想，如新自由主义、历史虚无主义等，仍然无孔不入、无处不在，给高校学生带来极大困扰。只要西方敌对势力仍以打击社会主义国家、维护西方意识形态霸权为目标，我国仍将长期面临意识形态渗透带来的思想观念挑战。进入新时代，高校作为意识形态斗争的前沿阵地，意识形态渗透对高校学生思想观念的挑战变得更为明显。

（二）对高校学生进行全方位争夺

我国高校学生的个人命运和民族、国家命运紧密相连，他们将在实现第二个一百年的奋斗历程中发挥中流砥柱的作用，是担当社会进步、民族复兴重任的关键一代。但与此同时，高校学生的价值观还未成型，对各种社会现象和思想文化充满好奇心。高校学生阅历尚浅，对社会现实的理解常常陷入过于理想主义的状态，较为缺乏应对意识形态错误思潮的警戒心与能力。高校学生还是互联网的活跃用户，接触网络信息的时间长。基于高校学生对国家发展的重要性和易被影响、误导的特点，敌对势力选择了高校学生作为意识形态渗透的重

点对象，长期以多种方式向他们灌输新自由主义、历史虚无主义等错误思想，甚至以资金和利益为诱导，煽动高校学生参与违法犯罪活动。

（三）意识形态渗透方式趋于隐蔽

一是从现实空间向网络空间延伸。在网络空间中，"去中心化"特点日益明显，个体价值观膨胀；① 网络空间中的信息传播速度远快于现实空间，对网络信息的有效管控成为国家需要攻克的难题；中国在互联网科技领域属于后来居上者，而发达国家是传统优势国家，敌对势力企图利用在互联网科技上的优势地位，在网络空间对中国进行意识形态压制。二是从价值观宣扬向日常生活转变。进入 21 世纪，意识形态渗透出现在高校学生日常生活的各个角落，且可利用网络信息实现双向传输。外国企业做的广告宣传、生产的产品和提供的服务可能包含着文化渗透，而部分高校学生毫无知觉，甚至会以追求某些外国名牌为荣，以讨论某些文学、影视、游戏作品为潮流。在这样隐蔽且无处不在的意识形态渗透下，高校学生的思想极易在不知不觉中被西方不良文化侵蚀。三是从校外向校内延伸。一方面，由于西方国家在部分学科上有一定的历史积淀，越来越多的高校甚至中学开始使用国外的原版教材，因此容易忽略其中不符合国家主流意识形态的、需要加以批判的部分，让学生在学习中全盘接受了教材中的知识，在潜移默化中接受了其背后隐藏的文化属性；② 另一方面，教师的理论水平和道德水平不一，且高校审查不到位，存在部分教师在课堂上较为隐蔽地向学生传播错误思想的行为。

三、全球经济放缓对高校学生就业的挑战

受新冠疫情和世界经济逆全球化的影响，世界经济增速明显放缓。在经济放缓时期，市场需求减少，而经济增速放缓导致的消费和投资水平降低会引发产品需求的下降，从而导致劳动力需求的减少。为了保证最大程度的盈利，企

---

① 参见张波、邓卓明、邹莉《意识形态话语权：大学生社会主义核心价值观培育的挑战及路径》，载《思想教育研究》2015 年第 1 期，第 36～39 页。

② 参见孙百亮《西方意识形态渗透的隐蔽性与中国高校思想政治教育创新》，载《学术论坛》2009 年第 7 期，第 176～180 页。

业不得不降低成本，削减费用，减少用工需求，而这进一步导致就业岗位的减少，影响高校毕业生就业。

（一）市场需求与岗位总量减少

全球经济放缓就会抑制就业市场对人才的需求，但高校毕业生的供给却呈现逐年增长的趋势。供求不相适应带来的结果就是岗位总量稀缺，导致高校毕业生面临就业难的困境。[①] 国内外经济增速放缓以及未来发展的不确定性，导致不少企业因预期下降减少了就业岗位；高污染高耗能等传统产业逐渐被新能源产业代替，人力岗位不断被淘汰；处于初创期和裂变期的新兴产业尚在培育，但是能够提供且适合高校毕业生就业的岗位相对不足，对高校学生就业的制约作用比较明显。此外，伴随全球经济增长持续低迷引致的市场需求不断萎缩、劳动力成本上升不断增加公司运营成本，许多跨国公司的利润空间不断被挤压，导致跨国公司裁员潮持续涌动，而企业由于劳动力市场管制以及员工技能上的差异，将会首先取消或削减新增劳动力的需求，高校毕业生就业也因此受到较大影响。

（二）高校毕业生就业竞争加剧[②]

当企业用工量减少时，只有更有能力的人才能留下来。而这时往往需要通过多次考核、严密筛选、择优录取等特殊形式，来对过量的求职高校学生进行筛选。面对如此剧烈的竞争环境，只有心理素质过硬、知识基础和技能水平扎实的高校学生才能成功入选。这一失衡的供求关系极大加剧了内部竞争的激烈程度，导致很多地方高校的学子面对更为被动的劣势局面，也让更多顶尖高校的学子无法体验学历的就业红利。从某种意义上来说，不同阶层、不同地域之间贫富差距的日益悬殊，促使高校毕业生在求职时扎堆大城市、大企业，引致无序化的竞争局面，而在未来较为长远的时期内，这种局面将会持续存在并被不断加强。高校毕业生会优先考虑大城市、竞争优质就

---

① 参见黄晶晶《高校毕业生就业难原因分析》，载《教育观察》2020 年第 2 期，19～20 页。

② 参见邹嵩晖《经济下行条件下大学生的就业形势及出路》，载《继续教育研究》2015 年第 6 期，78～79 页。

业机会，由于竞争激烈，结果可能低于心理预期，这将会给高校学生带来更大的压力和挑战。

（三）毕业生就业质量出现下降趋势

首先，从工资福利来看，一方面，经济放缓期间，物价体系会出现不规则的失稳，导致应届毕业生的薪酬相对降低。与经济景气时期相对均衡的物价相比，经济放缓期的物价则表现为不稳定的上下浮动。[①] 这就使得刚步入社会岗位的高校毕业生群体不得不面对所获薪酬入不敷出的尴尬现状，给其带来沉重的心理压力。另一方面，经济放缓期间，企业的经营可能会陷入瓶颈。为了压缩支出，企业通常会减少人力资源的投入，利用裁员、降薪等手段降低成本。新员工尤其是缺乏工作经验的应届毕业生，更容易成为企业降薪、裁员的对象。[②]

其次，从就业满意度来看，高校学生接受了更多的教育和投资，对自己的水平与能力有着更高的评估，但他们对劳动力市场缺乏足够的了解，这就导致他们对自己的工作往往抱有过高的期望。在工作中遭遇不顺心或不愉快时，他们很容易产生心理隔阂，从而降低工作满意度。例如，有些高校学生认为自身水平能力很高，完全可以胜任大型企业、国家机关的关键职位，但是却在一些小企业或者基层岗位工作，进而造成就业期望和就业实际情况的巨大落差。这部分高校学生在就业的过程中容易受挫，容易产生失落感以及对社会的不满，就业的积极性逐渐削弱，最终影响就业。而这种心态上的巨大失落在高校学生群体中普遍存在。

最后，从工作匹配方面看，经济放缓局面之下，许多岗位空间达到饱和，甚至一些岗位彻底消失在发展浪潮之中。为了满足温饱的需求，不少高校学生选择了与所学专业不相匹配的岗位，导致期待值和能力与岗位需求不相匹配的结果。企业没有招聘到自己想要的员工，劳动者得不到满意的工作，岗位匹配度不高。

---

① 参见邹嵩晖《经济下行条件下大学生的就业形势及出路》，载《继续教育研究》2015 年第 6 期，第 78～79 页。

② 参见陈安平、刘彩霞、刘启超《经济增速放缓对个体收入和就业的影响研究》，载《产经评论》2020 年第 6 期，第 127～144 页。

第三节　社会矛盾新变化形成新动能

新时代的美好生活需要满足全方位、多领域、高层次的需求，美好精神生活是其中不可或缺的一方面。美好精神生活需要重视道德、发展、品质，要实现高校学生的全面发展，因此，必须有针对性地开展思想政治教育，引领高校学生自觉承担起美好生活的创造者这一角色。

一、美好生活追求引领高校学生崇真求实

美好生活追求需要我们求真务实，只有理性看待事物，通过实践探求真理、完善理论、印证自己行为的正确性，才能获得真理的钥匙，打开世界奥秘的大门。在竞争激烈的社会环境下，高校学生要有过人的专业素质、孜孜不倦的刻苦精神，才能在社会上占有一席之地。而要让自己的素质过硬，必须有求真务实的实干精神，而不是夸夸其谈的嘴皮子功夫，更不是敷衍了事的随意态度，这样不仅在专业学识上得不到提升，对人格的形成也有危害。因此，培养高校学生崇真求实的精神，对学生日后在社会上立足和品格成长有重要意义。

（一）崇真求实需钻研

求真，不仅要有态度，更要先丰满自身的学识。学习理论时，唯有保持"为伊消得人憔悴"的钻研精神，倾注精力、时间，坚持深耕深植，方能从理论中获得知识和力量。学习需要耐心和定力，科学理论方能严谨而深邃。

培育和弘扬以工匠精神为代表的钻研精神是当代高校人才培育的必经之路。工匠精神并不仅仅应用在制造业上，在学生对待课业、人生、人际、社会上都大有裨益。高校学生在教育环境下逐渐成长为独立的个体，需要为自己的衣食住行、言行举止负责，作为祖国未来的栋梁、现代化建设的主力军走入社会，需经得起社会的考验，不仅要提升学术科研能力，还要培养个人的综合素养，其中，钻研精神就是学识与综合素质的表现。需要注意的是，

美好生活需要涉及方方面面，这引导高校学生不应只拘泥于一个专业、一个学科中的问题。要立足于向现代化飞速发展的社会，必须在涉及国家重要发展领域至少做到不拖后腿，甚至有所建树。知识的海洋是无穷无尽的，只有把人的一生都放在追逐真理的路上，人类文明才会有所推动、有所发展。

（二）崇真求实需实践

马克思在《关于费尔巴哈的提纲》中提出并阐明了著名的马克思主义实践观，认为实践是人类改造世界的活动，实践是认识的来源，是认识发展的根本动力，是检验认识正确与否的唯一标准，具有直接现实性、能动性、创造性。[①] 马克思主义实践观的方法论要求我们想问题、办事情要坚持实事求是原则，坚持实践第一原则，要在实践中形成正确认识、深化认识、检验认识、发展认识，运用到社会上则要从群众中来，到群众中去，这也是中国共产党的群众路线的领导方法和工作方法。

实践既是认识的基础，也是认识的目的。实践是将人的脑海中的想法转化为改造世界的实际行动，形成实际结果的中介。实践是能动的、物质的、感性的活动，马克思首先认识到实践主体——人的重要性。人是认识、改造客观存在的主体，且人们对客观世界的了解是建立在对其改造的基础上的，脱离改造自然的社会实践活动，就无法完整地认识自然和社会；一步步深化的认识使人拥有了主观能动性与意识，进而能够服务于现实社会的改造，将脑海中美好生活的远景通过实践变成能够感受到、体会到的实体产品和服务。

实事求是和实践第一，是高校学生学业生涯、求真求知不可忽略的重要原则。理工科的学生需要通过精准的实验来验证理论的可行性，用精确的数据寻找新的发现，用实地测绘勾勒详尽的蓝图；人文社科的学生需要亲身做访谈、查阅古今文献、考证观点得失，方能在所学领域有所建树。真理不是光靠理论、想象、凭只言片语就能获得的，需要作为认识主体的人通过大量的实践去发现，也需要通过实践去检验自身认识的科学性。

---

① 参见［德］马克思、恩格斯《马克思恩格斯选集》第一卷，人民出版社 2012 版，第 133～136 页。

（三）崇真求实需创新

满足人民美好生活需要要求社会发展不能停滞在过去或当前，而是各方面都必须与时俱进，所以，社会需要创新型人才。创造力是人类最重要的能力，也是一个国家、一个民族参与国际竞争最有效、最具发展性、最持久的武器。高校学生是一个拥有专业知识、充满想象力和创造力的群体，有充分的同伴条件和师资条件来一起形成创新的想法，并利用学校、社会、国家等资源将创新项目落地生根。高校学生在探求真理的过程中，不能拘泥于前人的成果，将以往的观点颠来倒去地说，而应该站在巨人的肩膀上，从前人的成绩中找到新的突破口，甚至探索前人未曾涉足的领域，形成独创且科学的理论；在技艺上更加精湛，利用现代科学技术，突破以往的不可能，进一步深化对国家社会、科学自然、人类奥秘的认识，最终改善人民的生活，满足对美好生活的需要。

二、美好生活追求引领学生崇德向善

高校学生正处于思想转型时期，世界观、人生观、价值观都在逐渐形成，加强崇德向善道德理念教育是引导高校学生成才的关键，道德素质是科学素质的前提，也是社会主义核心价值观的必然要求。自古以来，崇德向善被视为人的基本素养，备受重视和推崇。儒家提倡"仁者爱人"，仁与义成为中华传统美德的核心。如今，社会主义核心价值观在国家、社会、个人三个层面强调了社会主义社会和其参与者应达到的价值理念。在中国特色社会主义新时代，尽管人民素质得到了飞跃式发展，但我们不得不承认，社会仍存在种种不理想的道德问题。在对美好生活的追求中，如何引导高校学生崇德向善，成为备受关注的话题。

（一）加强日常道德教育

习近平总书记强调，教育是国之大计、党之大计，应把立德树人融入思想道德教育、文化知识教育、社会实践教育各环节，体现到学科体系、教学体系、教材体系、管理体系建设各方面，奋力实现培根铸魂、启智润心。近年来，党和国家坚持推动教育评价综合改革，把立德树人成效作为检验高校工作的根本标准，努力构建德育与智育、学科与专业、科研与教学、本科生培养与研究生培养、第二课堂与第一课堂相融合的人才培养体系，形成了全员全程全方位育人（简称"三全育人"）的"大思政"格局。然而，多元开放的环境带来的种种诱惑，容易使高校学生的道德建设处于失稳状态。教育者应具备预见性干预的眼光，形成科学的教育系统，以道德课堂教育为主，利用学生喜爱的新媒体等形式为辅，及时对高校学生的心理认知进行正确的引导，以消解其迷茫感和紧张感。

（二）鼓励参与志愿服务

首先，高校学生参与志愿服务可以增加社会经验。高校学生缺少社会历练的经验，毕业后则必须快速融入与学校完全不同的社会秩序中。参与志愿服务可以初步了解社会环境和现状，对经验积累、提升自我、人脉交际都有好处。其次，可以培养高校学生正确的价值观念。当今多元化社会下，年轻人容易受各种诱惑而迷失自我，沉醉于物欲而无法自拔，或为了满足私欲而损害公共和他人利益。参与志愿服务要求学生必须吃苦耐劳，有奉献精神和群体认同观念，从自我满足上升到回馈社会，建立强烈的社会责任感，从而有助于缓和社会矛盾，构建社会主义和谐社会。最后，可以让高校学生在参与中获得认同。各大高校对志愿服务时数长、贡献大、工作认真负责的学生都有一定的鼓励机制，这是对学生做出奉献的认可，也能让学生实现自我价值，获得精神上的鼓舞，增强服务意识，弘扬奉献精神。因此，高校及相关志愿主体应及时了解国家和社会所需，完善服务平台，有目的地选取具备专业能力的高校学生进行对口服务，将知识价值应用到实践上；开展专业化培训，并完善奖惩机制，提高志愿者的工作热情和工作能力，增强志愿者的责任意识，合理给予奖励，对特别优秀的志愿者应公开表彰。

（三）营造崇德向善大环境

加强中华优秀传统文化教育，是培育和践行社会主义核心价值观、落实立德树人根本任务的重要基础。《易经》曰，"地势坤，君子以厚德载物"，这是对中华民族崇德向善风貌的高度概括。中华文明史给我们留下了向善基因，荀子曰"积善成德而神明自得，圣心备焉"，刘备曰"勿以恶小而为之，勿以善小而不为"，中华文明里流淌着从善如流、疾恶如仇的血脉。道德教育和道德修养是中华民族向善的根本途径，向善基因培养的根本在于教育。一个人是善是恶，不仅关乎个人品德，更关乎立身处世。只有人人为善，才能实现家庭和睦、社会和谐，国家才能强盛。做好全社会的基本道德建设，使高校学生沐浴在浓厚的利他、向善环境中，自然对贤者美育耳濡目染，向道德模范、德高望重者学习。

三、美好生活追求引领学生美美与共

人们不仅要欣赏自身的美，也要包容、欣赏别人创造的美；当欣赏自己的美和包容别人的美结合在一起后，就会实现理想中的大同社会。

（一）尊重人类命运共同体的文化成果

世界文化繁盛多样，随着全球化进程深入，文化之间的交流融合也日益深入。文化交流贵在"和而不同"，文化因差异得以交融，也因和睦得以共存，尊重个性，包容差异，世界文明多样性才能蓬勃发展，人类文明宝库才能愈发丰满。习近平总书记在谈到如何看待世界文明时强调，要"丰富多彩的人类文明都有自己存在的价值。要理性处理本国文明与其他文明的差异，认识到每一个国家和民族的文明都是独特的，坚持求同存异、取长补短，不攻击、不贬损其他文明"[①]。世界文明多样性共存和发展的格局越来越明朗，美美与共的文明观体现了中国崇尚"天下一家"的大国情怀和世界胸襟，是真正从世界格局出发而做出的合乎不同国家和民族实情的倡议，为世界提供了包容互鉴的中国方案，在世界范围内赢得了普遍共鸣。

（二）继承和发扬中华优秀传统文化

世界文化多元丰富，我们首先要守好自己的文化根基，从中华优秀传统文化中汲取养分，才能屹立于世界之林。党的十八届六中全会强调，要坚定对中国特色社会主义的道路自信、理论自信、制度自信、文化自信。中国人心中的

---

① 习近平：《在纪念孔子诞辰 2565 周年国际学术研讨会暨国际儒学联合会第五届会员大会开幕式上的讲话》，载人民网，http://cpc.people.com.cn/n/2014/0925/c64094 - 25729647 - 4.html。

自豪感，始终植根于中华优秀传统文化沃土，并随着历史发展不断与时俱进。博大精深的中华优秀传统文化是五千年来炎黄子孙的精神积淀，是民族的"根"和"魂"，引导中华儿女共同创造伟大事业、美好家园、民族精神和共同的理想信念，是我国实现"五位一体"的社会主义事业总布局中的文化建设的重要基础。只有继承好、发展好中华优秀传统文化，才能将中华文明所倡导的仁爱、民本、守信、大同等理想信念，注入一代代中华儿女的文化基因中。维护好海内外华人共同的精神家园，是中华民族生命力、凝聚力、创造力的源泉。

在新时代，传统文化和美德与经济政治相互交融、与现代科技紧密结合，日益成为推动经济社会发展的强大动力。文化成为综合国力中软实力的主要成分。在新的历史条件下，传承、弘扬中华优秀传统文化，是建设中国特色社会主义文化的重要内容。而要让中华优秀传统文化焕发蓬勃生机，展现独特魅力，实现创新发展，获得高校学生的重视与认同，让其自觉成为中华优秀文化的传承者，首先便要让优秀传统文化走进高校学生的生活，用学生喜闻乐见的方式，拉近学生与文化的距离，让学生沉浸其中，探寻创新发展的路径，让中华优秀传统文化越来越受年轻人的喜爱，发挥文化软实力对综合国力的特殊推动力量。继承好、发展好中华优秀传统文化，还需在上层建筑方面树立正确的方向。加快推进中华优秀传统文化的创造性转化与创新性发展，实现中华优秀传统文化与时代文化相融相通，增强其现实作用和感召力，让马克思主义引领优秀文化前行，并不断拓宽内涵和外延，增强弘扬和传播的方式和渠道。

（三）辩证看待多元文化的激荡

虽然文化的多元性为人们开阔了视野，但也给辨别文化的精华与糟粕带来一定挑战。高校学生刚刚脱离中学比较单一的学习、生活模式，进入相对开放、自由、包容的文化环境中。多元的文化环境对高校学生具有极大的吸引力。但对于多元文化需要辩证看待，不能全盘接受，因为其中既包含精华，也可能有糟粕。对待我国传统文化和外来文化，都应秉持明辨是非，取其精华、去其糟粕的态度。对那些不利于个人素质能力提升、有害于社会和谐、不利于国家安全和发展的文化需要特别警惕、严格考察，谨防敌对势力的渗透；对于值得学习的方面，则应挖掘其科学内涵，将其与中国国情结合起来，进行本土化改造，使其服从和服务于中国特色社会主义建设与美好生活建构。

第四节　人才强国战略带来的新机遇

国家兴盛，人才为本。人才强国战略的核心是"人才兴国"，依靠人才兴邦，走人才强国之路，大力提升核心竞争力和综合国力，是人才强国战略的核心要义。新时代人才强国战略的提出，进一步表明国家和社会对人才的需要和重视，为高校学生的成长成才营造了良好环境，也为高校学生创新创业、建功立业搭建了广阔平台。

一、为高校学生营造成长成才的良好环境

科学技术是促进国家稳步发展的第一生产力，而人才资源则是国家的第一资源。在我国社会主义现代化的新时期，人才强国战略作为党和国家的发展任务和时代挑战，战略意义重大。因此，有利于高校学生成长成才的良好制度环境的构建与发展，也是该时期的重要任务。

（一）党和国家高度重视人才培养

在 21 世纪的前 20 年，不仅是我国全面建设小康社会的重要时间节点，同时还是我国特色社会主义事业开创新局面的重要战略机遇的新时期。① 在此时代背景下，加快贯彻落实人才强国战略，大力加强高技能人才培养创新工作，是我国在新的历史条件下的必然要求。2018 年 9 月，习近平总书记在全国教育大会上明确以立德树人为中心、实现全过程全方位育人的具体要求②，为我国高校人才培养的发展指明了方向。我国拥有世界上规模最大的高等教育体系，通过全面贯彻落实科学发展观，牢固树立科学的人才观，高校学生在各项

---

① 参见中共中央办公厅　国务院办公厅《关于进一步加强高技能人才工作的意见（摘要）》，载中国政府网，http://www.gov.cn/gongbao/content/2006/content_346288.htm。
② 参见杨晓慧《高等教育"三全育人"：理论意蕴、现实难题与实践路径》，载《中国高等教育》2018 年第 18 期，第 4～8 页。

事业发展中将拥有更为广阔的舞台，实现成长成才的目标。高校学生人才培养建设的新局面，将为党和国家打造出一批批朝气蓬勃的专业技术人才。

（二）立足国际竞争，实施留学政策

改革开放之初，党和国家陆续派出留学人员，实施出国留学政策，扩大人才队伍的建设，这也是我国改革开放基本国策的一个重要方面。借助发达国家的学术力量，加快培养各领域的专业人才。这一政策作为社会主义现代化建设全局的重中之重，顺利推进了社会主义现代化建设，留学人员作为国家宝贵的人才资源，发挥了重要作用。当前，在人才强国战略下，《关于建立海外高层次留学人才回国工作绿色通道的意见》《中国留学人员回国创业启动支持计划》《关于构建留学人员回国服务体系的意见》等政策，都为留学人员和留学回国人员提供了不同程度的资助等扶持。除了积极鼓励人才出国留学，政府也为选择回国工作、创业的海外优秀留学人才提供了大力的政策支持，推动"春晖计划"等吸引留学人员回国工作、为国服务的政策，为海外优秀留学人才搭建国内成长就业的选择平台，使得留学人员回国的工作体系更加完善。

（三）为人才培养和发展提供支持保障

在科学技术迅速发展的当下，一个国家的技术型人才队伍是否强大，将关系到该国的科学技术能否占据前沿优势地位。保障人才培养工作，将为国家经济的持续发展提供支撑，并直接影响到国家经济的国际竞争力。在社会层面，国家也积极鼓励社会各界和海外人士为高校的人才培养事业提供捐赠等支援服务。对进行捐赠的企业和个人，可以按相关规定享受一定的优惠政策。而为相关建设项目以及培养高技能人才的职业院校提供融资的金融机构（如公共实训基地建设和参与校企合作的职业院校），也受到了相应的政策扶持。

（四）营造尊重人才的良好氛围

人才强国战略的最终贯彻实施，需要各级党委、政府层层把关、阶梯落实，聚集社会各界的力量共同努力。而营造有利于高技能人才成长的良好氛围、形成尊重人才的社会风气，也需要全党、全社会的共同努力。各地各级人民政府应当从实际出发，在党委和政府统一领导下，各司其职、密切配合、层层把关，把弘扬良好风气作为践行人才强国战略的重要工作。除此之外，还要贯彻落实对高校人才工作的领导，切实做好对高校人才工作的宏观指导和组织推动，除了政府扶持、政策支持，还可以积极动员社会各方面力量，共同解决影响人才队伍建设的问题，为良好风气的建设添砖加瓦。

二、为高校学生提供创新创业的优质条件

高校是培养基础研究人才主力军的温床。在新时代、新阶段的发展浪潮中，"双一流"大学应担起卓越人才培养的重任，为高校学生提供创新创业的优质条件。

（一）高校学生创新创业教育得到加强

2021年9月，习近平总书记在中央人才工作会议中阐述了深入实施新时代人才强国战略的工作重点[①]，明确了加快建设世界重要人才中心和创新高地的要务。无论是发展生产，还是致力经济建设，高技能人才都是生产劳动第一线不可或缺的骨干力量，创新创业教育需贯穿人才培养全过程。而高校学生的人才培养，对于我国实现经济腾飞发展、各项能力水平向世界前沿瞄准看齐具有重要意义。随着人才强国战略的逐步展开，"新世纪百千万人才工程""高等学校高层次创造性人才工程""百人计划"等国家重大人才专项计划项目纷纷实施，我国人才队伍的建设日臻完善，落实针对大学生创新创业的培养、培训制度也已经提上日程。高技能人才队伍的建设，需要持续加大社会关注度，做好贯彻落实工作。高校学生作为"大众创业，万众创新"的生力军、高技能人才培养的后备力量，在国家经济社会发展中发挥着重要作用，因此，加强高校学生的创新创业教育，在许多方面都具有重要意义。近年来，在政策措施的鼓励扶持下，一批高质量、有针对性的创新创业教育就此展开，为培养各类专业技术人才、提升高校学生创新创业能力拓宽了渠道。

[①] 参见《习近平出席中央人才工作会议并发表重要讲话》，载中国政府网，http://www.gov.cn/xinwen/2021-09/28/content_5639868.htm。

（二）高校学生创新创业环境得以优化

在人才强国、万众创新等战略如火如荼地开展的当下，优化高校学生创新创业环境，将助力高校学生在各自领域做出重大建树。一批批杰出英才将在环境温床的培养下脱颖而出，为国家甚至世界的进程发光发热。实现创新发展的主体是企业，而企业进行科技创新离不开人才资源的基础支撑。随着人才政策的持续开展，各地的人才中心和相应的创新高地建设进一步加快完善。在政府的投资鼓励下，各类产业园得以投入开发，并免费提供给高校学生使用；创新创业团队入驻条件有所放宽，并给予一定程度上的租金补贴；在提升企业开办的服务能力的同时，高校学生创新创业门槛大幅降低。除此之外，还要贯彻落实高校学生的创新创业保障政策。人力资源社会保障部、教育部、财政部等部门与地方各级人民政府分工负责，加强帮扶支持引导，对创业失败的高校学生提供就业服务、就业援助和社会救助。另外，创业高校学生也可以按规定缴纳"五险一金"，以减少创业的后顾之忧。

（三）高校学生创新创业平台不断升级

随着高校学生创新创业教育的蓬勃开展，各地教育、科技行政主管部门也高度重视高校学生的创新创业，纷纷加强政策指导和资金支持力度。不少高校不但为学生设置了高质量、专业对口的教育培训、实习项目，还设立了专项资金，资助学生赴海外知名大学、海外企业和国际组织深入求学，拓宽视野。此外，许多高校还针对不同学生的需求，有针对性地安排了与专业相结合的学习、交流、见习或实习。优质平台的设立，进一步推动高校学生参与到高质量的创新创业项目当中，尤其是高校学生科技创业实习基地的建设，更是促进高校学生创新创业高质量发展的催化剂。此外，国家大学科技园的创新创业服务基地大多面向高校学生免费开放，这些基地不但能够承接高校学生的创新成果，还能依托自身技术、场地、资本等优势，助力高校学生创新创业实践。

三、为高校学生搭建建功立业的有效平台

在当今时代，人才是事业发展最可贵的财富。如今，我们正处于中国特色

社会主义新时代，高校人才作为新时代的榜样力量，走在时代的最前端。伟大时代呼唤伟大精神，崇高事业需要榜样引领。新时代高校学生理应肩负使命，在服务民族复兴、推动社会进步中实现自己的人生理想。

（一）鼓励高校学生在祖国最需要的地方建功立业

自党和政府对高校学生组织实施"三支一扶"计划以来，许多高校学生在党和政府的感召和鼓励下，主动服务基层。"千家高校毕业生就业见习示范基地建设计划"实施后，许多高校毕业生到基层从事支教、支农、支医及扶贫工作。一直以来，广大高校学生积极响应党和国家的号召，主动到基层、到农村、到西部、到祖国最需要的地方去，为祖国的建设贡献力量，用自己的行动抒写新时代建功立业的青春诗篇。到基层去、到西部去，成为当代有志青年成长成才的必由之路。青年学子在基层和西部广阔的天地中建功立业，交出了无愧于时代的人生答卷。

（二）倡导高校学生为实现中国梦砥砺前行

千百年来，中华民族历经巨大历史变革——从为人类历史文明做出了巨大贡献、充满勤劳智慧的人类文明古国，到近代由于没有抓住工业革命的历史机遇，遭遇山河破碎、满目疮痍的长期落后，再到如今我国正处于政治最稳定、经济最繁荣、创新最活跃，一派欣欣向荣的时期。现在，世界新一轮科技革命和产业变革迅猛发展，面对国家高技术研究重大需求，我们需要加快建设重要人才培养体系。当前，我国进入了向第二个百年奋斗目标进军的新征程，在这个历史节点下，党和国家对于人才的渴求更为迫切，当代青年要以"千磨万击还坚劲"的精神，迎接新的挑战，向着建设人才强国的宏伟目标砥砺奋进，努力为实现中国梦砥砺前行。

第三章　高校学生的思想引领

做好高校学生的思想引领工作，最根本的就是要坚持以习近平新时代中国特色社会主义思想为指导，全面贯彻党的教育方针，坚持和加强党的全面领导，坚持社会主义办学方向，以立德树人为根本，以理想信念教育为核心，以培育和践行社会主义核心价值观为主线，以建立完善全员、全程、全方位育人体制机制为关键，全面提升高校思想政治工作质量。①

第一节　高校学生的政治引领工作

为进一步加强高校学生的政治引领工作，需要明确其总体要求、主要任务以及方法路径，从而有效地教育和引导学生自觉听党话、跟党走，积极向党组织靠拢，成为德智体美劳全面发展的社会主义建设者和接班人。

一、高校学生政治引领的总体要求

高校学生政治引领的总体要求从根本上讲就是要落实立德树人根本任务，这是对思想政治工作规律、教书育人规律、学生成长规律三大规律的遵循和应用，是推进中国特色社会主义现代化事业的迫切需要。

---

① 参见《教育部等八部门关于加快构建高校思想政治工作体系的意见》，载中国政府网，http://www.gov.cn/zhengce/zhengceku/2020-05/15/content_5511831.htm。

（一）落实立德树人根本任务

习近平总书记强调："要坚持把立德树人作为中心环节，把思想政治工作贯穿教育教学全过程，实现全程育人、全方位育人，努力开创我国高等教育事业发展新局面。"①

1. 立德树人是高校的立身之本

中华民族拥有着五千多年的历史，是世界上独一无二拥有如此悠久历史的民族，"立德"在中华文明的赓续和传承中起着无可替代的重要作用，是立德树人最大的底气和坚实的基础。博大精深的中华优秀传统文化是中华民族的独特标识，不仅为中华民族的生生不息提供了丰厚的滋养，更为立德树人提供了最深沉的文化底蕴。中国特色社会主义的高校，必须承接中华传统文化对人的德性的重视，延续文明，赓续血脉，培育时代新人。当前，"我国进入了全面建设社会主义现代化国家、向第二个百年奋斗目标进军的新征程，我们比历史上任何时期都更加接近实现中华民族伟大复兴的宏伟目标，也比历史上任何时期都更加渴求人才"②。人才培养是高校责无旁贷的重任，因此必须要把立德树人作为中国特色社会主义高校的立身之本，加强高校学生的道德教育和道德修养，努力培养德智体美劳全面发展的社会主义建设者和接班人。

2. 立德树人需遵循和把握规律

习近平总书记强调："做好高校思想政治工作，要因事而化、因时而进、因势而新。要遵循思想政治工作规律，遵循教书育人规律，遵循学生成长规律，不断提升工作能力与水平。"③ 可见，立德树人作为高校的立身之本是对这三大规律的综合应用。遵循思想政治工作规律，就是要解决好"立什么德"这个"总开关"问题。就是要坚持马克思主义为指导，在高校党委领导下，坚持社会主义办学方向，坚持把立德树人作为中心环节，教育学生坚定理想信

① 习近平：《把思想政治工作贯穿教育教学全过程　开创我国高等教育事业发展新局面》，载《人民日报》2016 年 12 月 9 日。

② 习近平：《深入实施新时代人才强国战略　加快建设世界重要人才中心和创新高地》，载《人民日报》2021 年 9 月 29 日。

③ 习近平：《把思想政治工作贯穿教育教学全过程　开创我国高等教育事业发展新局面》，载《人民日报》2016 年 12 月 9 日。

念，自觉地将个人命运与国家民族命运紧密相连，争做担当民族复兴重任的时代新人。遵循教书育人规律，就是解决好"树什么人"的问题，就是把思想政治工作贯穿教育教学全过程，"高校教师应坚持教育者先受教育……坚持以德立身、以德立学、以德施教"①。真正把马克思主义基本理论讲深讲透，坚持八个相统一，让马克思主义理论入脑入心。作为思想政治理论课教师，应当深入开展马克思主义理论研究，坚持求真务实，重视教学改革，主动回应社会和学生关注的热点；作为哲学社会科学教师，应当充分发挥高校学科建设优势、人才聚集优势和智力资源优势，"其他各门课要守好一段渠、种好责任田，使各类课程与思想政治理论课同向同行，形成协同效应"②。遵循学生成长规律，就是要把学生作为受教育主体。一是高校要坚持以学生为本的办学理念，深入了解学生思想状态，研究学生学业发展规律，主动倾听学生在学业发展和能力提升等方面的诉求；二是教师不仅要提升教书育人的能力水平，更要提升对学生思想政治教育工作的能力水平；三是高校思想政治教育工作者要不断创新方式方法。要真正立足学生实际、把握学生特点、契合学生需要，沿用好办法、改进老办法、探索新办法，将思想政治教育工作做到学生的心坎上。

3. 立德树人事关中华民族伟大复兴

知识就是力量，人才就是未来。作为中国共产党领导的社会主义国家，要想建设中国特色社会主义现代化事业，推动实现中华民族的伟大复兴，就要培养并依靠人才。教育应该也必须服务、服从于现代化建设的战略大局，要求教育的发展同党和国家事业的发展相适应。党中央将教育提升到国之大计、党之大计的高度，表明教育为国家社会发展和民族振兴所担当的重要使命，体现着中国改革开放和社会主义现代化建设、提高人民思想道德和科学文化素质、推动人的全面发展、促进社会全面进步等对教育提出的要求。高校学生是社会主义现代化建设的生力军，是宝贵的人才资源，是国家的未来、民族的希望，"培养什么样的人、如何培养人以及为谁培养人，始终是一个根本问题，一旦在办学方向上走错了，在培养人的问题上走偏了，那就会像一株歪脖子树，无

---

① 习近平：《把思想政治工作贯穿教育教学全过程　开创我国高等教育事业发展新局面》，载《人民日报》2016 年 12 月 9 日。

② 习近平：《把思想政治工作贯穿教育教学全过程　开创我国高等教育事业发展新局面》，载《人民日报》2016 年 12 月 9 日。

论如何都长不成参天大树"①。因此，必须将立德树人作为高校的立身之本，坚定高校学生理想信念，"增强道路自信、理论自信、制度自信、文化自信"②，帮助高校学生树立为中国特色社会主义奋斗终生的崇高理想，努力培养德智体美劳全面发展的社会主义建设者和接班人，这样才能不断推动中国特色社会主义事业发展前进。

（二）坚守教育的初心使命

我国教育最鲜亮的底色是社会主义，高校要培养拥护中国共产党领导和社会主义制度的建设者和接班人，要始终坚持为党育人、为国育才，这是我国教育的初心和使命。

1. 教育的根本任务

习近平总书记强调："我国是中国共产党领导的社会主义国家，这就决定了我们的教育必须把培养社会主义建设者和接班人作为根本任务，培养一代又一代拥护中国共产党领导和我国社会主义制度、立志为中国特色社会主义奋斗终生的有用人才。这是教育工作的根本任务，也是教育现代化的方向目标。"③一方面，这是对马克思主义国家学说的承继与创新。在马克思主义国家学说看来，国家是具有明确的阶级性质的，国家中的一切机构和组织都必须按照国家的性质设置，反映国家的性质和意志，为掌握国家政权服务。教育要为国家政权服务，就是要培养听党话、跟党走，忠诚于党和国家并为其服务的建设者和接班人。可见，这是对历史唯物主义所揭示的关于经济基础与上层建筑的关系原理的继承和发展，更是在新时代背景下的创造性运用。另一方面，揭示了教育是具有明确阶级性和国家制度属性的。在社会主义制度下办教育，既不是简单意义上的只要交了学费就可以享受教育的"有教无类"，也不是西方所倡导的停留在政治法律形式上所规定的政治自由、公民权利，更不是掌握了国家统

---

① 《人民日报》评论员：《始终坚持社会主义办学方向——二论学习贯彻习近平总书记高校思想政治工作会议讲话》，载《人民日报》2016年12月10日。

② 习近平：《把思想政治工作贯穿教育教学全过程　开创我国高等教育事业发展新局面》，载《人民日报》2016年12月9日。

③ 习近平：《把思想政治工作贯穿教育教学全过程　开创我国高等教育事业发展新局面》，载《人民日报》2016年12月9日。

治权的阶级就有受教育的权利，处于非统治地位的阶级就失去受教育的机会。中国共产党领导下的社会主义国家办教育，不管哪一级、哪一类的学校，尤其是培养处于拔节孕穗期的学生的高校，都应把"培养一代又一代拥护中国共产党领导和我国社会主义制度、立志为中国特色社会主义事业奋斗终生的有用人才"① 作为首要问题和根本任务，并加以落实。

2. 教育的历史使命

百年大计，教育为本，教育不仅是我们党为中国人民谋幸福，为中华民族谋复兴初心使命的有机组成部分，更是国之大计、党之大计。首先，我国的高等教育发展方向要同国家发展的现实目标和未来方向紧密联系在一起。做到四个服务，即"为人民服务，为中国共产党治国理政服务，为巩固和发展中国特色社会主义制度服务，为改革开放和社会主义现代化建设服务"②，这是高等教育的最大实际，如果脱离了这一实际，高等教育就失去了办学的根本。其次，教育是"功在当代、利在千秋的德政工程"③。培养什么人是教育的首要问题，教育是什么样子，未来就是什么样子。今天，"没有哪项事业像教育这样，影响甚至决定着接班人的问题，影响甚至决定着国家的长治久安，影响甚至决定着民族复兴和国家的崛起"④。教育是"增进民生福祉、促进社会公平的重要手段，也是全面建成小康社会、建设社会主义现代化强国的重要支撑"⑤，对实现中华民族伟大复兴具有决定性意义。最后，"在现代化建设中，教育具有基础性、先导性、全局性地位和作用"⑥。教育是培养人的事业，是立足当下、面向未来的基础工程，其具有前瞻性、先行性和先导性，不仅要满足当代需求，更要考虑未来的需求。教育同时也是关乎全局的事业，对社会发展的各领域都有全方位的影响，从根本上影响和决定着一个国家的前途和命

---

① 习近平：《用新时代中国特色社会主义思想铸魂育人　贯彻党的教育方针落实立德树人根本任务》，载《人民日报》2019 年 3 月 19 日。

② 习近平：《把思想政治工作贯穿教育教学全过程　开创我国高等教育事业发展新局面》，载《人民日报》2016 年 12 月 9 日。

③ 习近平：《坚持中国特色社会主义教育发展道路　培养德智体美劳全面发展的社会主义建设者和接班人》，载《人民日报》2018 年 9 月 11 日。

④ 本书编写组：《习近平总书记教育重要论述讲义》，高等教育出版社 2020 年版，第 78 页。

⑤ 本书编写组：《习近平总书记教育重要论述讲义》，高等教育出版社 2020 年版，第 78 页。

⑥ 本书编写组：《习近平总书记教育重要论述讲义》，高等教育出版社 2020 年版，第 78 页。

运。中国特色社会主义进入新时代，教育的基础性、先导性和全局性的地位更加凸显，现代化建设事业发展得越快，对人才的渴求就越为迫切，对教育的要求就越来越高，因此，高校必须更加充分发挥教育的服务和支撑作用。

（三）时代新人的培养

"培养德智体美劳全面发展的社会主义建设者和接班人"包含两层内涵，一是"社会主义建设者和接班人"，二是"德智体美劳全面发展"。培养"社会主义建设者和接班人"是"对教育所要培养人才的总体规格和政治属性的明确表述，确定了人才培养的根本价值取向"；"德智体美劳全面发展"则是"对教育所要培养人才的素质结构的一般性表述和普遍性要求，规定了人才培养的具体目标领域"。① 这两层内涵密不可分、内在统一，体现了社会价值和育人价值的统一，政治品格和能力素质的统一，以及德、智、体、美、劳各领域素质发展的辩证统一。

作为总的要求，培养"社会主义建设者和接班人"，就是要培养中国特色社会主义的建设者和接班人。具体而言，就是要培养"了解和认同中国特色社会主义，能够牢固树立中国特色社会主义的道路自信、理论自信、制度自信和文化自信，能够积极投身中国特色社会主义事业，为实现中华民族伟大复兴而努力奋斗、矢志不渝的人"②。

"德智体美劳全面发展"的思想是对马克思主义理论中人的全面发展思想的创新性发展。德育、智育、体育、美育和劳动教育这"五育"是针对人的全面发展而提出的，任何一育都不是孤立的，都是全面发展的一部分，这意味着任何的教育活动都是综合的、多维的、整体的，要求我们在实施教育的过程中，既要注重考虑每一育的独特性，也要兼顾全面性，才有可能协同完成"五育"并举的育人使命任务。"五育"同等重要，一个都不能少，但"五育"并举不代表"五育"各自独立进行，"五育"之间需要相互联系、融合性发展。

---

① 参见石中英《努力培养德智体美劳全面发展的社会主义建设者和接班人》，载《中国高等社会科学》2018 年第 6 期，第 11 页。

② 石中英：《努力培养德智体美劳全面发展的社会主义建设者和接班人》，载《中国高等社会科学》2018 年第 6 期，第 11 页。

二、高校学生政治引领的主要任务

高校学生政治引领的主要任务包括：把坚持以马克思主义为指导的工作落实到教育教学各方面，全面推进以习近平新时代中国特色社会主义思想武装师生头脑的指导实践推动工作，着力推动理想信念教育常态化、制度化。

（一）坚持马克思主义的指导地位

要深刻理解以马克思主义为指导的必要性和重要性，并将坚持以马克思主义为指导的工作落实到教育教学各方面，为高校学生的成长奠定科学的思想基础。

1. 坚持以马克思主义为指导

坚持以马克思主义为指导是引领社会思潮的一项基础性工作，党的十九届四中全会更是把坚持马克思主义在意识形态领域的指导地位作为一项根本的制度安排。2001 年曝光的美国中央情报局在 20 世纪 50 年代制定的《十条诫令》①，充分暴露了美国对以中国为代表的社会主义国家"西化""分化"的罪恶图谋。当今世界正处于百年未有之大变局，形势态势复杂而严峻，西方文化价值观借助网络空间、影视作品以及融入物质产品等方式潜移默化地加紧渗透，利益多样化导致社会阶层结构发生深刻变化，人们的文化心理呈现多样化。对高校学生的政治引领，迫切需要以马克思主义为指导，教育引导高校学生深刻体会、深入理解和科学运用马克思主义的原理和方法，坚定理想信念。只有这样，高校学生才能对那些否定马克思主义尤其是诋毁马克思主义的西方思潮的实质与危害保持清醒的认识，对各种错误观点和思潮旗帜鲜明地予以抵制。

2. 马克思主义是我国教育最鲜亮的底色

第一，习近平总书记强调："马克思主义是我们立党立国的根本指导思想，也是我国大学最鲜亮的底色。"② 作为指导思想，"马克思主义是科学的理

---

① 参见刘凤健、夏辉、田靖《从美国中情局〈十条诫令〉看"西化""分化"中国图谋》，载《民族论坛》2015 年第 2 期，第 33 页。

② 习近平：《在北京大学师生座谈会上的讲话》，载《人民日报》2018 年 5 月 2 日。

论，创造性地揭示了人类社会发展规律……马克思主义是人民的理论，第一次
创立了人民实现自我解放的思想体系……马克思主义是实践的理论，指引着人
民改造世界的行动……马克思主义是开放的理论，始终站在时代的前沿，随着
实践的变化而发展"①。第二，马克思主义不仅深刻地改变着世界，也深刻地
改变着中国。中国共产党的百年奋斗史有力证明了，只有马克思主义而没有别
的什么主义能够救中国、发展中国，这是不争的事实。实践还证明，"马克思
主义为中国的革命、建设、改革提供了强大的思想武器，使中国这个古老的东
方大国创造了人类历史上前所未有的发展奇迹"②。第三，马克思主义成为我
国社会主义教育最鲜亮的底色，这是历史的选择、人民的选择。"社会主义教
育必须坚持以马克思主义为指导。不坚持以马克思主义为指导，我们的教育就
会失去灵魂、迷失方向。"③ 第四，只有真懂真信真用马克思主义，真正学懂
弄通它，才能信仰它，才能提升识别能力，自觉抵制各种错误思潮，才能坚持
以人民为中心发展教育的立场，切实解决问题并推动我国教育的发展。

3. 为学生成长奠定科学思想基础

一是教育领域要成为马克思主义学习、研究、宣传的重要阵地，要唱响马
克思主义主旋律。高校要发挥好自身优势，尤其是发挥好人才智库的优势，
"加强马克思主义理论研究，建设好马克思主义学院和马克思主义学科。立足
中国特色社会主义实践，深入回答重大理论和现实问题"④，培养和造就一大批
青年马克思主义者。二是坚持不懈地传播马克思主义科学理论，抓好马克思主义
理论教育。教育引导高校学生深化对马克思主义历史必然性和科学真理性的认
识，深化对马克思主义理论意义和现实意义的认识。"教会他们运用马克思主义
的立场、观点和方法来观察世界、分析世界，真正搞懂面临的时代课题，深刻把
握世界发展走向，认清中国和世界的发展大势，让学生深刻感悟马克思主义真理
的力量。"⑤ 三是要坚持不懈地学习和实践马克思主义，不断从中汲取科学智慧
和真理力量。要用"马克思主义的世界观和方法论观察时代、解读时代、引领

---

① 本书编写组：《习近平总书记教育重要论述讲义》，高等教育出版社 2020 年版，第 94～99 页。
② 本书编写组：《习近平总书记教育重要论述讲义》，高等教育出版社 2020 年版，第 94～99 页。
③ 本书编写组：《习近平总书记教育重要论述讲义》，高等教育出版社 2020 年版，第 94～99 页。
④ 本书编写组：《习近平总书记教育重要论述讲义》，高等教育出版社 2020 年版，第 94～99 页。
⑤ 本书编写组：《习近平总书记教育重要论述讲义》，高等教育出版社 2020 年版，第 97～99 页。

时代，用鲜活丰富的当代中国实践来推动马克思主义发展"①，不断吸收人类创造的优秀文明成果，不断深化对"共产党执政规律、社会主义建设规律、人类社会发展规律"②的认识，不断开辟当代中国马克思主义的新境界。

（二）贯彻习近平新时代中国特色社会主义思想

作为中国共产党坚持和发展马克思主义的最新理论成果，习近平新时代中国特色社会主义思想以一系列原创性、战略性的重大思想观点丰富和发展了马克思主义，是当代中国马克思主义、21世纪马克思主义。③高校学生政治引领的一项重要任务，就是全面推动以习近平新时代中国特色社会主义思想武装师生头脑、指导实践、推动工作。

1. 深入学习领悟

党的十八大以来，中国特色社会主义进入新时代。作为马克思主义中国化的最新成果，习近平新时代中国特色社会主义思想指引党极其卓越地回答了"新时代坚持和发展什么样的中国特色社会主义、怎样坚持和发展中国特色社会主义这个重大时代课题"④，中华民族迎来从富起来到强起来的伟大飞跃。作为社会主义高校，必须全面贯彻党的教育方针，坚定不移地坚持以马克思主义为指导，"贯彻落实习近平新时代中国特色社会主义思想，坚持社会主义办学方向，落实立德树人根本任务，坚持教育为人民服务、为中国共产党治国理政服务、为巩固和发展中国特色社会主义制度服务、为改革开放和社会主义现代化建设服务，扎根中国大地办教育，同生产劳动和社会实践相结合，加快推进教育现代化、建设教育强国、办好人民满意的教育，努力培养担当民族复兴大任的时代新人，培养德智体美劳全面发展的社会主义建设者和接班人"⑤。

2. 确保落地见效

一是要加强理论修养，努力用习近平新时代中国特色社会主义思想武装

---

① 本书编写组：《习近平总书记教育重要论述讲义》，高等教育出版社2020年版，第97～99页。

② 习近平：《在哲学社会科学工作座谈会上的讲话》，载《人民日报》2016年5月19日。

③ 参见何毅亭《习近平新时代中国特色社会主义思想是21世纪马克思主义》，载《学习时报》2018年5月18日。

④ 习近平：《在庆祝改革开放40周年大会上的讲话》，载《人民日报》2018年12月19日。

⑤ 中共中央办公厅，国务院办公厅：《关于深化新时代学校思想政治理论课改革创新的若干意见》，载中国政府网，http://www.gov.cn/zhengce/2019-08/14/content_5421252.htm。

师生头脑，坚定做到学懂弄通、入脑入心。习近平新时代中国特色社会主义思想内容极其丰富，思想十分深刻，高校学生事务管理者务必认真学习、深刻领会，准确把握其时代背景、历史地位、科学体系、丰富内涵、精神实质，做到真学、真懂、真信、真用。二是要加强党性锤炼，把贯彻习近平新时代中国特色社会主义思想作为对党绝对忠诚的实践指南，坚定捍卫"两个确立"，坚决做到"两个维护"。党的十九届六中全会审议通过《中共中央关于党的百年奋斗重大成就和历史经验的决议》，开创性地提出了"两个确立"，这是党的十八大以来最大的政治成果、最重要的历史经验和实现第二个百年奋斗目标的最大政治保证。学习贯彻习近平新时代中国特色社会主义思想，首要就是坚决维护习近平总书记在全党的核心地位，坚决维护以习近平同志为核心的中共中央权威和集中统一领导，做到绝对忠诚、绝对可靠。三是要加强实践锻炼，把践行习近平新时代中国特色社会主义思想作为推动工作的关键密钥，让高校成为坚持党的领导的坚强阵地。首先要始终把政治建设摆在首位，全面贯彻党的教育方针；其次是不断提高高校党建质量，确保党的领导在高校全面发展中的作用；再次是创新发展高校思想政治工作，团结凝聚广大师生听党话、跟党走；最后是坚持从严治校、从严治教，营造风清气正的良好校园生态。

（三）常态化制度化开展理想信念教育

理想信念是精神支柱、力量之源。理想信念的构建不是一蹴而就的，也不是一劳永逸的，只有因应新时代的新要求，构建常态化、制度化的机制，才能固化理想信念教育的效果，实现高校学生政治引领的目标任务。

1. 理想信念教育的价值意涵

习近平总书记指出："'志不立，天下无可成之事。'理想信念动摇是最危险的动摇，理想信念滑坡是最危险的滑坡。一个政党的衰落，往往从理想信念的丧失或缺失开始。我们党是否坚强有力，既要看全党在理想信念上是否坚定不移，更要看每一位党员在理想信念上是否坚定不移。"[①] 党的十九届四中全会强调要推动理想信念教育常态化、制度化，更是为筑牢共同理想信念、凝聚

---

① 习近平：《在庆祝中国共产党成立 95 周年大会上的讲话》，载《人民日报》2016 年 7 月 1 日。

强大精神力量提供了坚强有力的制度支撑。青年一代肩负着民族复兴的时代重任，是国家的未来、民族的希望，加强高校学生的理想信念教育显得尤为重要。从国家层面看，加强高校学生的理想信念教育是实现中华民族伟大复兴中国梦的精神支撑。"中国梦是国家的、民族的，也是每一个中国人的"①，高校学生作为中国特色社会主义建设的亲历者和参与者，能否形成科学而坚定的理想信念，不仅代表着青年群体的精神面貌和道德水准，还影响着整个社会乃至整个民族的文明素养，决定着民族复兴事业的实现。从高校层面看，加强高校学生的理想信念教育是落实立德树人根本任务的思想保证。理想信念关乎高校培养什么人、如何培养人、为谁培养人等重要战略问题，加强高校学生的理想信念教育是坚持党的领导、牢牢把握意识形态领导权、培养德智体美劳全面发展的社会主义建设者和接班人的重要保证。从高校学生层面看，加强理想信念教育是帮助他们树立正确的价值导向，促进其成长成才的必然要求。青少年阶段是人生的"拔节孕穗期"，是养成正确的世界观、人生观和价值观的关键时期，只有帮助高校学生对时代责任、历史使命、世界格局有清晰的认识，他们才能从容面对多元文化的社会思潮和纷繁多变的内外环境，健康成长成才。②

2. 建立健全理想信念教育的制度机制

理想信念具有动态性、系统性，只有构建常态化的理想信念教育机制，才能固化理想信念教育的效果，有效推进高校理想信念教育的可持续性发展。首先，常态化要求高校学生理想信念教育的系统化和协同化。具体而言，不仅要注重社会、高校、家庭、学生的良性互动，形成育人合力，还要重点推进和提升高校的整体育人能力水平相兼顾，提升理想信念教育的精准性和有效性。其次，常态化要求高校学生理想信念教育的制度化和规范化。注重用制度提升理想信念教育的信度和效度，确保理想信念在制度框架下规范、有序推进。最后，常态化要求高校学生理想信念教育的生活化和实践化。要将理想信念教育融入生活、融入日常，实现生活即教育，教育即生活

---

① 习近平：《在同各界优秀青年代表座谈时的讲话》，载《人民日报》2013 年 5 月 4 日。
② 参见贺巧《基于"三全育人"的大学生理想信念教育实践路径探》，载《吉林省教育学院学报》2021 年第 8 期，第 42~43 页。

的辩证统一。在实践中实施和完成理想信念教育，实践即社会化的行动，高校学生理想信念教育的实践化就是凸显实践的功能，用实践来固化和检验理想信念教育的效果。①

3. 理想信念教育要坚持知行合一

一是坚持"三贴近"（贴近学生、贴近实际、贴近生活）原则，增强理想信念教育的成效。贴近学生，就是以学生为本，围绕学生、关照学生、服务学生，知道学生在哪里、在干什么、在想什么、需要什么，才能及时跟上并做好思想工作。二是坚持灌输性与启发性相结合的原则，推进理想信念教育的可持续性发展。理想信念教育不仅要通过用党的创新理论成果直接教育引导学生，采取单向度灌输的方式，还要注重启发式的方式，激发高校学生自觉自发地坚定理想信念的内生动力，确保教育效果的可持续性和长效性。三是坚持实践导向原则，在实践中固化理想信念教育的效能。要加强"党史、新中国史、改革开放史、社会主义发展史"② 教育的实践向度的设计，将爱国主义、集体主义、社会主义教育融入实践教育中，真正把理想信念的种子播撒进高校学生的心灵中，推动知行合一，巩固理想信念教育成效。

三、高校学生政治引领的方法路径

高校学生政治引领工作的方法路径主要包括抓政治建设、抓阵地建设、抓方法创新、抓组织领导等，进而形成立体式、全贯通的学生政治引领"大思政"工作格局。

（一）抓政治建设

习近平总书记在党的十九大报告中明确提出要把党的政治建设纳入党的建设总体布局，并强调"党的政治建设是党的根本性建设，决定党的建设方向和效果"，要"以党的建设为统领……把党的政治建设摆在首位"，这都表明党的

---

① 参见孔祥慧《新时代青年大学生理想信念教育常态化机制研究》，载《思想教育研究》2020年第9期，第135～136页。

② 习近平：《在"不忘初心、牢记使命"主题教育总结大会上的讲话》，载《人民日报》2020年1月8日。

政治建设的极端重要性。① 高校作为落实立德树人根本任务，培养德智体美劳全面发展的社会主义建设者和接班人的主阵地，必须以习近平新时代中国特色社会主义思想为指导，深入贯彻落实十九大精神，把党的政治建设摆在首位。

1. 牢牢树立把党的政治建设摆在首位的思想认识

把政治建设摆在首位，是党的建设实践创新和理论创新的最新成果，是党对自身建设规律认识的不断深化和发展。把党的政治建设摆在首位要首先抓好政治建设的理论依据——政治属性是政党第一位的属性，政治建设是政党建设的内在要求。党的思想建设、组织建设、作风建设、纪律建设、制度建设等，最终必须落实到政治建设上来，只有以政治建设为统领，才能起到纲举目张、执本末从的作用。把党的政治建设摆在首位要首先抓好政治建设的实践依据——党的百年历史征程上，党内存在的一些问题往往是政治问题没抓紧抓实抓牢导致的。党的十八大以来，以习近平同志为核心的党中央把党的政治建设摆在更加突出的位置，在坚定政治信仰、增强"四个意识"、维护党中央权威和集中统一领导、严明党的政治纪律和政治规矩、加强和规范新形势下的党内政治生活、净化党内政治生态、正风肃纪、反腐惩恶等方面取得明显成效。实践证明，"党的政治建设决定党的建设方向和效果，不抓党的政治建设或偏离党的政治建设指引的方向，党的其他建设就难以取得预期成效。中国特色社会主义进入新时代，我们党要以新气象新作为统揽推进伟大斗争、伟大工程、伟大事业、伟大梦想，就必须加强党的政治建设"②。高校作为人才培养的高地，更应该加强党对高校的全面领导，把政治建设摆在首要位置抓紧抓好。

2. 深刻把握高校把党的政治建设摆在首位的主要内容

高校加强党的政治建设应从以下三个方面着力。一是把坚定捍卫"两个确立"、坚决做到"两个维护"作为党的政治建设的首要任务。高校各级党委、党总支、党支部和全体党员都要自觉把维护习近平总书记党中央的核心、全党的核心地位作为明确的政治准则和政治要求。高校教师党员要主动在讲台

---

　　① 参见习近平《决胜全面建成小康社会　夺取新时代中国特色社会主义伟大胜利》，载《人民日报》2017 年 10 月 28 日。

　　② 参见《为加强党的政治建设提供基本遵循——中央办公厅负责人就〈中共中央关于加强党的政治建设的意见〉答记者问》，载中国政府网，http://www.gov.cn/zhengce/2019－02/27/content_5369075.htm。

上宣传讲解党的基本理论、基本路线、基本方略，引领和带动全体教师把铸魂育人作为行动自觉。高校学生党员要锤炼自己的政治品格，发挥先锋模范作用，当标杆、做表率，团结带领广大青年学生自觉成长为德智体美劳全面发展的社会主义建设者和接班人。二是把严格党内政治生活作为党的政治建设的重点举措。首先，要提高思想认识，深入学习习近平新时代中国特色社会主义思想，自觉以党的创新理论武装头脑；其次，要鼓励师生党员积极参与党内事务，不断提高党内政治生活的政治性、原则性和时代性，营造风清气正的党内政治文化；最后，要组织师生党员深入学习以《中国共产党章程》为代表的党内政治法规，用好批评与自我批评的利器，以党内生活的明显改善促进党的肌体的纯洁健康，使党永远保持旺盛的生机和活力。三是把敢于在意识形态前沿阵地亮剑作为提升政治担当能力的重要抓手。首先，要坚持不懈地"传播马克思主义科学理论，抓好马克思主义理论教育，为学生一生成长奠定科学的思想基础"①；其次，在当前境内外敌对势力同我争夺阵地、争夺青年、争夺人心的形势下，必须将政治建设摆在首位，切实提升师生的辨别力和判断力；最后，在大是大非前要敢于亮剑，尤其是面对当前新媒体环境下的各种谣言和不实信息，抹黑和攻击中国共产党、社会主义制度的言论，广大党员师生要永葆对党忠诚的政治品格，强化敢于担当的斗争精神，凝心聚力守好高校这块意识形态前沿阵地。

3. 积极探索把党的政治建设摆在首位的途径载体

一是高校党委要坚持和完善党委领导下的校长负责制，履行好管党治校的主体责任。2014 年，中央办公厅印发了《关于坚持和完善普通高等学校党委领导下的校长负责制的实施意见》，进一步明确了这一根本制度。高校党委领导班子和领导成员应带头严格执行和维护政治纪律和政治规矩，落实党建工作责任制和意识形态工作责任制，落实"三重一大"决策制度，"建立健全党委统一领导、党政分工合作、协调运行的工作机制"②。二是执行好党委会和党政联席会议制度，进一步发挥院（系）党委的政治核心作用。2021 年修订的

---

① 习近平：《把思想政治工作贯穿教育教学全过程　开创我国高等教育事业发展新局面》，载《人民日报》2016 年 12 月 9 日。

② 中共中央办公厅：《关于坚持和完善普通高等学校党委领导下的校长负责制的实施意见》，载中国政府网，http://www.gov.cn/xinwen/2014 - 10/15/content_2765833.htm。

《中国共产党普通高等学校基层组织工作条例》明确规定了党组织委员会和党政联席会的作用，并要求"高校院（系）级单位党组织应当强化政治功能，履行政治责任，保证教学科研管理等各项任务完成，支持本单位行政领导班子和负责人开展工作，健全集体领导、党政分工合作、协调运行的工作机制"①。三是加强高校党支部建设，以高质量党建引领学校高质量发展。新修订的《中国共产党章程》中，增加了关于党支部的条款，其中第34条明确规定"党支部是党的基础组织，担负直接教育党员、管理党员、监督党员和组织群众、宣传群众、凝聚群众、服务群众的职责"②，把党支部定位为党的基础组织。因此，高校必须加强师生党支部建设，充分发挥党支部在教育、管理、监督党员和组织、宣传、凝聚、服务师生方面的作用。真正把党支部建设成为坚强的战斗堡垒，把党建优势转化为高校发展优势。

（二）抓阵地建设

"学校是意识形态工作的前沿阵地"③，更是对学生政治引领的重要阵地，我们要清晰地认识到抓好阵地建设的重要性，明确抓好阵地建设的目标，掌握抓好阵地建设的基本方法，以更好地提升学生政治引领的有效性，落实高校立德树人根本任务。

1. 抓阵地建设的重要意义

抓好阵地建设具有深厚的理论依据和广泛的实践基础，在当前形势下，其重要性愈加凸显。新时代意识形态阵地建设理论奠基于马克思主义理论。马克思、恩格斯高度重视报刊的作用，强调："在任何情况下都要坚守住这个堡垒，不放弃政治阵地。"④ 此外，列宁指出："工人本来也不可能有社会民主主义的意识。这种意识只能从外面灌输进去。"⑤ 可见，意识形态阵地建设极端重要。中国共产党历来重视意识形态阵地建设，不断从理论和实践上丰富和发

---

① 中共中央：《中国共产党普通高等学校基层组织工作条例》，载中国政府网，http://www. gov. cn/zhengce/2021 – 04/22/content_5601428. htm。

② 《中国共产党章程》，人民出版社2017年版，第47页。

③ 习近平：《思政课是落实立德树人根本任务的关键课程》，载《求是》2020年第17期。

④ 《马克思恩格斯全集》第四十八卷，人民出版社2007年版，第40页。

⑤ 《马克思恩格斯列宁论意识形态》，人民出版社2009年版，第518页。

展马克思主义意识形态阵地建设理论。党的十八大以来，以习近平同志为核心的党中央高度重视意识形态工作，2013 年 8 月，习近平总书记在全国宣传工作会议上指出："经济建设是党的中心工作，意识形态工作是党的一项极端重要的工作。"① 当前，多元文化的社会思潮不断冲击着主流意识形态的主导地位，新媒体的兴起不断冲击着传统的传播方式，高校作为意识形态建设的主阵地、主战场，加强阵地建设刻不容缓。

2. 抓阵地建设的基本目标

一是强化阵地建设，做到"两个巩固"。高校不仅肩负着培养中国特色社会主义建设者和接班人的重任，还担负着传播社会主义先进文化的使命，因此，强化阵地建设，扎实做好宣传思想工作，"巩固马克思主义在意识形态领域的指导地位，巩固全党全国人民团结奋斗的共同理想"②，是高校责无旁贷的根本任务。二是主动占领阵地，做到把舵定向。意识形态阵地如果不主动用正义去占领，就有可能被歪理邪说占领，因此，要主动研究高校师生的思想动态，牢牢把握意识形态的领导权、主动权和管理权，坚决抵御敌对势力的思想文化渗透。三是坚守阵地，落实主体责任。高校作为意识形态斗争的前沿阵地，必须做到寸土不让、寸土必争。高校党委书记要落实"第一责任人"职责，把意识形态工作放在心上、抓在手上、落到实处。要建立健全意识形态工作机制，明确岗位职责，各部门、各成员齐抓共管，形成一级抓一级、层层抓落实的良好局面，确保高校意识形态阵地建设万无一失。

3. 抓阵地建设的基本方法

一是加强顶层设计，健全领导体制。加强阵地建设，不是党委书记一个人的责任，也不是某个部门的独有责任，而是需要全校一盘棋，加强顶层设计，理清关系、区分责任、明晰职责，做好统筹协调，"要树立大宣传的工作理念，动员各条战线各个部门一起来做，把宣传思想工作同各个领域的行政管理、行业管理、社会管理更加紧密地结合起来"③，构建大宣传工作格局。二是加强制度建设，优化管理机制。制度建设是确保高校意识形态阵地建设规

---

① 《习近平谈治国理政》第一卷，外文出版社 2018 年版，第 153 页。
② 习近平：《在全国宣传思想工作会议上的讲话》，载《人民日报》2013 年 8 月 21 日。
③ 习近平：《在全国宣传思想工作会议上的讲话》，载《人民日报》2013 年 8 月 21 日。

范、有序、高效运行的重要保证。要建立健全阵地建设、管理和使用的有关制度，要完善舆情会商机制，加强对新问题、新情况的把握、分析、研判，加强对重大问题的统筹指导和协调推进。要建立健全阵地建设的责任追究制度，对失职、渎职、不作为者，要严肃追究，确保制度发威，管理高效。三是建强工作队伍，提升工作水平。建强、占领、守好高校意识形态阵地，关键在于人，关键在于建设一支政治强、业务精、纪律严、作风正、能力水平高超的工作队伍。要加强领导班子建设，加强思想政治理论课教师队伍和思想政治工作队伍建设，形成队伍合力，确保高校意识形态阵地牢牢掌握在忠于党、忠于人民、忠于马克思主义的人手中。

（三）抓方法创新

习近平总书记在全国高校思想政治工作会议上强调："做好高校思想政治工作，要因事而化、因时而进、因势而新。要遵循思想政治工作规律，遵循教书育人规律，遵循学生成长规律，不断提高工作能力和水平。"① 可见，因事而化、因时而进、因势而新的历史进程和实践品格是我国思想政治教育取得伟大成绩的重要经验。

1. 抓方法创新的原则

抓方法创新的首要原则是因事而化。一直以来，思想政治教育工作服务于党不同历史时期的需要，同党的中心工作、发展目标紧密结合。当前，社会主义建设进入新时代，高校政治引领工作的方法要在继承中创新、在创新中发展，围绕回答"为谁培养人"和"培养什么样的人"来设计。其次是因时而进。政治引领工作要能够把握世情、国情、党情的变化，与时俱进，因地制宜，根据时代的主题创新方法，善于借鉴好办法，改进老办法，使政治引领工作始终充满活力和生命力，提升工作的针对性和实效性。最后是因势而新。政治引领工作要能够主动回应时代的要求，根据技术进步的实际，不断在实践中探索、开发、研究新方法，确保学生在哪里、学生在使用什么、学生在关注什么，政治引领工作就跟进到哪里，用学生喜闻乐见的方式开展政治引领工作。

---

① 习近平：《把思想政治工作贯穿教育教学全过程　开创我国高等教育事业发展新局面》，载《人民日报》2016 年 12 月 9 日。

2. 抓方法创新的路径

一要转变思维方式。要从单向型的思维方式向多向型的思维方式转变，由被动型思维向主动型思维转变，确保能够准确地理解和把握思想政治教育的目的和任务，恰当地选择和运用教育方法，实现预期教育效果。二是改进原有方法。传承传统方法，深化原有方法，借鉴优秀方法，注意总结经验，不断改革创新。三是善用技术手段。政治引领工作急需充分利用高科技手段来提升工作的科学性、针对性和有效性，尤其在新媒体时代，要善用网络，学会"网言网语"，掌握网络工作技巧，把政治引领工作做到学生的心坎上。同时，充分利用教育学、心理学、组织行为学等相关学科的研究成果，为政治引领工作提质增效。四是注重方法的联合。将传统与现代、灌输与启发、单向教育与双向互动、大水漫灌与精准滴灌等方式联合起来，在创新中创新，促使政治引领做到润物无声、育人无痕。

（四）抓组织领导

做好学生的政治引导工作，高校承担着非常重要的职责，但并不是全部职责。加强党对高校的全面领导，"牢牢把握党对高校的领导权，使高校成为坚持党的领导的坚强阵地"① 需要高校、社会以及学生家庭的共同努力。

1. 学校层面

习近平总书记在全国高校思想政治工作会议上指出："党委要保证高校正确办学方向，掌握高校思想政治工作主导权，保证高校始终成为培养社会主义事业建设者和接班人的坚强阵地。"高校要坚持党委领导下的校长负责制，要落实党委书记第一责任人责任，抓好党委班子建设，高校党委要"对学校工作实行全面领导，承担管党治党、办学治校主体责任，把方向、管大局、作决策、保落实。要加强高校党的基层组织建设，创新体制机制，改进工作方式，提升党的基层组织做思想政治工作能力。要做好在高校师生中发展党员工作，加强党员队伍教育管理，使每名师生党员都做到在党爱党、在党言党、在党为党"。②

---

① 习近平：《把思想政治工作贯穿教育教学全过程　开创我国高等教育事业发展新局面》，载《人民日报》2016 年 12 月 9 日。

② 参见习近平《把思想政治工作贯穿教育教学全过程　开创我国高等教育事业发展新局面》，载《人民日报》2016 年 12 月 9 日。

2. 社会层面

一是要高度重视，各级党委"要把高校思想政治工作摆在重要位置，加强领导和指导，形成党委统一领导、各部门各方面齐抓共管的工作格局"。二是多到高校走走，各地党委书记和有关部门党组书记"要多到高校走走，多同师生接触，多次去高校作报告，回答师生关注的理论和现实问题"。三是要多同高校知识分子联系，"要加强同高校知识分子的联系，多关心、多交流、多鼓励，善交朋友、广交朋友、深交朋友，多听他们的意见，真听他们的意见"。①

3. 家庭层面

首先，家庭教育是整个教育的基础，具有广泛性、特殊性、针对性，以及基于血缘关系的权威性，家庭作风、家庭氛围、行为习惯和家庭成员的处事风格，对置身其中的高校学生有着非常重要的影响，甚至可以说，家庭教育造就了学生的基本思想品质。因此，需要努力提升家庭思想教育的质量和水平。一方面，可以通过政府部门的重视以及社会的文化宣传、舆论氛围的营造，来强化家庭教育的重要性；另一方面，可以通过举办家长培训学校等，培养家庭教育者，把家庭教育也作为一门专业化的职业教育来研究、开发并实施。②

只有高校、社会、家庭进行良好互动，形成育人合力，才有可能持续优化和改进高校学生的政治引领工作，真正取得实效。

第二节　高校学生的爱国主义教育

"爱国主义是中华民族的民族心、民族魂，是中华民族最重要的精神财富，是中国人民和中华民族维护民族独立和民族尊严的强大精神动力。"③党

---

① 参见习近平《把思想政治工作贯穿教育教学全过程　开创我国高等教育事业发展新局面》，载《人民日报》2016 年 12 月 9 日。

② 参见孔德生、胡在册《家庭思想政治教育研究综述》，载《高教探索》2017 年增刊，第 185～186 页。

③ 汪丽红、温小平：《新时代爱国主义教育的内涵、要求及路径选择》，载《思想教育研究》2020 年第 6 期，第 107 页。

的十八大以来，以习近平同志为核心的党中央高度重视爱国主义教育，固本培元、凝心铸魂，做出一系列重要部署，推动爱国主义教育取得显著成效。当前，中国特色社会主义进入新时代，中华民族伟大复兴正处于关键时期。"新时代加强爱国主义教育，对于振奋民族精神、凝聚全民族力量，决胜全面建成小康社会，夺取新时代中国特色社会主义伟大胜利，实现中华民族伟大复兴的中国梦，具有重大而深远的意义。"[①]

一、爱国主义教育的总体要求

要做好爱国主义教育，就要把握好其总体要求，包括明确培养担当民族复兴大任的时代新人的目标要求、明晰实现中华民族伟大复兴的中国梦的鲜明主题、明晰爱国主义教育的基本原则等。

（一）明确培养担当民族复兴大任的时代新人的目标要求

培养担当民族复兴大任的时代新人的目标要求主要包括准确把握指导思想、始终高扬爱国主义旗帜、坚持久久为功的奋斗精神等三个方面。

1. 准确把握指导思想

马克思主义人才观认为，"培养什么人"是历史的、发展的，是随着时代变化而发展变化的。因此，需要根据具体的时代要求，培养能够推动时代发展、完成时代所赋予的使命的人。中国特色社会主义进入新时代，习近平总书记就新时代"培养什么人、怎样培养人、为谁培养人"这一根本问题，提出了着力培养担当民族复兴大任的时代新人的重要论断。这是从新时代党和国家事业发展全局的战略高度提出的重大战略任务，为新时代中国特色社会主义的人才培养，尤其是高等学校的人才培养指明了方向、提供了遵循。这是对马克思主义人才观的继承和发展，有着深厚的理论逻辑和实践逻辑。我们必须全面贯彻党的教育方针，站在为党育人、为国育才的高度，立德树人，"培养一代又一代拥护党的领导和社会主义制度、立志为中国特色社会主义奋斗终生的有

[①] 中共中央、国务院：《新时代爱国主义教育实施纲要》，载中国政府网，http://www.gov.cn/zhengce/2019－11/12/content_5451352.htm。

用人才"①。

2. 始终高扬爱国主义旗帜

爱国主义是中华民族生生不息的重要精神基因，是凝聚中华儿女精神力量的重要纽带，爱国情怀是人世间最深层、最持久的情感，爱国主义是我们民族精神的核心。在不同的年代，爱国主义具有不同的特定主题，我们要主动适应发展变化的时代要求和爱国主义的主题转换，理性地、正确地弘扬爱国主义精神，要立足新时代背景，将"坚持和发展中国特色社会主义、建设社会主义现代化强国、实现中华民族伟大复兴"② 作为当代中国人的奋斗目标和爱国主义的主题，教育引导高校师生更多地关心国家的核心利益、发展战略和奋斗目标，更好地把握"两个一百年""两个大局"的历史方位，更好地适应当代中国的国际地位和世界发展的总体趋势，方能在关照历史的同时，更加关注时代的要求，凝聚起中华儿女团结奋斗的磅礴力量。高校学生作为能够担当民族复兴大任的时代新人，只有将理想信念同国家的前途、民族的命运相结合才有价值，只有将价值追求同社会的需要和人民的利益相一致才有意义。爱国之情是最朴素的情感，强国之志是最真实的理想，报国之行是最自然的行动。高校学生应当具有深厚的爱国主义情怀，爱党、爱国、爱社会主义，立志听党话、跟党走，立志扎根人民、奉献国家，积极将"小我"融入"大我"，积极投身于新时代中国特色社会主义建设事业。

3. 坚持久久为功的奋斗精神

实现中华民族的伟大复兴是一项长期而艰巨的历史任务，需要一代又一代人的接续奋斗。首先，高校学生必须自觉担当起民族复兴这一历史重任，努力从中华传统文化中汲取道德养分，从先进榜样中获取精神力量，不负时代重托，做出无愧于人民、无愧于历史的抉择。其次，高校学生要有创新精神，把敢于开拓、勇于创新当作一种责任。在新时代，要推进我国改革开放和社会主义现代化建设，就要挣脱固有传统思想的束缚，就要具备强大创新精神和综合能力，自觉用创新思维解决问题，用创新成果推动发展，用创新视野规划未

---

① 习近平：《坚持中国特色社会主义教育发展道路 培养德智体美劳全面发展的社会主义建设者和接班人》，载《人民日报》2018年9月11日。
② 中共中央、国务院：《新时代爱国主义教育实施纲要》，载中国政府网，http://www.gov.cn/zhengce/2019 - 11/12/content_5451352.htm。

来。再次，高校学生要苦练本领，要有实践能力，正如习近平总书记指出的，实现中华民族的伟大复兴是一项长期的历史任务，"绝不是轻轻松松、敲锣打鼓就能实现的"①。实干兴邦，空谈误国，要成为担当民族复兴大任的时代新人，就要争做走在时代前列的奋进者、开拓者和奉献者。高校学生要"立鸿鹄志，做奋斗者"，既志存高远又脚踏实地，既有过硬的专业知识又有过硬的实践能力，不断提高自己的工作本领和技能，让青春在为人民的奋斗中焕发出绚丽的光彩。

（二）明晰实现中华民族伟大复兴的中国梦的鲜明主题

"实现中华民族伟大复兴是近代以来中华民族最伟大的梦想"②，是激励中华儿女团结奋进、开辟未来的精神旗帜。要想培养高校学生的爱国情怀，就要明晰实现中华民族伟大复兴的中国梦的鲜明主题。

1. 中国梦是中华民族的共同追求

"中国梦不是一般意义上的梦想，而是中华儿女特定的、整体性的思想意识和目标指向的高度融合统一。"③ 每个民族、每个国家、每个社会、每个人都有自己的梦想，但梦想不一定都能成为现实。梦想有一些只是美好的幻想或空想，有一些只是昙花一现似的零散思想，有一些局限于浅尝辄止的凌乱尝试。事实上，梦想只有明确成为一种清晰的思想意识和坚定的理想信念，才有可能转化成现实。中国梦是全体中华儿女坚定的思想意识和目标追求，近代以来，历经磨难的中华民族苦苦探索民族复兴之路，中国人民经历了太多磨难，做出了许多牺牲。1921 年，"中国产生了共产党，这是开天辟地的大事变"④。自从有了中国共产党，中国人民才有了为实现中华民族伟大复兴而奋斗的主心骨，中华儿女内心深处激荡的民族复兴的梦想才渐渐明晰起来，在革命、建

---

① 习近平：《决胜全面建成小康社会　夺取新时代中国特色社会主义伟大胜利》，载《人民日报》2017 年 10 月 18 日。

② 习近平：《决胜全面建成小康社会　夺取新时代中国特色社会主义伟大胜利》，载《人民日报》2017 年 10 月 18 日。

③ 公茂虹：《解读中国梦》，载《思想政治工作研究》2013 年第 3 期，第 9 页。

④ 《毛泽东选集》第四卷，人民出版社 1991 年版，第 1514 页。

设、改革和新时代的不同历史时期，中国梦更是呈现出了渐次递进的实现阶段和表现形式。正如习近平总书记所指出的："中国共产党一经诞生，就把为中国人民谋幸福、为中华民族谋复兴确立为自己的初心使命。"① 回望中国共产党成立以来波澜壮阔的百年历程，中国共产党挺立在历史潮头铁肩担道义，不忘初心，牢记使命，带领人民准确把握时代特征、中国国情，接续奋斗，不断回答时代之问、人民之问，带领中华民族走过伟大复兴的百年探索实践之路，开启了"寻梦""追梦""圆梦"的历史征程。

2. 中国梦要心怀国之大者

"中国梦不只是简单的大国崛起，而是中华民族胸怀兼济天下的博大"②，立志构建人类命运共同体，与其他民族包容共生的民族文化心理的充分体现。纵观世界历史，迄今为止的大国崛起，几乎都是通过掠夺扩张、发动战争的手段实现的。因此，中国的和平崛起，一直遭受着西方一些国家的非议，时而宣称"中国威胁论"，时而高唱"中国崩溃论"，更有一些国家企图围堵和遏制中国。但历史终将表明，中国梦的实现、中国的崛起走的是和平发展的道路。爱好和平、珍惜和平、维护和平是中华民族的优良传统，中国人民有着和平发展的美好愿望和坚定意志，一定能够与其他国家和民族携手发展、合作共赢、共同繁荣。中国梦的基本内涵对人类有较大贡献，古语有云"穷则独善其身，达则兼济天下"，这是中华民族的优秀传统和优良品质，也是中华民族基本的文化心理。纵观历史长河，在很长的一段历史时期里，中国是世界上最强盛、最富足的国家之一，为世界的发展和人类的文明进步贡献了丰富的物质财富和精神财富。即便是近代以来，中华民族处于积贫积弱的不发达境地时，也不忘对世界做出贡献的责任。毛泽东、邓小平等国家领导人都先后表达了像中国这样的大国，应当对人类有较大的贡献，并把中华民族要为人类做出较大贡献的理想融入建设中国特色社会主义的共同理想。接续毛泽东、邓小平等国家领导人所强调的中华民族要为人类做较大贡献的思想，习近平总书记提出了实现中华民族伟大复兴的中国梦的宏伟蓝图。因此，中国梦"不应简单理解为中国自身利益的实现和中国的强大崛起，而忽略了中华民族要对人类有所贡献、已经对人类做出了

---

① 习近平：《在庆祝中国共产党成立100周年大会上的讲话》，载《人民日报》2021年7月2日。
② 公茂虹：《解读中国梦》，载《思想政治工作研究》2013年第3期，第10页。

重要贡献、正在为人类做着贡献和将来为人类做出较大贡献的深刻内涵"①，只有基于这样的"心怀国之大者"的认识，并进一步形成负责任大国的成熟心态，才有可能使每一位中华儿女真正享受到作为中国人的荣耀和尊严。

3. 实现中国梦要坚持党的领导

首先，党的正确领导是实现中国梦的坚强政治保证。《中共中央关于党的百年奋斗重大成就和历史经验的决议》指出："一百年来，党领导人民不懈奋斗、不断进取，成功开辟了实现中华民族伟大复兴的正确道路。"② 回顾百年征程，中国共产党团结带领中国人民，取得了新民主主义革命、社会主义革命和建设、改革开放和社会主义现代化建设的伟大胜利，为实现中华民族伟大复兴创造了根本社会条件，奠定了根本政治前提和制度基础，提供了充满新的活力的体制保证和快速发展的物质条件，更创造了新时代中国特色社会主义的伟人成就，为实现中华民族伟大复兴提供了"更为完善的制度保证、更为坚实的物质基础、更为主动的精神力量"③。

其次，实现中华民族伟大复兴进入了不可逆转的历史进程。党的十八大以来，习近平总书记统筹中华民族伟大复兴战略全局，面对世界百年未有之大变局，团结带领全党全国各族人民"解决了许多长期想解决而没有解决的难题，办成了许多过去想办而没有办成的大事，推动党和国家事业取得历史性成就、发生历史性变革"④。今天，"我们比历史上任何时期都更接近、更有信心和能力实现中华民族伟大复兴这一目标"⑤。正如习近平总书记所指出的："实现中华民族伟大复兴，是近代以来中国人民最伟大的梦想，我们称之为'中国梦'，基本内涵是实现国家富强、民族振兴、人民幸福。"⑥ 如今，经过全党全

---

① 公茂虹：《解读中国梦》，载《思想政治工作研究》2013 年第 3 期，第 10 页。

② 《党的十九届六中全会〈决议〉学习辅导百问》，学习出版社、党建读物出版社 2021 年版，第 60 页。

③ 《党的十九届六中全会〈决议〉学习辅导百问》，学习出版社、党建读物出版社 2021 年版，第 60 页。

④ 习近平：《决胜全面建成小康社会　夺取新时代中国特色社会主义伟大胜利》，载《人民日报》2017 年 10 月 18 日。

⑤ 习近平：《决胜全面建成小康社会　夺取新时代中国特色社会主义伟大胜利》，载《人民日报》2017 年 10 月 18 日。

⑥ 习近平：《顺应时代前进潮流　促进世界和平发展——在莫斯科国际关系学院的演讲》，载《光明日报》2013 年 3 月 24 日。

国各族人民的持续奋斗，我们庄严宣告，"我们已经实现了第一个百年奋斗目标，在中华大地上全面建成了小康社会，历史性地解决了绝对贫困问题"①，书写了人类发展史上的伟大奇迹。在中华民族伟大复兴的征程上，我们不仅创造了强大的物质力量，更锻造了强大的精神力量。以爱国主义为核心的民族精神和以改革创新为核心的时代精神，以及以伟大建党精神为源头的中国共产党人精神谱系，源源不断地为坚持和发展中国特色社会主义提供强大精神动力。

再次，中华民族伟大复兴的中国梦一定能够实现。"过去一百年，党向人民、向历史交出了一份优异的答卷。现在，党团结带领中国人民踏上了实现第二个百年奋斗目标的新征程。"② 历史证明，我们所选择的道路是符合中国实际的，是正确的。中国社会发展的实践充分证明，中国特色社会主义是当代中国发展进步的根本方向，我们有充分的理由对中国特色社会主义道路、理论、制度充满自信。但当前，世界百年未有之大变局正进入加速演进期，"国际环境日趋复杂，不稳定性不确定性明显增加，新冠肺炎疫情影响广泛深远，经济全球化遭遇逆流，世界进入动荡变革期，单边主义、保护主义、霸权主义对世界和平与发展构成威胁"③，国际力量对比深刻调整，不稳定性不确定性明显增加。国内改革发展稳定的任务艰巨繁重，中华民族伟大复兴进入了关键时期，前进道路上仍将面临许多难关和挑战。因此，实现伟大梦想必须统筹两个大局，必须统筹发展和安全，必须进行伟大斗争，必须发扬艰苦奋斗精神。全党全国各族人民更加紧密地团结在以习近平同志为核心的党中央周围，不忘初心、牢记使命，那么，"全面建成社会主义现代化强国的目标就一定能够实现，中华民族伟大复兴的中国梦就一定能够实现"④。

（三）明晰爱国主义教育的基本原则

中共中央、国务院印发的《新时代爱国主义教育实施纲要》明确指出，爱国主义教育的基本原则包括坚持爱党爱国爱社会主义相统一，坚持以维护祖

---

① 习近平：《在庆祝中国共产党成立100周年大会上的讲话》，载《人民日报》2021年7月1日。
② 习近平：《在庆祝中国共产党成立100周年大会上的讲话》，载《人民日报》2021年7月1日。
③ 《中共中央关于制定国民经济和社会发展第十四个五年规划和二〇三五年远景目标的建议》，载《人民日报》2020年11月4日。
④ 习近平：《在庆祝中国共产党成立100周年大会上的讲话》，载《人民日报》2021年7月1日。

国统一和民族团结为出发点和着力点，坚持以立为本、重在建设，坚持立足中国又面向世界。

1. 坚持爱党爱国爱社会主义相统一

一是知晓命运与共。新时代的爱国主义教育要教育引导高校学生认识到，新中国是中国共产党领导下的社会主义国家，祖国的命运与党的命运、社会主义的命运是密不可分的。二是内在本质统一。要教育引导高校学生认识到，在当代中国，"爱国主义的本质就是坚持爱国和爱党、爱社会主义高度统一"①。三是坚持党的领导。要教育引导高校学生深刻认识到，"党的领导是中国特色社会主义最本质特征和最大制度优势，坚持党的领导、坚持走中国特色社会主义道路是实现国家富强的根本保障和必由之路"②，因此，要自觉以更加坚定的信念和真挚的情感积极投身于新时代中国特色社会主义的建设事业。

2. 坚持维护祖国统一和民族团结

要教育引导高校学生深刻认识到，国家统一和民族团结是中华民族的根本利益。一是要自觉维护民族团结，"始终不渝坚持民族团结是各族人民的生命线，巩固和发展平等团结互助和谐的社会主义民族关系，像爱护自己的眼睛一样珍惜民族团结"③，自觉维护全国各族人民大团结的良好政治局面。二是要自觉巩固和壮大新时代统一战线。要"巩固和发展最广泛的爱国统一战线，不断增强高校学生对伟大祖国、中华民族、中华文化、中国共产党、中国特色社会主义的认同"④，自觉做维护祖国统一的坚定拥护者。三是要教育引导高校学生主动亮剑，发扬斗争精神，"坚决维护国家主权、安全、发展利益，旗帜鲜明反对分裂国家图谋、破坏民族团结的言行，坚决筑牢国家统一、民族团结、社会稳定的铜墙铁壁"⑤。

---

① 中共中央、国务院：《新时代爱国主义教育实施纲要》，载中国政府网，http://www.gov.cn/zhengce/2019 – 11/12/content_5451352. htm。

② 中共中央、国务院：《新时代爱国主义教育实施纲要》，载中国政府网，http://www.gov.cn/zhengce/2019 – 11/12/content_5451352. htm。

③ 中共中央、国务院：《新时代爱国主义教育实施纲要》，载中国政府网，http://www.gov.cn/zhengce/2019 – 11/12/content_5451352. htm。

④ 中共中央、国务院：《新时代爱国主义教育实施纲要》，载中国政府网，http://www.gov.cn/zhengce/2019 – 11/12/content_5451352. htm。

⑤ 中共中央、国务院：《新时代爱国主义教育实施纲要》，载中国政府网，http://www.gov.cn/zhengce/2019 – 11/12/content_5451352. htm。

3. 坚持以立为本和重在建设的统一

"爱国主义是中华儿女最自然、最朴素的情感。"① 一要坚持扣好高校学生的"第一粒扣子",注重固本培元、凝心铸魂,挖掘和凸显思想内涵,强化思想引领,努力做到润物无声、风化于成。二是要将基本要求和具体实际相结合,将全面覆盖和突出重点相结合,把握并遵循规律,在继承中创新发展,并确保取得实效。三是注重常态化、长效化、日常化建设,加强教育引导、实践养成、制度保障,努力推动将爱国主义教育融入高校落实立德树人根本任务和精神文明建设的全过程。

4. 坚持立足中国又面向世界

一个国家、一个民族,唯有开放兼容,才有可能富强兴盛。因此,要把弘扬爱国主义精神与面向世界结合起来。一方面,要教育引导高校学生既坚定"四个自信",也尊重各国历史特点和文化传统,尊重各国人民自己选择的发展道路;另一方面,要善于从不同文明中寻求智慧、汲取养分,努力促进人类的和平与发展,共同推动人类文明的发展进步。

二、爱国主义教育的主要内容

(一) 坚持理论武装

思想是行动的先导,理论是实践的指南,做好学生的爱国主义教育,首先要强化理论的武装。

1. 坚持用习近平新时代中国特色社会主义思想铸魂育人

习近平新时代中国特色社会主义思想"是马克思主义中国化最新成果,是党和人民实践经验和集体智慧的结晶,是中国特色社会主义理论体系的重要组成部分,是全党全国人民为实现中华民族伟大复兴而奋斗的行动指南,必须长期坚持并不断发展"②。一是要深刻学习领悟。要教育引导高校学生理解习

---

① 中共中央、国务院:《新时代爱国主义教育实施纲要》,载中国政府网,http://www.gov.cn/zhengce/2019 – 11/12/content_5451352.htm。
② 中共中央、国务院:《新时代爱国主义教育实施纲要》,载中国政府网,http://www.gov.cn/zhengce/2019 – 11/12/content_5451352.htm。

近平新时代中国特色社会主义思想的核心要义、精神实质、丰富内涵、实践要求，深刻领会"两个确立"，树牢"四个意识"，坚定"四个自信"，坚决做到"两个维护"。二是要紧密结合实际。要紧密结合高校学生的学习、生活等实际情况，推动习近平新时代中国特色社会主义思想进教材、进课堂、进学生头脑，使党的创新理论真正在学生的心中落地生根、开花结果。三是要做到知行合一。要教育引导高校学生坚持以习近平新时代中国特色社会主义思想为指导，坚持学以致用，自觉把学习教育的成果及时转化为爱国报国的实际行动。

2. 深入开展社会主义和中国梦教育

一是深入开展中国特色社会主义教育。高举中国特色社会主义伟大旗帜，对高校学生广泛开展的理想信念教育，用党领导全国各族人民取得的伟大成就的生动实践来摆事实、讲道理，从历史与现实对比的维度，从国际与国内比较的视角，教育引导高校学生深刻认识"中国共产党为什么'能'、马克思主义为什么'行'、中国特色社会主义为什么'好'"①，从而倍加珍惜我们党开创的中国特色社会主义，由衷地自觉增强道路自信、理论自信、制度自信、文化自信。二是要深入开展中国梦教育。教育引导高校学生深刻认识"中国梦是国家的梦、民族的梦，也是每个中国人的梦"，深刻认识"中华民族伟大复兴绝不是轻轻松松、敲锣打鼓就能实现的"，② 因此，要付出更为艰巨、更为艰苦的努力。展望未来，每一位高校学生都应努力争当新时代的奋斗者、追梦人。

3. 扎实开展国情教育和形势政策教育

一是要深入开展国情教育。要给高校学生讲清楚我国发展所处的新的历史方位，帮助他们认识社会主要矛盾的变化，让高校学生能够深刻理解"我国仍处于并将长期处于社会主义初级阶段的基本国情没有变，我国是世界上最大发展中国家的国际地位没有变"③。要教育引导广大高校学生，只有始终准确把握基本国情，才能不落后于时代，不脱离实际，也不超越阶段。二是要深入

---

① 习近平：《统一思想一鼓作气顽强作战越战越勇　着力解决"两不愁三保障"突出问题》，载《人民日报》2021 年 4 月 15 日。

② 参见习近平《在党史学习教育动员大会上的讲话》，载《求是》2021 年第 7 期，第 4～17 页。

③ 习近平：《决胜全面建成小康社会　夺取新时代中国特色社会主义伟大胜利》，载《人民日报》2017 年 10 月 18 日。

开展形势政策教育。要帮助高校学生"树立正确的历史观、大局观、角色观"①。教育引导学生认识到世界正经历百年未有之大变局，我国目前仍处于发展的重要战略机遇期。因此，要清醒认识和准确判断国际国内形势的发展变化，要充分认识到做好我们自己的事情是当下最重要的事。三是要发扬斗争精神，增强斗争本领。要培养高校学生的斗争精神，教育引导他们充分认识伟大斗争的长期性、复杂性、艰巨性。要培养他们敢于直面风险挑战、拥有坚忍不拔和无私无畏的勇气，激励他们努力练就战胜前进道路上的一切艰难险阻的过硬本领，夺取斗争，夺取胜利，在进行伟大斗争的实践中更好地弘扬爱国主义精神。

（二）坚持精神涵养

"以爱国主义为核心的民族精神和以改革创新为核心的时代精神，是凝心聚力的兴国之魂、强国之魂。"② 因此，要坚持用民族精神、时代精神涵养教育学生。

1. 大力弘扬民族精神和时代精神

首先，要大力弘扬民族精神。积极在高校学生中培育和践行社会主义核心价值观，面向他们广泛开展爱国主义、集体主义、社会主义教育，提高他们的思想觉悟、道德水准和文明素养，培养担当民族复兴大任的时代新人。二是要大力弘扬时代精神。传承和弘扬以伟大建党精神为源头的精神谱系，准确把握其科学内涵和时代价值，激励广大高校学生继续发扬光荣传统、赓续红色血脉，激发学生拥抱新时代、践行新思想、实现新作为的热情。

2. 让红色基因代代相传

"历史是最好的教科书，也是最好的清醒剂。"③ 一是要扎实开展好"四史"教育。要充分利用好中华民族从站起来、富起来到强起来的伟大飞跃的生动实践和详实例证，教育引导高校学生深刻认识历史，认识人民选择中国共产党、选择马克思主义、选择社会主义道路、选择改革开放，有着深厚的历史必然性，更深刻认识我们国家和民族从哪里来、要到哪里去等根本性问题，做

---

① 习近平：《在中央外事工作会议上的讲话》，载《人民日报》2018 年 6 月 24 日。

② 中共中央、国务院：《新时代爱国主义教育实施纲要》，载中国政府网，http://www.gov.cn/zhengce/2019 – 11/12/content_5451352.htm。

③ 习近平：《在纪念全民族抗战爆发七十七周年仪式上的讲话》，载《人民日报》2014 年 7 月 8 日。

到旗帜鲜明地反对历史虚无主义。二是要弘扬革命精神，传承红色基因。要深入挖掘红色文化内涵，厚植爱党爱国爱社会主义情感，结合新时代、新特点赋予其新内涵，并使之转化为激励高校学生进行伟大斗争的强大动力，让红色基因、革命薪火代代相传。三是要坚定听党话、跟党走的信心决心。要加强改革开放教育，教育引导高校学生深刻认识改革开放的重要意义，认识到"改革开放是党和人民大踏步赶上时代的重要法宝，是坚持和发展中国特色社会主义的必由之路，是决定当代中国命运的关键一招，也是决定实现'两个一百年'奋斗目标、实现中华民族伟大复兴的关键一招"①，主动凝聚起将改革开放进行到底、奋力实现中华民族伟大复兴中国梦的强大力量。

3. 弘扬中华优秀传统文化

对高校学生的爱国主义情感培育和发展，首要的任务是使他们理解并且接受祖国悠久的历史和深厚的文化。因此，首先要引导高校学生学习、了解中华民族数千年的悠久历史和灿烂文化，主动从中汲取营养和智慧，从而自觉传承文化基因，并在此过程中不断增强民族自尊心、自信心和自豪感。其次，要引导高校学生注重改革创新，既要古为今用、不忘本来，也要辩证取舍、推陈出新，教育引导学生主动投身、奋力推动中华文化创造性转化、创新性发展。最后，要引导高校学生坚守正道、弘扬大道，旗帜鲜明地反对文化虚无主义。帮助学生树立正确的历史观、民族观、国家观和文化观，不断增强他们的归属感、认同感、尊严感和荣誉感。

（三）促进团结和统一

祖国统一、民族团结，是我国历史发展的主流，"是实现中华民族伟大复兴的必然要求"②，是整个中华民族的不懈追求。同时，正如党的十九大报告所指出的："国家安全是安邦定国的重要基石。"③ 因此，做好高校学生的爱国主义教育，必须加强统一、团结和安全教育。

---

① 习近平：《在庆祝改革开放40周年大会上的讲话》，载《人民日报》2018年12月18日。
② 习近平：《决胜全面建成小康社会　夺取新时代中国特色社会主义伟大胜利》，载《人民日报》2017年10月18日。
③ 习近平：《决胜全面建成小康社会　夺取新时代中国特色社会主义伟大胜利》，载《人民日报》2017年10月18日。

1. 强化祖国统一和民族团结进步教育

加强祖国统一教育，就是要"深刻揭示维护国家主权和领土完整、实现祖国完全统一是大势所趋、大义所在、民心所向"①，教育引导高校学生主动增进与广大同胞的心灵契合和互信认同，自觉与分裂祖国的言行开展坚决斗争，教育引导高校学生与全体中华儿女一起积极投身到为实现民族伟大复兴、推进祖国和平统一的努力奋斗中去。深化民族团结进步教育，就是要教育引导高校学生"铸牢中华民族共同体意识，加强各民族交往交流交融，促进各民族像石榴籽一样紧紧抱在一起，共同团结奋斗、共同繁荣发展"②，引导高校学生努力将推动各民族同呼吸、共命运、心连心的光荣传统薪火相传，发扬光大。

2. 加强国家安全教育和国防教育

加强国家安全教育，就是要教育引导高校学生深入学习宣传总体国家安全观，增强国家安全意识，增强主人翁精神，主动捍卫国家的政治安全、国土安全、经济安全、社会安全、网络安全和外部安全等。加强国防教育，就是要教育引导高校学生增强国防观念，主动把关心国防、热爱国防、建设国防、保卫国防作为思想共识和自觉行动。此外，还要深入开展增强忧患意识、防范化解重大风险的宣传教育，教育引导广大高校学生强化风险防范意识，提升科学辨识和有效应对风险的能力，做到居安思危、防患未然。

三、爱国主义教育的方法路径

爱国主义教育的方法路径主要包括深化爱国主义认知、涵养爱国主义情感、提升爱国能力水平等。

（一）深化爱国主义认知

坚定爱国主义信念首先需要深化对爱国主义的理性认识，高校要充分发挥好课堂教学主渠道以及思想政治理论课主阵地的作用。

---

① 中共中央、国务院：《新时代爱国主义教育实施纲要》，载中国政府网，http://www.gov.cn/zhengce/2019 – 11/12/content_5451352.htm。

② 习近平：《决胜全面建成小康社会　夺取新时代中国特色社会主义伟大胜利》，载《人民日报》2017 年 10 月 18 日。

1. 充分发挥课堂教学的主渠道作用

培养社会主义建设者和接班人的首要要求是培养学生的爱国情怀。高校学生是爱国主义教育的重要对象，要将爱国主义精神润物无声地贯穿于高校立德树人全过程，充分利用好课堂教学的主渠道，推动爱国主义教育进课堂、进教材、进学生头脑。加大爱国主义教育内容的比重，结合建设课程思政，注重爱国主义教育与哲学社会科学等相关专业课程的有机结合。通过创新教育内容形式，丰富和优化课程资源，如开发微课、微视频、微课程等新兴教育资源，开发网络在线课程，开发能够体现爱国主义教育要求的音乐、美术、书法、舞蹈、戏剧作品等，不断增强吸引力和感染力，提升爱国主义教育实效。

2. 发挥好思想政治理论课主阵地作用

思想政治理论课是爱国主义教育的主阵地，是落实立德树人根本任务的关键课程。因此，首先要理直气壮地开好思想政治理论课。要牢牢抓住高校学生成长阶段的"拔节孕穗期"，教育引导学生"把爱国情、强国志、报国行自觉融入坚持和发展中国特色社会主义事业、建设社会主义现代化强国、实现中华民族伟大复兴的奋斗之中"[1]。其次，要加强思想政治理论课教师队伍建设，按照政治强、情怀深、思维新、视野广、自律严、人格正的要求，让"有信仰的人讲信仰"[2]，让有爱国情怀的人讲爱国。最后，要推动思想政治理论课改革创新，从单向度的教育灌输到积极发挥学生主体作用，可以采取互动式、启发式、交流式等教学方式，增进亲和力，增强思想性、理论性和针对性，引导高校学生牢固树立国家意识、增进爱国情感。

（二）涵养爱国主义情感

在理性认知的基础上，需要激发爱国热情、涵养爱国主义情感，才能帮助高校学生将情感上升为信念，把理想转化为行动。

---

[1] 习近平：《用新时代中国特色社会主义思想铸魂育人　贯彻党的教育方针落实立德树人根本任务》，载《人民日报》2019年3月18日。

[2] 习近平：《用新时代中国特色社会主义思想铸魂育人　贯彻党的教育方针落实立德树人根本任务》，载《人民日报》2019年3月18日。

1. 以历史记忆激发爱国之情

从教育引导高校学生学习党史、新中国史、改革开放史、社会主义发展史中，回答好"中国共产党为什么'能'，马克思主义为什么'行'，中国特色社会主义为什么'好'"等问题。充分利用这些翔实的史实史料，教育引导学生学史明理、学史增信、学史崇德、学史力行，燃点学生的爱国情。

2. 以发展成就焕发爱国之情

情感源于现实，现实的所观所感、所见所闻最有说服力。党的十八大以来，中国特色社会主义进入了新时代，解决了许多长期想解决而没有解决的难题，办成了许多过去想办而没有办成的大事，推动党和国家事业发生了历史性变革，我国发展站到了新的历史起点上，这些都是唤起"00 后"高校学生爱国情、国家认同感和民族自信心的最好论据。

3. 以民族梦想点燃爱国之情

中华民族伟大复兴的中国梦是中国共产党人共同的民族梦想，为中国特色社会主义的发展指明了光明的前景。2021 年 7 月 1 日，习近平总书记在庆祝中国共产党成立 100 周年的讲话中庄严宣告："经过全党全国各族人民持续奋斗，我们实现了第一个百年奋斗目标，在中华大地上全面建成了小康社会，历史性地解决了绝对贫困问题，正在意气风发向着全面建成社会主义现代化强国的第二个百年奋斗目标迈进。"梦想的力量是无穷的，这是激发高校学生爱国情的最大内生动力。

（三）提升爱国能力水平

爱国主义是具体的而非抽象的，空谈误国，实干兴邦，爱国不能仅停留在口号上，而要落到行动上。实现中华民族伟大复兴的中国梦，需要高校学生不断提升爱国的本领，奋发图强，锐意进取，以实际行动报效祖国。

一要坚定理想信念，教育引导高校学生"树立共产主义远大理想和中国特色社会主义共同理想，增强学生的中国特色社会主义道路自信、理论自信、制度自信、文化自信，立志肩负起民族复兴的时代重任"[①]。二是要弘扬爱国

---

① 习近平：《坚持中国特色社会主义教育发展道路 培养德智体美劳全面发展的社会主义建设者和接班人》，载《人民日报》2018 年 9 月 11 日。

主义，坚持爱国主义和社会主义相统一，教育引导高校学生把爱国与爱党、爱社会主义结合起来，时刻把祖国和人民放在心中，"立志听党话、跟党走，立志扎根人民、奉献国家"①。三是加强品德修养，教育引导高校学生"培育和践行社会主义核心价值观，踏踏实实修好品德，成为有大爱大德大情怀的人"②。四是增长见识，要求真理、悟道理、明事理。要珍惜学习时光，心无旁骛地学习知识、增长见识，掌握真学问、真本领，努力成为"强国有我"的中坚力量。五是勇于奋斗拼搏，社会主义是干出来的、幸福都是奋斗出来的，美好生活是要靠我们自己的双手创造出来的。要教育引导高校学生志存高远、勇于担当、不懈奋斗，具有"勇于奋斗的精神状态、乐观向上的人生态度，做到刚健有为、自强不息"③。六是全面提升素质，教育引导高校学生培养综合能力、培养创新思维。努力构建完备的德智体美劳全面培养的教育体系，尤其要改进和加强体育、美育和劳动教育，帮助学生增强体质、健全人格、锤炼意志，实现全面发展，切实提升爱国能力水平。

第三节　高校学生的价值追求引导

习近平总书记指出："人类社会发展的历史表明，对一个民族、一个国家来说，最持久、最深层的力量是全社会共同认可的核心价值观。核心价值观，承载着一个民族、一个国家的精神追求，体现着一个社会评判是非曲直的价值标准。"④ 社会主义核心价值观是社会主义意识形态的重要内容，不仅反映了时代的基本特征，更是引导着整个社会的价值取向。"社会主义核心价值观是社会主义核心价值体系的内核，体现社会主义最基本、最核心、最重要的价值

---

① 习近平：《坚持中国特色社会主义教育发展道路　培养德智体美劳全面发展的社会主义建设者和接班人》，载《人民日报》2018 年 9 月 11 日。

② 习近平：《坚持中国特色社会主义教育发展道路　培养德智体美劳全面发展的社会主义建设者和接班人》，载《人民日报》2018 年 9 月 11 日。

③ 习近平：《坚持中国特色社会主义教育发展道路　培养德智体美劳全面发展的社会主义建设者和接班人》，载《人民日报》2018 年 9 月 11 日。

④ 习近平：《青年要自觉践行社会主义核心价值观——在北京大学师生座谈会上的讲话》，载《人民日报》2017 年 5 月 5 日。

目标和价值追求"①，是对社会主义核心价值体系的高度凝练和集中表达。高校学生是国家的希望、民族的未来，其思想政治道德情况直接影响着国家和社会的稳定和发展。因此，对高校学生进行价值引导，尤其是进行社会主义核心价值观的引导，具有十分重要的意义。

一、价值引导的重点内容

价值是人们对于事物的性质、用途、作用等的一种观点和态度，价值观直接制约着人们的思想和行动，价值观是人们对周围的客观事物有无价值和价值大小的认识和评价标准，反映人们对客观事物的是非、善恶及重要性的评价态度或取向。② 习近平总书记曾指出："青年的价值取向决定了未来整个社会的价值取向，而青年又处于价值观形成和确立的时期，抓好这一时期的价值观养成十分重要。"③ 要做好对高校学生的价值引导，就是要将社会主义核心价值观融入学生思想政治教育的全过程，教育引导学生校准理想信念、价值取向的人生坐标，自觉克服在价值认知、价值判断、价值选择等方面存在的偏差，从而实现全面发展。社会主义核心价值观的基本内涵主要包括以下三个方面。

（一）社会主义核心价值观的国家层面

"富强、民主、文明、和谐"是国家层面的价值目标，在社会主义核心价值观中居于最高层次，具有统领作用。

国家的富强是社会主义现代化建设的基本价值目标，为社会进步、人的全面自由发展提供了充足的物质基础和基本保障，同时兼顾了生产力标准的效率原则和共同富裕的价值标准。提升到国家的高度来倡导富强，并将其置于社会主义核心价值观之首，充分体现了马克思主义"生产力是社会发展的最终决

---

① 张冬宇：《以社会主义核心价值观引领大学生思想政治教育的路径研究》，载《沈阳工程学院学报（社会科学版）》2016 年第 2 期，第 280 页。

② 参见刘潇《价值引领——社会主义核心价值观融入大学生思想政治教育的思考》，载《当代教育论坛》2016 年第 5 期，第 31 页。

③ 习近平：《青年要自觉践行社会主义核心价值观——在北京大学师生座谈会上的讲话》，载《人民日报》2017 年 5 月 5 日。

定力量"的唯物史观，同时，这也是中华民族千百年来梦寐以求的美好夙愿和中国共产党坚持不懈的奋斗目标。富强即民富国强，是人民的富裕和国家的强盛的统一，"充分体现了社会化主义国家的利益和人民的利益的高度相统一"①。一方面，《管子·治国第四十八》云，"凡治国之道，必先富民"，国是最大家，家是最小国，没有民富，就没有国富，只有人民富裕了，才能谈得上国家的富强。另一方面，富强除了体现为民富外，还体现为国家经济实力和综合国力的强盛，即国富。一个国家只有积累了足够丰厚的经济财富，才有可能增强综合实力，才有可能掌握真正的话语权，才能对他国以及世界秩序产生强大的影响力。

民主是人类社会的美好诉求。在马克思主义政治学里，民主是核心的价值理念；在社会主义核心价值观中，民主是中国特色社会主义的本质要求，是价值目标与政治实践相统一的体现。中国共产党人带领全国各族人民所追求的民主是人民民主，其本质和核心是人民当家作主。我国所实行的人民民主专政的国体和人民代表大会制度的政体，是中国人民长期实践、努力奋斗的成果，为创造人民美好幸福生活提供了根本的政治保障。在新时代，在夺取新时代中国特色社会主义伟人胜利、为实现中华民族伟大复兴的中国梦不懈奋斗的历史征程中，人民民主需要国家层面的推动，也需要每个公民以前所未有的主人翁的姿态，切实履行自己的责任和义务，通过各种途径和方式，主动参与管理国家与社会事务、管理经济与文化事业等，努力打造共建共治共享的社会治理格局。

文明是社会进步和国家发展的重要标志。文明既代表着社会主义先进文化的前进方向，也代表着社会主义精神文明的价值目标。文明是人类共同的期盼和不懈的追求，是社会主义现代化国家的重要特征，体现着社会主义现代化国家文化建设的应有状态。作为中国共产党人始终不变的价值诉求，文明在不同的历史时期有个不一样的内涵。进入新时代，中国共产党人要领导中国人民实现中华民族的伟大复兴，就必须弘扬社会主义核心价值观，实现文化上的繁荣昌盛，不断满足人民的精神文化需要，凝聚起中国精神的磅礴伟力。

---

① 邱其荣：《社会主义核心价值观引领大学生思想政治教育研究》，中国商务出版社2018年版，第7～9页。

和谐是人与自然共生共存的自然依据，是人类社会的共同追求和美好向往。追求和谐是中华民族的优良传统，是中华文明遵循的核心价值理念。和谐集中体现了"幼有所育、学有所教、劳有所得、病有所医、老有所养、住有所居、弱有所扶"[①]的生动局面。和谐一是体现人与人之间的和谐，包括个体间、个体与群体间、群体与群体间关系的和谐，具体体现为人们相互之间的尊重、平等、友爱、互信、互助；二是体现人与社会的和谐，体现为国家、集体、个人权益关系的协调、平衡、安定、有序、活力；三是体现人与自然的和谐，是人与自然的和谐共生，具体体现为人类尊重自然规律、合理开发资源、注重保护环境，人与环境友好、代际公平。

（二）社会主义核心价值观的社会层面

"自由、平等、公正、法治"是社会层面的价值取向。众所周知，社会的发展，不可能单纯只是经济的发展、国家综合实力的提升，更加迫切需要的是创造适合人们全面发展的社会环境。人们生活在社会中，不仅有共同的利益追求，也有共同的价值追求，自由、平等、公正、法治集中体现了中国特色社会主义社会建设的目标和方向。

自由是一个政治哲学的概念，指的是人类可以自我支配，凭借自身意志而行动，并对自身的行为负责的状态。自由不仅包括个体的思想观念、物质财富、身心健康等内在的因素，还包括个体以外的政治、经济、文化、社会等外在条件，是人类共同追求的理想。对于马克思主义者而言，自由不仅是实现人的自由全面发展，还是社会主义的理想价值追求和共产主义的价值本质。

平等是衡量人类文明进步的其中一个重要价值标准，是人类一直奋力追求、孜孜以求探索解决的理论问题和实践问题。马克思主义认为，只有社会主义制度才能够真正实现人民当家作主，只有社会主义才能够充分尊重人民的主体地位，不是国家制度创造了人民，而是人民创造了国家制度。平等作为社会主义的本质特征，同时也是社会主义发展的内在要求。积极培育和践行社会主

---

① 习近平：《决胜全面建成小康社会　夺取新时代中国特色社会主义伟大胜利》，载《人民日报》2017 年 10 月 18 日。

义核心价值观，就是要积极树立平等理念、营造平等氛围，以实际行动积极打破阻碍平等的壁垒，推进政治、经济、社会、分配等方面的平等，使我们的社会真正成为公正平等的社会。

公正，顾名思义就是公平正义，既是人民的需要也是社会的需要。中国特色社会主义的公正，就是要消灭剥削，消除两极分化，达到共同富裕。一方面，作为社会的个人，要秉承公平公正的态度，把握好权利和义务的对等关系，在社会生活中能够做到事事公正、处处公平；另一方面，社会也要倡导公正，坚持以人为本，起点、机会和结果公平，坚持正确的舆论导向，不断健全科学、完备的社会治理新格局。

法治是国家发展的重要保障，是实施治国理政的基本方式。建设社会主义法治国家，依法治国，是人民当家作主的根本保证。法治是当代中国的核心价值理念，目前，我们已经形成了以宪法为统领的中国特色社会主义法律体系，国家和社会生活各方面总体实现了有法可依。法律的基础是实践，法律必然随着中国特色社会主义实践的发展而发展。我们要坚定不移地走中国特色社会主义的法治道路，坚持把党的领导、人民当家作主和依法治国三者统一起来，积极培育和践行法治价值观，让法治发挥软实力，以润物细无声的方式将其内化为公民内心的信仰和日常的行为准则。

（三）社会主义核心价值观的个人层面

"爱国、敬业、诚信、友善"是对社会主义公民个人层面的价值准则和要求，对于国家和社会层面的价值追求而言，更是基础和根本，对国家与社会层面的价值追求能否真正落地生根起决定作用。

爱国是一种最深厚的感情，是一种对自己祖国无比忠诚和挚爱的深厚情感，是爱国之情、强国之志与报国之行的有机统一。爱国是中华民族的光荣传统，在几千年的历史长河中，中华儿女一直高举爱国主义伟大旗帜，涌现出一批批彪炳史册的爱国仁人志士，他们以实际的爱国行动锻造了中华民族精神的内核。千百年来，爱国主义始终是凝聚各民族、各阶层团结一心的强大动力。爱国位于社会主义核心价值观公民个人层面的价值准则之首，可见加强爱国主义教育、振奋民族精神、增强民族凝聚力、凝心聚力开启新的百年奋斗征程，具有重要的现实意义和深远的历史意义。

敬业作为一种对职业、事业等的价值要求，不仅是一种工作伦理或职业道德，更是一种对人生观和价值观的要求。敬业包括职业理想、立业意识、职业信念、从业态度、职业情感、职业道德等六个方面。敬业价值观也有三个层次，第一个层次是"对劳动、工作、职业、事业敬畏的态度和负责的精神"，第二个层次是"全身心投入工作的专注的精神、精益求精的要求和勤奋执着的品质"，第三个层次是将"劳动、工作、职业、创造视为公民的社会责任和义务，视劳动为实现崇高职业理想的基本途径"。① 可见，积极弘扬社会主义敬业价值观，不仅是历史的选择、时代的召唤，更是应对当今世界国力竞争形势必然而迫切的选择。

诚信是中华民族的传统美德，是中华民族的优良传统。首先，诚信是一种崇高的个人力量。对自己而言，要光明磊落、诚实守信、忠诚老实；对于他人而言，就是言语真切、不讲假话、不欺骗隐瞒。其次，诚信是每一个公民的道德责任，是一种道德品质和道德信念，是社会主义所追求的核心价值。实事求是、群众路线、独立自主是我们兴党兴国的三大法宝，因此，要始终弘扬中华民族诚信的传统美德，为实现中华民族伟大复兴的中国梦凝聚强大精神力量，提供坚实的道德支撑。

在《公民道德建设实施纲要》中，友善被列为基本道德规范之一。社会主义核心价值观不仅将友善作为价值标准，更将其提升为友善价值观，充分体现了对友善的高度重视和对其在更高层次的阐释。友善有助于加深人与人之间的关系，促使人在交往中更加和谐，同时推动人与社会、人与自然更加和谐。友善意味着关爱他人，不苛求别人，不把自己的意志强加给别人，只有这样，才有可能实现共同发展、协调发展、可持续发展。友善是成就事业的基础，只有推己及人，才能够实现人人可发展、人人能发展的生动局面。

二、价值引导的重要意义

社会主义核心价值观"作为社会主义意识形态的核心，其反映着时代的

---

① 参见邱其荣《社会主义核心价值观引领大学生思想政治教育研究》，中国商务出版社 2018 年版，第 27～28 页。

基本特征，引导着整个社会的价值取向"①。如前所述，高校学生是国家和民族的希望，是社会主义事业的建设者和接班人，对高校学生进行价值引导，重点是用社会主义核心价值观引领他们自觉成长为堪当民族复兴重任的时代新人。

（一）是推进中国特色社会主义伟大事业的需要

社会主义核心价值观丰富并深化了对社会主义价值本质的认知，实现了价值的整合升华，凝聚了广泛的价值共识，弘扬社会主义核心价值观是推进中国特色社会主义伟大事业的需要。

1. 丰富并深化了对社会主义价值本质的认知

在推进中国特色社会主义伟大事业中，社会主义是什么、社会主义的本质是什么等问题比较抽象，普通民众、理论工作者乃至党和国家的领导人都不是那么容易把握得住的，对于高校学生而言更是如此。如果仅从社会主义科学性、实践性、结构性或制度性等方面进行描述，显得不够全面和深刻，而社会主义核心价值观的提出，为我们提供了一个价值层面的视角，有助于深化和丰富我们对社会主义价值和本质的认知。科学的社会主义，不仅是一种人类认识的思想体系、社会发展的实践运动、符合社会历史发展规律的制度安排，还是一种合乎人的目的性的价值体系构建。在多年的探索中，中国已经走出了一条中国特色社会主义的道路，建立了一整套完备的理论体系和制度体系，在价值追求方面，坚持吸收人类文明和中华民族传统文化中的优秀成果，使得中国特色社会主义理论不断从价值层面得以发展和创新。因此，用社会主义核心价值观教育引导高校学生，有助于丰富和深化他们对社会主义本质的认知，进而有利于改进实践活动、完善制度安排。

2. 实现了价值的整合升华

价值观具有对人的思想、感情和行动进行普遍整合和驱动的功能。在基本价值导向和价值信仰的引领和驱动下，社会中的人才能够心往一处想、劲往一处使。核心价值观和核心价值体系作为文化性质和方向的最深层次的要素，

---

① 邱其荣：《社会主义核心价值观引领大学生思想政治教育研究》，中国商务出版社 2018 年版，第 1 页。

"对于国家治理和社会发展而言，具有稳定器的作用"①。在当今多元化的社会中，一方面，社会主义核心价值观能够提供共同的价值观念。这种共同的价值观念起到主导和统摄的作用，能够有效整合其他非核心、非主流的价值观念，成为中国特色社会主义精神观念的基石。另一方面，社会主义核心价值观能够提供共同的理想目标。核心价值观既总结了历史，又关照了当下，更展望了未来，社会主义核心价值观所呈现的价值理念能够反映人们共同的理想信念，能够为人们提供正确的方向和目标，引导人们沿着正确的轨道实现价值追求。

3. 凝聚了广泛的价值共识

一个国家的繁荣发展，需要人民凝聚最广泛的共识，方能形成推动社会发展的强大合力。社会主义核心价值观的提出，不仅有助于全体社会成员树立共同的价值理想、培养共同的价值信念，更具有凝聚全体社会成员价值共识、激发社会成员内生动力从而形成强大合力的功能。社会主义核心价值观从国家、社会、个人三个层面，分层分类，以通俗易懂易记的语言对其进行凝练，有利于正本清源，统摄和整合多元化的价值观念，凝聚全面深化改革的最广泛共识，激发强大的精神动力。

（二）是坚持正确的价值导向、构建和谐社会的需要

弘扬社会主义核心价值观是应对新态势、面对新特点、提升软实力，坚持正确价值导向，构建和谐社会的现实需要。

1. 应对新态势

当今世界，各种思想文化交流交融交锋日益频繁，西方主要资本主义国家不遗余力地攻击中国特色社会主义是人类文明前进的障碍，并积极用西方的所谓普世价值观念来渗透、影响中国的民众。新态势下，如何抵挡西方分化势力和敌对势力的渗透，如何妥善应对世界思想文化交流交融交锋所带来的挑战，最大限度地凝聚中华民族、中国人民的最广泛共识，是中国共产党人亟须认真回答的重大现实问题。习近平总书记指出："一个民族、一个国家的核心价值观必须同这个民族、这个国家的历史文化契合，同这个民族、这个国家的人民

---

① 邱其荣：《社会主义核心价值观引领大学生思想政治教育研究》，中国商务出版社 2018 年版，第 1 页。

正在进行的奋斗相结合，同这个民族、这个国家需要解决的时代问题相适应。"① 社会主义核心价值观的提出，有助于从源头上改变人们的观念意识，促使他们树立社会主义特征的价值观念，从而更有效地提升社会的理性程度和文明程度。而在高校学生中培育和践行社会主义核心价值观显得尤为重要，因为"青年的价值取向决定了未来整个社会的价值取向……青年要从现在做起、从自己做起，使社会主义核心价值观成为自己的基本遵循，并身体力行大力将其推广到全社会去"②。

2．面对新特点

社会主义核心价值观是在中国发展进入新阶段，改革进入攻坚期和深水区的时候提出来的。中国 40 多年改革开放的实践，人们的利益格局、社会分层、价值观念等都发生了巨大的变化，呈现出了多元多样易变的特点，人们从仅关注经济利益、权利等向关注政治、文化、社会等各方面的利益和权利转变。基于自身在改革中所处的地位和所获得的利益的不同，他们对改革所持有的评判、态度和期待也就各有不同。正如习近平总书记所强调的："培育和弘扬核心价值观，有效整合社会意识，是社会系统得以正常运转、社会秩序得以有效维护的重要途径，也是国家治理体系和治理能力的重要方面。历史和现实都表明，构建具有强大感召力的核心价值观，关系社会和谐稳定，关系国家长治久安。"③ 可见，社会主义核心价值观的提出，对坚持正确的价值导向、构建和谐社会尤为重要。而对于高校学生而言，就是要教育引导他们树立和培育社会主义核心价值观，把"人生的扣子从一开始就要扣好"④。

3．提升软实力

当今时代，各个国家如果想要在世界民族之林占有一席之地，获得生存和发展，就一定要提升自己的核心竞争力，包括硬实力和软实力。中华民族源远

---

① 习近平：《青年要自觉践行社会主义核心价值观——在北京大学师生座谈会上的讲话》，载《人民日报》2014 年 5 月 5 日。

② 习近平：《青年要自觉践行社会主义核心价值观——在北京大学师生座谈会上的讲话》，载《人民日报》2014 年 5 月 5 日。

③ 习近平：《把培育和弘扬社会主义核心价值观作为凝魂聚气强基固本的基础工程》，载《人民日报》2014 年 2 月 24 日。

④ 习近平：《青年要自觉践行社会主义核心价值观——在北京大学师生座谈会上的讲话》，载《人民日报》2014 年 5 月 4 日。

流长，积淀了五千多年的文明历史，这不仅代表着中华民族最深层的精神追求，更为中华民族的生生不息、发展壮大提供了源源不断的精神滋养。社会主义核心价值观既立足于马克思主义科学的价值观念，又来源于中华优秀传统文化，更吸纳了人类共同的文明成果的精髓。确立社会主义核心价值观，既有利于提升中华传统文化的影响力，又有利于提升中国社会主义先进文化的传播力，还有利于提升中华文化、中国精神的引领力，将不断提升国家的"文化软实力"。

（三）是促进高校学生成长成才的需要

在高校学生中培育和践行社会主义核心价值观，有利于坚定理想信念，有利于树立正确的价值观，有利于提升能力素养，对促进高校学生的成长成才起着非常重要的作用。

1. 有利于坚定理想信念

培育和践行社会主义核心价值观，有利于帮助高校学生坚定理想信念，树立对共产主义的远大理想和对中国特色社会主义的共同理想。让高校学生能够以正确的价值观念看待远大理想与共同理想之间、个人理想与社会理想之间的关系，并以自己的实际行动投身于中国特色社会主义事业。

2. 有利于树立正确的价值观

在意识形态多元的背景下，容易产生价值观念冲突、价值选择迷失等情况，树立广大人民群众都认可的核心价值观，有助于帮助高校学生在纷繁的价值观念中，确立正确的、科学的、兼具民族性和时代性的社会主义核心价值观，遵循层次性规律，深刻理解国家、社会、个人的价值观念，帮助他们正确看待个人与社会以及国家之间的关系，并将价值观内化为一种思想观念、精神力量，外化为信心决心、实践活动，实现知与行的统一。

3. 有利于提升能力素养

高校学生正处于"拔节孕穗期"，培育和践行社会主义核心价值观有助于遵循学生成长成才的规律，满足他们精神发展、身心发展的需要。通过理论讲授、思想引导和行为示范等，帮助高校学生认识青年时期对人的发展的重要性，认识自身成长与发展可能遇到的机遇和挑战，认识自身肩负的社会责任和时代使命，促进学生的自由全面发展。正如习近平总书记所指出的："青年处在价值观形成和确立的时期，抓好这一时期的价值观养成十分重要。就像穿衣服扣扣子一样，如果第一粒扣子扣错了，剩余的扣子都会扣错。人生的扣子从一开始就要扣好。"①

三、价值引导的基本路径

价值引导的基本路径，一是坚持正向引导，用正确的价值观念教育引导高校学生；二是注重行为养成，将正确的价值观念用良好的行为规范固化下来；三是加强组织领导，各级党委和政府、各部门各单位、党员干部、全社会要形成合力，共同做好价值引导工作。

（一）坚持正向引导

社会主义核心价值观作为我国当前所倡导的社会主流价值观念，要想从根本上影响高校学生，帮助他们树立并践行正确的价值观，需要在正向引导上下功夫。

1. 坚持显性教育与隐性教育相结合

显性教育具有明确公开性、组织系统性、鲜明导向性、直接影响性、作用强制性等特点，其实施方法包括理论培育法、自我提升法、榜样激励法、实践锻炼法等。隐性教育相比显性教育而言，具有隐蔽性、渗透性、非强制性、弥散性、持久性等特点，一般是通过对隐性教育资源的开发与应用，采取比较含蓄、隐蔽、间接的方式，形成潜移默化、润物无声的影响。隐性教育的实施方法包括渗透式培育、熏陶式培育、行为体验式培育等。显性教育与隐性教育各有特点及所长，可综合运用好这些方法，开展对高校学生的正向引导，帮助他们确立社会主义核心价值观。

2. 坚持干渠道融入与干阵地引领相结合

思想政治理论课是"落实立德树人根本任务的关键课程"②，是开展高校

---

① 习近平：《青年要自觉践行社会主义核心价值观——在北京大学师生座谈会上的讲话》，载《人民日报》2014 年 5 月 5 日。

② 习近平：《用新时代中国特色社会主义思想铸魂育人 贯彻党的教育方针落实立德树人根本任务》，载《人民日报》2019 年 3 月 19 日。

学生思想政治教育的主渠道，在帮助学生学习和掌握中国特色社会主义理论的科学体系，推动形成正确的世界观、人生观、价值观等方面，发挥着不可替代的重要作用。可以通过改进思想政治理论课教学方法、活化思想政治理论课教学内容、改革思想政治理论课考试等方式，充分发挥其主渠道作用，增强社会主义核心价值观的影响力。第二课堂是高校学生思想政治教育的主阵地，习近平总书记指出："社会实践、社会活动以及校内各类学生社团活动是学生的第二课堂，对拓展学生眼界和能力、充实学生社会体验和丰富学生生活十分有益。"① 第二课堂是第一课堂的有益补充，可以采用将第二课堂的实践体系与思想政治理论课相结合、与专业教育相结合、与全面发展的育人目标相结合等方式，更好地形成第一和第二课堂的育人合力。

3. 坚持理论引导与实践育人相结合

理论引导是一种最直接、最重要、最典型的办法。通过开展理论讲授、理论学习以及宣传教育等方式，有组织、有计划、有目的地向高校学生全面正向输出社会主义核心价值观的信息，帮助其建立完整的科学理论体系。实践育人即充分发挥专业课教师、思想理论课教师和日常思想政治教育工作者等的作用，通过开展专业实习、社会实践、创新创业、志愿服务等项目帮助高校学生学以致用。正如习近平总书记指出的："所有知识转化为能力，都必须躬身实践。要坚持知行合一，注重在实践中学真知、悟真谛，加强磨炼、增长本领。"②因此，要将理论引导和实践育人综合运用好，提升正向引导的效能。

（二）注重行为养成

在正向引导的基础上，需要辅以行为养成，帮助高校学生将正确的价值观念内化于心、外化于行，固化在日常的工作、生活、学习之中。

1. 研制行为规范

研究制定体现社会主义核心价值观要求的师生行为规范。如国家出台的《高等学校学生行为准则》，从多个层面对高校学生确立了行为标准，很多高

---

① 习近平：《把思想政治工作贯穿教育教学全过程 开创我国高等教育事业发展新局面》，载《人民日报》2016年12月9日。

② 习近平：《关于青少年和共青团工作论述摘编》，中央文献出版社2017年版，第55页。

校也结合实际出台了相关学生行为规范，更加明确、更加细致地规范学生的日常行为。在对高校学生进行精神价值的教育引导的同时，辅以行为习惯的规范训练，有利于教育引导学生自觉遵守各种行为规范，并将其内化于心、外化于行，自觉成长为人格健全向上、思想道德素质良好、心理素质健康，具有较强社会适应能力和价值创造能力的优秀公民，成长为德智体美劳全面发展的社会主义建设者和接班人。

2. 注重示范引领

组织国家勋章和国家荣誉称号获得者、最美奋斗者、改革先锋、时代楷模等新时代先进人物走进高校，用他们崇高的理想信念和道德品格引领感召广大师生。时代呼唤英雄，英雄见证伟大，我们所处的时代是一个呼唤英雄、造就英雄、崇尚英雄的时代。我们要努力让这些时代楷模成为鲜亮的时代符号，成为引领风尚的时代标杆，唱响新时代的英雄赞歌。让高校学生在敬仰英雄、尊重英雄、学习英雄的过程中，感悟蕴含其中的中国精神、中国力量、中国担当和中国智慧，从而将其内化为自觉的报国行动。

3. 培育选树典型

首先，通过开展教书育人楷模、思政课教师年度人物、高校辅导员年度人物、大学生年度人物等先进典型的宣传和选树，用身边人身边事教育引导人，让高校学生认识到榜样并不是遥不可及的，榜样就在身边，模范就在日常，可学可做，可追可及。其次，培育选树典型，有利于更好地激发高校学生集体和个人干事创业的动力和热情。通过宣传推广，更好地树立高校学生良好的作风和形象。最后，通过构建从下而上逐级发现、培养、推荐的选树机制，更好地营造"争当典型、争比贡献"的浓厚氛围。

（三）加强组织领导

价值引导需要有坚强的组织领导做保障，需要各级党委和政府、党员干部、各单位各部门、社会、家庭等形成合力，确保各项工作落地见效。

1. 各级党委和政府高度重视

各级党委和政府要充分认识培育和践行社会主义核心价值观的重要意义，要把这项任务摆在突出重要的位置，切实承担起政治责任和领导责任。"要将社会主义核心价值观的培育与政治、经济、文化、社会、生态文明建设以及党的建设等各领域各方面结合起来"①，一体抓，全面抓，相互促进，相互推动，建立健全领导体制和机制，要加强统筹协调，强化组织实施，抓好督促落实。各基层党组织要发挥好政治核心和战斗堡垒作用，切实培育和践行社会主义核心价值观。

2. 党员干部率先垂范

党员、干部特别是领导干部要带好头，以身作则、率先垂范。要切实加强党员、干部的理想信念教育、党性教育、道德建设，使党员、干部真正成为践行社会主义核心价值观的典范，能够以强大的人格力量感召带领广大高校师生，引领风尚。

3. 全社会形成合力

培育和践行社会主义核心价值观是全社会共同的责任。要整合行政管理、行业管理和社会管理等方面的资源，"整合党政各部门，工会、共青团、妇联等人民团体力量"②，在党委的统一领导下，密切配合，形成合力，重视和发挥民主党派和工商联的重要作用，教育引导知识分子用正确观点阐释和传播社会主义核心价值观，会同有关部门采取有力措施，推动各项工作任务的落实。

---

① 中共中央办公厅：《关于培育和践行社会主义核心价值观的意见》，载中国政府网，http://www. gov. cn/jrzg/2013 – 12/23/content_2553019. htm。

② 中共中央办公厅：《关于培育和践行社会主义核心价值观的意见》，载中国政府网，http://www. gov. cn/jrzg/2013 – 12/23/content_2553019. htm。

第四章　高校学生的行为规范

高等院校是为国家培养人才的场所，肩负着培养德智体美劳全面发展的社会主义建设者和接班人的重任。高校的首要任务是培养和完善受教育者的人格和素质，核心是培养、塑造、发展人格健全的人才。① 所以，高校必须首先回答好培养什么样的人、如何培养人这个根本问题。高校学生行为规范的培养，是高校立德树人根本任务的具体方面，是高校学生教育管理的重要内容。

第一节　高校学生行为规范的内涵

做好高校学生行为规范教育工作的前提是了解高校学生行为规范的内涵。高校学生行为规范的内涵，在时代进程与改革发展中不断丰富，我们可以通过高校学生行为规范的概念、要求和意义理解其内在含义。

一、高校学生行为规范的概念

高校学生的行为规范是高校学生教育的具体内容，是约束学生行为、要求学生普遍遵守的价值标准和行为准则，体现了一所高校的办学传统精神，是培养德智体美劳全面发展合格人才的保证。

---

① 参见丁社教《道德与法律之间：公共生活空间行为规范研究》，中国社会科学出版社 2020 年版，第 144～145 页。

（一）高校学生行为规范的定义

行为规范是日常生活生产中用以协调言行的总体规定，包括社会基本规范、规章制度、法律法规以及一些不成文的约定、规则或要求等，这是经过制度化了的或是约定俗成的管理规定和制度。高校学生的行为规范指的是用于指导、约束或调节高校学生个体与集体之间的管理规定。一个高素质的高校学生必须能控制自己的言行，能适应生存环境，能与自然、与人和谐相处，这样才能成为社会主义合格的建设者和接班人。①

高校学生的行为规范是高校学生行为的模式和评价标准，是学生在校园内学习生活的准绳，是协调学生之间、学生与学校之间关系的准则，为高校学生提供了衡量、把握个人行为的尺度和参照。同时，高校学生行为规范也给高校的管理提供了法律或制度上的依据。高校学生行为规范是否科学和适用，是否能够与时俱进，直接影响到高校的教学管理，同时也影响着高校学生的发展和成才。

（二）高校学生行为规范的规定

高校学生是社会成员中的重要组成部分，所以，适用于社会大众的法律、制度、风俗习惯、社会公共道德等行为规范同样也适用于高校学生群体。同时，高校学生也是一个相对特殊的群体，还需要一些专门性的行为规范和标准。现行的高校学生行为规范包括国家颁布的《高等学校学生行为准则》《普通高等学校学生管理规定》，以及各高校根据教育部相关文件制定的《学生准则》《学生守则》等学生行为规范文件。

1.《高等学校学生行为准则》

为了全面贯彻党的教育方针，加强高等学校学生思想政治教育工作，引导学生坚定理想信念，形成良好的道德品质，养成文明行为习惯，勤奋学习，强健体魄，成为社会主义合格建设者和可靠接班人，教育部于2005年3月25日印发《高等学校学生行为准则》（以下简称《准则》）。

---

① 参见林映东《大学生行为规范教育的途径与方法》，载《当代教育实践与教学研究》2019年第1期，第118页。

《准则》共 8 条，分别为"志存高远，坚定信念""热爱祖国，服务人民""勤奋学习，自强不息""遵纪守法，弘扬正气""诚实守信，严于律己""明礼修身，团结友爱""勤俭节约，艰苦奋斗""强健体魄，热爱生活"，每一条准则都有具体要求。

《准则》是教育部在深入调研分析、大量参阅资料、广泛征求意见后，对 1989 年颁发的《高等学校学生行为准则（试行）》进行修订后形成的。《准则》内容既宏观又简洁，它从如何处理好与国家、社会、学校、个人四个层面的关系上，对高校学生从政治、思想、学习、道德、健康等八个方面提出原则性的基本要求，高度概括了对新时代高校学生的要求。其着眼点是培养学生的自主和自律品格。

2.《普通高等学校学生管理规定》

2017 年 2 月 4 日，教育部颁布了新修订的《普通高等学校学生管理规定》（以下简称《规定》）。《规定》是指导和规范高校实施学生管理的重要规章，涉及学生的权利与义务、学籍管理、校园秩序与课外活动、奖励与处分、学生申诉等诸多方面，共分 7 章 68 条。新修订的《规定》贯彻落实了党的十八大以来，以习近平同志为核心的党中央关于高等教育工作的新理念、新思想、新战略，突出立德树人根本任务。同时，《规定》适应经济社会发展和高等教育改革的需要，体现了促进创新创业、依法治校、提高质量等新要求。《规定》贯彻习近平总书记系列重要讲话，特别是在全国高校思想政治工作会议上的讲话精神，要求高校坚持社会主义办学方向，全面贯彻党的教育方针，坚持立德树人，加强理想信念教育，培育和践行社会主义核心价值观，培养学生的社会责任感、创新精神、实践能力；还要求高校加强对学生思想品德考核，强调恪守学术道德，开展诚信教育，建立对失信行为的约束和惩戒机制。

3. 高校制定的学生行为规范类制度文件

各高校在教育部相关文件的基础上，结合自身的办学方向和特色，制定了更加具体、更具有适用性的《学生准则》《学生守则》等学生行为规范文件。《学生准则》《学生守则》等学生行为规范文件，用以指导高校学生在校学习、科研、实践等各方面的活动，旨在全面贯彻党的教育方针，加强学生思想政治教育工作，引导学生坚定理想信念，形成良好的道德品质，养成文明行为习惯，成为社会主义合格建设者和可靠接班人。行为规范文件在校园范围内对本校学生具有约束力，并以学校强制力保证实施。

（三）高校学生行为规范的特点

立足高校思想政治教育实际以及新时代高校学生的发展特点，深刻认识和准确把握高校学生行为规范的特点，是做好高校学生行为规范教育的关键。高校学生行为规范作为约束学生行为的价值标准和行为准则，具有规范性、科学性、合理性等特点。

1. 规范性

高校学生行为规范必须具备充分的规范性，这是高校学生教育管理法治化的体现，是"依法治国""依法治校"的必然要求。规范性包括内容规范性和程序规范性。内容规范性是指高校校规的内容符合法律法规的规定。目前，各大高校的校规都是基于《高等学校学生行为准则》和《普通高等学校学生管理规定》自主制定的，是高校办学自主权的体现。高校的各项规章制度必须以现行的法律法规为依据，并在相关规定之上做延伸和补充。[①] 程序规范性是指高校校规在制定、修改、实施、监督等过程中符合法律法规的规定，坚持公平、公正、公开的原则，不仅要规范学生日常行为，还应监督管理者依法行使权利，履行告知义务，规范完善校纪校规的执行程序。[②]

2. 科学性

高校校规的制定应该有一套严格、科学的程序，应该遵循校方、学生和法律专家三方联动的模式。在校规起草阶段，高校要深入调研，充分论证，特别是广泛征求学生的意见，让学生参与到校规的制定过程中，通过学生代表把全校学生的意见和建议表达出来。这种方式不仅彰显出高校对学生权利的尊重，同时让学生能够更好地了解校规，更容易理解和接受校规。在校规制定过程中，还应该有法律专家的参与，他们将对校规中可能涉及的重大和疑难法律问题进行专业论证，以防止最终制定的校规出现违法现象。经过校方、学生和法律专家三方合作制定出来的校规，建立在遵守法律底线的基础上，既体现出管理者的管理需求，也能避免高校滥用自主权制定校规；而且充分满足学生诉求表达的需要，在一定

---

① 参见李佳丽《高校校规合法性研究》，载《花炮科技与市场》2020 年第 2 期，第 31 页。
② 参见李佳丽《高校校规合法性研究》，载《花炮科技与市场》2020 年第 2 期，第 31 页。

程度上保障了他们的合法合理权利，同时降低他们对校规的抵触心理。由此可见，这种"自下而上"的校规制定方式是保证科学立规的重要手段。[①]

3. 合理性

校规制定以合理性贯穿始终。制定校规不能简单粗暴，应当既合法又合理，既体现出法理规约，又有人文关怀。通俗而言，校规在实现合法有效管理的前提下，不影响学生正常的学习和生活。在校规制定过程中，各高校应该根据自身特色，兼顾各个学院的特色，同时考虑时代因素与学生合理权益，制定出详细而有针对性的管理规定。这样以合理性思维贯穿制定过程始终的校规才能最大限度地发挥效用。科学合理的校规在很大程度上发挥着润物细无声的教育作用，不仅可以有效地对在校师生的行为加以规范，而且可以培育出积极向上的学风、校风，促进教学和学术研究活动的发展，最终推动整个学校的良性发展。因此，高校校规的建设需要坚持以学生为本的正确价值导向，以合理性贯穿始终，才能推动高等教育向正确的方向发展。[②]

二、高校学生行为规范的要求

《高等学校学生行为准则》《普通高等学校学生管理规定》以及各高校制定的《学生准则》《学生守则》等学生行为规范文件[③]对高校学生提出了具体的要求，根据要求涉及的不同层面，可以归纳为以下五个方面的要求。

（一）理想信念要求

高校学生"应当拥护中国共产党领导，努力学习马克思列宁主义、毛泽东思想、中国特色社会主义理论体系，深入学习习近平总书记系列重要讲话精神和治国理政新理念新思想新战略，坚定中国特色社会主义道路自信、理论自信、制度自信、文化自信，树立中国特色社会主义共同理想；应当树立爱国主

---

① 参见罗芳《深化依法治国实践背景下高校校规的合法性——从科学立规层面分析》，载《智库时代》2019 年第 39 期，第 7 页。

② 参见罗芳《深化依法治国实践背景下高校校规的合法性——从科学立规层面分析》，载《智库时代》2019 年第 39 期，第 7 页。

③ 下文以《中山大学学生准则》和《中山大学学生守则》为例。

义思想，具有团结统一、爱好和平、勤劳勇敢、自强不息的精神"，"志存高远，坚定信念"，"面向世界，了解国情，确立在中国共产党领导下走社会主义道路、实现中华民族伟大复兴的共同理想和坚定信念，努力成为有理想、有道德、有文化、有纪律的社会主义新人"，"热爱祖国，服务人民。弘扬民族精神，维护国家利益和民族团结。不参与违反四项基本原则、影响国家统一和社会稳定的活动。培养同人民群众的深厚感情，正确处理国家、集体和个人三者利益关系，增强社会责任感，甘愿为祖国为人民奉献"，"爱国荣校，忠于国家利益，爱护学校荣誉"，"心怀天下，敢于担当，树立远大志向，勇担社会责任，努力为国栋梁，增进人类福祉，不甘于平庸"。

理想信念规范可以增强高校学生的社会责任感，帮助学生树立正确的历史观、民族观、国家观。高校学生树立崇高的理想信念，将个人理想与中国特色社会主义共同理想相融合，是成为国家栋梁的必要条件，也是祖国和人民的殷切期盼。

（二）道德修养要求

高校学生应当"诚实守信，严于律己。履约践诺，知行统一；遵从学术规范，恪守学术道德，不作弊，不剽窃；自尊自爱，自省自律；文明使用互联网；自觉抵制黄、赌、毒等不良诱惑"，"明礼修身，团结友爱。弘扬传统美德，遵守社会公德，男女交往文明；关心集体，爱护公物，热心公益；仪表整洁，待人礼貌；豁达宽容，积极向上"，"艰苦奋斗，不追求超越自身和家庭实际的物质享受"，"关爱自然，爱护环境，珍惜资源"，"孝亲尊师，诚信知礼，孝敬父母，尊敬师长，诚实守信，注重文明礼仪，待人友善宽容"，"不损人利己，不造谣传谣"。

道德修养规范是高校学生学习生涯的重要一环，更是成长路上的重要一环。遵守道德修养规范，有助于弘扬中华民族优良传统，有利于宣扬社会主义先进文化，有利于高校学生不断完善自我，在实践中不断提升自我，展现自身的人生价值。

（三）学习风尚要求

高校学生"应当刻苦学习，勇于探索，积极实践，努力掌握现代科学文化知识和专业技能"，"追求真理，崇尚科学；刻苦钻研，严谨求实；积极实践，勇于创新；珍惜时间，学业有成"，"勤学善思，求真求精，勤学好问，独立思考"，"敬业乐群，创新超越，专注学习研究，乐于团结合作，勇于开拓创新，不断追求卓越，不墨守成规"，"敬畏学术，不作弊造假，不抄袭剽窃"，"尊重课堂，不迟到早退，不逃课旷考"。

修学储能是高校学生的使命，在学习文化知识、提高自身能力的同时，遵守学习规范，培养严谨求实的学习作风和求知行为的自觉性、坚持性、自制力。积极正确的学习态度能充分调动和发挥学生的智力因素，促进学生创新能力、学术研究能力的提高。

（四）行为习惯要求

高校学生"应当增强法治观念，遵守宪法、法律、法规，遵守公民道德规范，遵守学校管理制度，具有良好的道德品质和行为习惯"，"正确行使权利，依法履行义务；敬廉崇洁，公道正派；敢于并善于同各种违法违纪行为作斗争"，"循法守正，遵守法制，弘扬正气，不参与任何违反法律法规和校规校纪的活动"，"不危害国家安全，不破坏公共秩序"，"善待同学，不失信无礼，不打架斗殴"，"遵守舍规，不影响他人作息，不破坏环境卫生"，"勤俭节约，热爱劳动，珍惜他人和社会劳动成果；生活俭朴，杜绝浪费"，"不损坏公物"，"健康生活，不吸烟酗酒，不沉迷网络"。

良好的习惯有时候可以改变一个人的命运，让人受益终身。思想决定行为，行为决定习惯，习惯决定命运。良好的行为习惯是人一生的无形资本。高校学生在公众场所、社交礼仪、网络行为等方面应约束自身言行，养成良好的行为习惯。

（五）身心健康要求

高校学生"应当积极锻炼身体，增进身心健康，提高个人修养，培养审美情趣"，"强健体魄，热爱生活。积极参加文体活动，提高身体素质，保持心理健康；磨砺意志，不怕挫折，提高适应能力；增强安全意识，防止意外事故"，"保持阳光心态，不沉迷于享乐，不畏困难挫折"，"珍爱生命，不自暴自弃"。

身心健康是高校学生正常学习、工作和生活的前提条件。人如果没有健康的身体，就无法保持充沛的精力和蓬勃的朝气，甚至被一些疾病困扰，无法从事正常的社会活动；没有健康的心理，就会陷入抑郁、焦虑、孤僻、自卑等不良心理状态。身心健康的人才能发挥个人能力，积极快乐成长，在学业和实践上取得进步和成就。所以，高校学生不仅仅需要强健的体魄支撑学习和实践，还需要健康的心理来应对挫折、磨炼意志。

三、高校学生行为规范的意义

高等学校是培养能担当民族复兴大任的社会主义建设者和接班人的地方，是培育新时代栋梁之材的摇篮。高校学生也是当今社会人们普遍关注的重要群体。高校学生行为规范不仅可以维护学校正常秩序、保障学生的安全与健康，而且对高校学生综合素质的提升也有着重要意义。

（一）有利于维护学校正常秩序

高校学生行为规范是高校为了实现教育目标而制定且要求所有学生必须严格遵守的一种校园内的行为准则和规范。它起着维持学校内部秩序的重要作用，能使高校学生在生活、学习中意识到哪些行为是正确的、应该去做的，哪些行为是错误的、不该去做的，为学生提供了正确的行为方向。只有高校学生遵守相关规定，自觉接受法律、法规、道德、纪律的约束，整个学校才能成为协调的整体，形成良好的教育、教学、科研、学习、活动和生活秩序，以保证各项工作的顺利进行。"没有规矩，不成方圆"，如果学校没有规章制度，没有一个共同遵守的行为准则，学生我行我素，必然会干扰和破坏正常的秩序。高校学生行为规范能引导学生形成良好的道德品质，养成文明行为习惯，成为维护校园秩序的一员。所以，高校学生行为规范是维护高校正常秩序的重要保证。

（二）有利于保障学生安全健康

高校学生行为规范能够明确地指导高校学生约束自身行为，避免发生校园安全事故。另外，相关准则也倡导高校学生重视身体健康和心理健康，促进学生养成良好的生活习惯、作息规律，加强体育锻炼，增强身体素质，鼓励学生热爱生活、管理好自身情绪、处理好人际关系。可见，高校学生行为规范为学生的安全与健康提供了保障。

（三）有利于提升学生综合素质

高校学生行为规范从理想信念、品德修养、学习态度、行为习惯、身心健康等方面对学生提出了具体要求，有利于学生对标规范寻找自身不足，并通过实践和锻炼提升自身综合素质。作为"培养人、教育人"的高校，加强高校学生行为规范，有利于提升学生综合素质，是实施人才强国战略、落实素质教育的重要举措。在高校的学习与生活中，逐步引导学生的行为，进行行为规范教育，提升学生综合素质，是学生适应社会的基本要求，也是学生自我发展和进步的客观要求，更是学生成为新时代中国特色社会主义事业接班人和建设者的必然要求。

第二节　高校学生行为失范的发生

部分高校学生群体存在违反高校学生行为规范的现象。这些失范行为的表现形式和归因及其危害值得高校重点研究与关注，只有从源头找到导致学生发生失范行为的因素，才能有针对性地采取措施，有效地抑制学生行为失范的发生。

一、高校学生行为失范的界定

研究高校学生行为失范问题必然要研究高校学生行为失范该如何界定。准确认识高校学生失范行为，是有效预防和应对失范行为的基本前提。我们可以通过高校学生行为失范的定义和特点了解其基本含义和突出特征，在此基础上认识其危害。

（一）高校学生行为失范的定义

最早提出"失范"（anomie）一词的是法国社会学家涂尔干。他认为，失范是指"个人的欲望和行为的调节缺少规范、制度化差而丧失整合的混乱无秩序的社会状态"。美国社会学家默顿在 20 世纪 30 年代对失范理论做了进一步发展，认为"失范"是"规范的缺席"，指人们对现存的社会规范缺乏广泛的认同，从而使社会规范丧失了控制人们行为的权威和效力。[①]

行为失范是指在丧失了原有指导标准的思想支配下所出现的与现代化发展、社会法制规范和人伦道德相违背的行为偏离。[②] 高校学生行为失范是指有些高校学生的思想和言行与自身的身份、社会的要求、时代进步的特征、党和人民的要求、做人的基本准则发生了不同程度的偏离。[③] 这里的规范主要指国家的法律法规、人伦道德和学校的规章制度等。高校学生群体之所以频频出现失范行为，一方面是社会价值与社会规范体系之间产生紊乱而导致应有功能的丧失，无法指导与约束学生的思想与行为，从而使学生行为失范或校园秩序产生无序化状态；另一方面是学生出于各种主观因素违背规范的行为，从而使原有规范瓦解，导致行为失范。

（二）高校学生行为失范的特点

高校学生行为失范具有自主性、情境性、阶段性等特点。我们从高校学生的失范行为中归纳总结其特点，有助于高校管理者从根本上把握学生产生失范行为的共性和规律，从而有针对性地开展防范教育工作，有益于从源头尽早发现并处理问题。

1. 自主性

目的是行为活动所要达到的结果或实现的目标。任何失范行为，总是要指向一定的目标，达到一定的结果。行为的目的与行为的需要、行为的动机密切相关。失范者的行为目的决定了其自身的需要，同时，又是失范行为动机产生和保持的一个重要因素。失范行为既有生理的，也有心理的；既有物质的，也

---

① 参见吴进、陈文《新时期行为失范大学生教育中的若干问题初探》，载《考试周刊》2008 年第 21 期，第 143～144 页。

② 参见周懿《当代青少年行为失范浅探——以广东省为例》，载《法制与社会》2007 年第 9 期，第 744 页。

③ 参见杨晖《大学生"失范"的特征、成因及对策》，载《北京理工大学学报（社会科学版）》2003 年第 5 期，第 28～30 页。

有精神的。不管基于什么原因，不管采取什么形式，人的失范行为都是为了满足某种欲望和需求自主展开的。对于绝大多数的行为失范者，他们的失范行为是在意识的支配下，有目的、能动、自主的反应与表现。

2. 情境性

高校学生思想活跃、情绪多变，处于血气方刚的时期，容易受到外界的刺激，产生一些非理智的冲动行为。因此，相较于预谋性失范，情绪突发性的失范在高校学生失范行为中所占比例更高。失范行为的产生，是失范者个体生理、认识、情感以及人格等诸多因素与社会环境相互作用的结果。

一定的情境是萌生和诱发失范行为的外部条件。如盗窃、贩毒、卖淫、自杀等失范行为的产生，在时间、空间、地域、人际交往、经济生活、文化背景等客观方面都有其特定的行为环境，既包括自然环境，也包括社会环境，既包括物理环境，也包括心理环境，而社会环境是失范行为情境性形成最基本的客观因素。失范者行为的冲动性、从众性、偶然性、突发性与行为活动的情境直接相关。

3. 阶段性

相较于其他群体的失范行为，高校学生的部分失范行为往往与他们处在高等教育这一阶段有很大的关联性。高校学生受教育程度高、知识储备多，为失范提供了更多便捷条件。部分高校学生还利用自身专业知识、采用先进手段等做出越轨行为，特别是利用网络、生物学、医药学、化学等相关知识和手段从事违法犯罪活动，产生的后果更为严重。

（三）高校学生行为失范的危害

高校学生的失范行为对失范者自身、他人、学校和社会带来一系列消极影响。在信息化时代的今天，这些失范行为的波及面越来越广，使校园不稳定因素增加。所以，失范行为虽然是以个别现象的形式存在的，但其产生的危害同样值得我们重视和思考。

1. 扰乱学校正常秩序

学生作为社会成员之一，其行为或多或少地会影响周围的同学乃至学校。高校学生的失范行为也不例外。当高校学生出现失范行为时，如未能在产生之初就对其进行有效控制，那么，该失范行为所产生的潜在危害可能会长期存在；当有相应的条件作为支撑时，该危害就会扩散开来。若高校学生行为出现偏离，就会对这些常规秩序造成破坏。高校学生违反校规校纪、违法犯罪等失范行为，会给学校的正常秩序带来不良影响。

2. 侵害他人正当权益

高校学生利己的失范行为必然会侵害他人的正当权益，其危害分为直接和间接两方面。直接侵害他人正当权益的表现包括侵犯个人隐私、侵占他人财物、窃取研究成果、损害他人声誉、非法占用公共资源等；间接侵害他人正当权益的表现包括有失公平的考试作弊、影响他人正常生活的不文明行为、破坏生态环境的不环保行为等。该类失范行为会对他人造成心理创伤或生活上的损害。

3. 导致身心健康受损

失范者易受挫折，易产生孤独感，导致其身心受损。由于失范行为本身与强大的社会规范相矛盾，加之失范行为中多数是"探索性"的行为，在社会规范面前容易受挫折，出现规范行为中断，导致失范者产生某种欲望或需要。反复多次，就会加剧该类学生的心理矛盾，危及其社会信念、态度、世界观、人生观、价值观的正确树立。同时，失范者易受到来自同学群体的批评指责、不信任、孤立等压力，从而导致其产生孤独感，甚至憎恨群体，久而久之容易产生心理问题，影响其健康成长。

二、高校学生行为失范的表现

根据高校学生失范程度的轻重，高校学生行为失范的表现可分为违反社会公德、违反校规校纪、违反法律法规等类型。其中，违反法律法规行为是所有失范表现中涉及人数较少但社会危害性最严重的一项。

（一）违反社会公德

社会公德是指一个社会的全体公民为了维护整个社会的生活生产秩序、调整人与人之间的相互关系而共同认可，并且要求全体公民必须共同遵守的道德规范及其行为活动准则的总称。在公共交往中，人们在公共场所遵守相应的规范，才能共享公共权益。高校学生违反社会公德的行为主要有不文明、不环保、不守信三种表现形式。

1．不文明行为

不文明行为包括：在公共场所随地吐痰、乱扔垃圾、说脏话；在网络上使用低俗语言、脏话连篇、不尊敬师长；扰乱课堂、图书馆、食堂等公共场所秩序；擅自在树木、教学楼、课桌椅等乱涂乱画；等等。这些不文明行为违反了社会公德，不仅污染了校园的人文环境，而且对他人的身心健康造成不良影响。

2．不环保行为

不环保行为包括随手摘花、践踏草坪、浪费水电、浪费粮食、过度消费、奢侈浪费等破坏环境、破坏生态、浪费资源的行为。同时也包括长时间用物品占座等损害他人利益、占用公共资源的行为。

3．不守信行为

诚实守信一直以来都被视为做人做事的基本准则。高校学生中也存在某些违背诚信的失范行为。主要表现为：伪造证件、证明或成绩单，假冒他人签名，盗用、伪造印章，提供虚假材料；弄虚作假，谎报家庭经济状况，骗领奖助学金、困难补助或助学贷款；助学贷款不按期还款；签订就业协议后随意违约毁约；体质测试替考；等等。

（二）违反校规校纪

校规校纪是由高校制定并且要求全部在校学生遵守的行为准则和规范，对学校内部秩序的维护起到了至关重要的作用。违反校规校纪的失范行为是指高校学生违背了学校的规章制度，没有自觉遵守学校纪律要求和行为准则的行为。虽然目前我国各高校都制定了相应的规章制度、校规校纪等，且绝大部分学生还是能够遵守学校的各项规章制度和纪律规范的，但是在以下四个方面仍存在不同程度的违规违纪失范现象。

1．学习方面的违规违纪行为

学风建设历来都受高校重视，学习也是高校学生的第一要务。但学习方面也是高校学生最容易犯错的方面，主要体现为违反课堂纪律、违反考场纪律、学术不端等行为。违反课堂纪律的行为包括上课迟到、早退、无故旷课，不交作业，在上课、实验等教学活动中使用通信设备或频繁出入课堂、大声喧哗等影响教学秩序的行为。违反考场纪律的行为指在考试过程中通过打小抄、互相传递答案、使用手机、找人代考等手段进行考试作弊。学术不端的行为包括学位论文、公开发表的研究成果存在抄袭、篡改、伪造的现象，甚至代写论文、买卖论文等。这些行为严重影响了教学效果的反馈与教育的公平性，不仅损害他人利益，而且扰乱了学校的教学工作和学风建设。所以，应当引起学校的高度重视，并予以严惩。

2. 生活方面的违规违纪行为

涉及生活方面的违规违纪行为表现在：夜不归宿、非假离校；酗酒、打架斗殴、小偷小摸、小数额赌博；沉迷网络虚拟世界、网络攻击；欺骗；观看、传阅淫秽书画、网页、录像或其他淫秽物品；发布、散布卖淫嫖娼或色情活动信息；等等。这些行为不仅对高校学生的身心健康造成威胁，也败坏了校园风气，还容易导致校园突发事件的发生。

3. 安全方面的违规违纪行为

安全方面的违规违纪行为包括：私自采购管制类危险化学品和管制类药品；违反学校实验室及消防安全管理规定，给国家、学校或他人造成损失；从事危害网络安全活动；违反宿舍消防、用电的有关规定，引起火警、火灾造成损失；等等。安全无小事，高校要切实排查安全隐患，发现问题及时解决，以儆效尤。

4. 损害学校权益或声誉

损害学校权益或声誉的行为包括：通过信息网络发表、传播影响学校稳定、有损学校权益的言论、文章、影音资料；在信息网络上散布、传播不实信息，损害学校声誉；等等。爱校荣校是每位高校学生对学校认同感和自豪感的具体体现。高校着力培养在校生的爱校情感，可以有效防止损害学校权益或声誉的失范行为发生。

（三）违反法律法规

违反国家法律法规的失范行为，包括一般违法行为和严重犯罪行为。一般违法行为是指违反了法律法规但未构成犯罪的行为，如卖淫嫖娼、聚众滋扰、吸毒赌博、偷窃等行为。犯罪行为是指违反了国家刑法规定，应受到刑法处罚的行为，如重伤他人、杀人、强奸等行为。高校学生违反法律法规的失范行为虽然在所有失范行为中占比最小，但也是最严重、危害性较大的一种，所以高校应予以高度重视。这类失范行为值得我们关注的主要是以下三类情况。

1．侵占财物

侵占财物的失范行为主要是指以盗窃、抢劫、抢夺、诈骗、冒领等方式侵占公私财物，故意占用、隐藏、毁弃、损坏公私财物。这类行为，实际上都是由对财物的贪婪引起的。随着商品经济的发展，一些高校学生对物质的需要进一步增加，滋生贪图享受的心理。当其自身需要与社会规范发生冲突时，失去了控制就会做出违反法律法规的行为。侵占财物的对象小到生活用品、书籍、服装，大到现金、银行卡、电子产品等。所以，高校需要用正确的道德观念指导学生树立正确的人生观、价值观，正确面对贫穷与富有，正确认识物质生活与精神生活。

2．侵犯人身权利

侵犯人身权利的失范行为包括：偶然发生的打架、蓄意制造的聚众斗殴；公然侮辱他人或捏造事实诬陷、诽谤他人以及严重骚扰他人；盗用、冒用他人互联网用户账号或校内信息服务用户账号，造成不良影响、严重后果或实际损失；在浴室、卫生间等场所进行偷窥、偷拍、猥亵等行为。

3．吸毒

吸毒也是一种对高校学生危害最大的违反法律法规的失范行为。虽然吸毒的学生是极少数，但是一旦成瘾，不仅会毁掉自己的一生，还会给家庭、社会带来严重的后果。有些高校学生仅仅是因为好奇心理作怪，抱着试一试的态度，结果一发不可收拾。从尝试吸毒，到经常性吸毒，想尽一切办法获得毒品，再到通过不正当手段获得钱财购买毒品，最后通过销售毒品来维持自己吸毒，彻底毁掉自己的一生。这些严重后果应引起高校的重视，想尽一切办法让学生远离毒品。

三、高校学生行为失范的归因

高校学生产生失范行为的原因是多方面的，归结起来主要有以下四个层面的因素：自身因素、家庭因素、学校因素、社会因素。其中，自身因素是主观原因，起主要作用；后三种因素为客观原因，起次要作用。

（一）自身因素

辩证唯物主义认为，内因是事物自身运动的源泉和动力，是事物发展的根本原因。绝大多数高校学生虽然已经成年，但其心理抗压能力和解决问题的方法还不够成熟。所以，影响高校学生产生失范行为的主观因素是其自身，主要包括自控能力差、心理不成熟、法治意识淡薄等。

1. 自控能力差

高校学生在进入大学后，离开父母的庇护、脱离父母的管束，需要独立面对和解决一些问题，也需要适应新的环境。这些都需要高校学生具有良好的自我调节和自我控制的能力。而学生在大学阶段的这种能力还比较欠缺，对自己的情绪管理缺乏经验，因此在外界影响下，容易出现一些超出一般程度的情绪波动。有时会表现得喜怒无常，很难自我调节并控制自己的情绪和行为，易感情用事，易走极端。面对一些诱惑时，意志力薄弱，控制不了自己的行为，从而做出一些违德、违纪甚至是违法的失范行为。

2. 心理不成熟

高校学生的心理发展通常会经历适应准备阶段、稳定发展阶段和走向成熟阶段。对于每个学生个体来说，心理发展经历的时间是不一样的，在此发展过程中，矛盾和冲突是在所难免的，如独立性与依赖性的冲突、理想与现实的冲突以及情绪方面的冲突等。在处理这些矛盾和冲突的过程中，学生个体的心理才逐渐成熟并稳定下来。高校学生内心既敏感又脆弱，当不良社会环境因素与不良心理、生理因素相互交织时，就会导致心理失衡。有些学生不能正确处理这些矛盾和冲突，便产生了各种各样的失范行为。

3. 法治意识淡薄

对于法律的认知，一些高校学生处于被动消极接受的状态，对自己行为的后果没有正确的认知，不知何为守法、何为违法，更不了解自己是法治社会的践行者和维护者。一旦出现问题，他们往往推卸责任，选择逃避，不敢面对，甚至错误地进行价值判断和选择。淡薄的法治意识难以让他们在实践中通过法律应对复杂的人际关系与社会现状，无法对自己的行为做出正确的判断和选择，也不懂得拿起法律的武器进行自我保护，遇到挫折就想剑走偏锋，从而做出失范行为。

（二）家庭因素

除了自身因素的影响外，家庭影响也是不容忽视的，早期家庭生活的经历，如家庭的人际关系、气氛、组成状况、社会经济地位、父母的素质、教养方式等，都会对子女人生观的形成及其人格发展起到至关重要的作用。因此，家庭因素对学生行为失范的消极影响主要是通过家庭结构的缺失和家庭教育的缺陷发生作用。

1. 家庭变故

面对家庭变故这一挫折，有的孩子会变得敏感多疑、霸道叛逆、恐惧冷漠。父母缺失造成的单亲家庭或父母各自重组家庭等不同形式的家庭变故，会给孩子的心理带来不同程度的影响，对他们的成长产生各种微妙的作用，可能使孩子形成与这个社会格格不入的性格，更不容易与他人融洽相处，不可避免地导致行为失范。

2. 教养不当

在各种家庭因素中，对高校学生的行为影响最直接的是家庭教养方式。父母通过具体的教养方式，传达着自己的价值观念、行为模式、道德规范，可以说，家庭是高校学生道德养成的基础。因此，家庭教养方式直接影响高校学生最初品格的形成。父母在家庭教育中过于严格、过度放任、前后不一致、区别对待、缺乏交流、简单粗暴、只重视学习成绩等不恰当的教养方法、态度、观念，都有可能诱发高校学生的行为失范。

（三）学校因素

在高校，学生间不良风气的相互影响、教师失德行为的不良示范、学校的监管不当也会引起学生失范行为的发生。

1. 不良风气的影响

学生间不良风气的相互影响也是一些高校学生产生失范行为的重要因素。高校学生处于生理、心理的剧变期，具有极强的可塑性，也是其通过模仿进行学习的重要时期。同学之间、高低年级之间的行为具有较强的影响作用。非法传销、校园群架、考试作弊等失范行为都可以通过这一点得到解释。

2. 失德行为的示范

高校教师是学生的领路人。教师的一言一行、为人处世的态度和方式，都会被学生视为学习和模仿的榜样。当教师在传道、授业、解惑时，其学术成就、品行举止都会被学生视为楷模并受其影响。然而，个别教师在思想道德、学术规范、生活作风等方面存在问题，不仅没有起到模范作用，甚至做出错误示范，容易误导学生模仿做出失范行为。

3. 教育监管不到位

学校监管不当也是引发高校学生失范行为的客观因素之一。部分高校对学生失范行为缺乏全面系统的研究，不了解学生失范行为的规律，对学生失范行为缺乏预见性，尚未形成反应灵敏的监测机制，管理缺乏针对性，只能充当"灭火员"的角色，而不能从源头遏制失范行为的发生。此外，管理中的自相矛盾、因人而异、时松时紧、有规不依、执规不严等状况也助长了失范行为的发生。所以，高校对失范行为的监管是否得当，关系到学生个人的发展走向，更关乎一所学校的发展走向。

（四）社会因素

社会的剧烈变化在某种程度上对高校学生的思想观念、价值取向、思维方式等产生了消极影响。高校学生身心尚未完全成熟，判断力不强，个性不稳，有时甚至意志力薄弱，若其耳濡目染社会上出现的消极行为，再加上现代通信网络及大众传媒对这些不良社会思潮和行为的烘托、渲染，其世界观、人生观、价值观、是非观很容易发生不同程度的变化。他们往往会对社会上的这些失范行为由震惊、愤慨到茫然、消沉，接着是从众、模仿，最终产生失范行为。造成高校学生行为失范的社会因素主要来自以下三个方面。

1. 市场经济的负面冲击

毋庸置疑，社会主义市场经济体制的建立和运行，已经为我国的经济建设带来了前所未有的生机和活力，但市场经济趋利的一面也使高校学生的价值观念、思维模式和行为方式受到强烈的冲击。面对这样复杂多变的社会环境，世界观、人生观、价值观正处于形成阶段的高校学生难以对这些思潮和价值观念进行正确的鉴别、判断与选择。这种负面冲击在不同程度上动摇了部分高校学生的理想信念，削弱了他们的学习积极性，导致其无心向学、不思进取，从而做出迟到、早退甚至旷课等违纪失范行为。

2. 不良社会风气影响

所谓社会风气，是指一定时期社会上普遍流行的道德风气和行为习惯。从根本上来说，社会风气取决于一定社会的经济关系、政治法律制度、文化水平和道德状况等，是一定时期社会经济、政治、文化、道德等状况的综合反映。社会风气不是望之无形、听之无声的东西，而是高校学生通过直接或间接的实践活动可以耳闻目睹、亲自体验的社会关系。近年来，社会上诸如以强凌弱、以富讥贫、仗势欺人、以权压人等现象屡见不鲜，已成为影响高校学生健康成长的重要因素。这些不正之风影响着高校学生的世界观、人生观和价值观，进而造成其行为失范。

3. 不良信息的渗透

高校学生这一特殊群体对信息的需求量巨大，求知欲强烈。当今社会，大众传媒对高校学生的影响非常深远且广泛。随着人们生活水平的提高，电脑、手机等电子设备已经成为高校学生学习生活的必需品。然而，网络中夹杂的关于色情、暴力的反动、消极的负面信息比比皆是，甚至有专门的色情、赌博、约死的网站和聊天群。这些负面信息的渗透诱使高校学生行为失范，乃至引导他们误入犯罪或轻生的歧途，对高校学生造成的负面影响甚大。

第三节　高校学生行为规范的养成

随着中国特色社会主义进入新时代，高校思想政治教育工作也应顺应时代要求。高校学生行为规范的养成需要内化于心、外化于行，这就需要高校采取有力措施，在相关制度建设完备的基础上，完善运行机制、强化教育引导、提升管理效能，实现全程育人、全方位育人。

一、完善运行机制

高校学生行为规范的养成，需要科学完善的运行机制做保障。具体包括激励机制、预警机制和惩戒机制。这三项机制相辅相成、相互联动，构成高校学生行为规范的多元化运行机制，共同为高校的教育管理和学生的成长成才服务。

（一）激励机制

激励机制对于高校学生行为规范的养成具有积极作用。高校可以通过目标激励、榜样激励、竞赛激励、情感激励等，提高学生对行为规范的认知程度，提升其遵守规则的意识。

1. 目标激励

人的行动总是由一定动机引起的，它对行动起始动作用。但要想使动机引发行动，必须设置适当的目标，只有这样，才能调动人的积极性，使人趋向一定志向，为完成所确立的志向而不懈努力。[①] 目标激励就是用吸引人去努力实现某个目标的方法来对学生进行激励的模式。[②] 目标一旦被人们确定，就会促使人们为实现目标而行动。高校可在大学新生入学教育时开展生涯规划教育，引导新生对自己的人生目标和大学生涯进行规划，鼓励他们明确目标，制定大学四年计划。高校可组织在校学生以班级为单位，每学期围绕生涯规划召开系列主题班会，总结经验教训，展望下一阶段。

2. 榜样激励

"社会学习理论认为，人类的大部分行为是通过观察、学习、借鉴、模仿他人的行为反应来完成的，榜样则是模仿行为发生的关键。榜样激励的教育机制就在于榜样具有感染功能、激励功能、号召功能、启迪功能和警醒功能。"[③] 榜样激励法就是通过对先进个人的表扬，对良好的道德、正确的行为的肯定和赞许，使人们了解榜样的经历和事迹后，自觉或不自觉地接受他们的影响，在思想上有共振、精神上有鼓舞、感情有共鸣，从而模拟其行为，表现出与他们相一致的行为活动。在高校，可以通过树立教师榜样和优秀学长榜样，激发学生的进取心。

---

① 参见王艳红《浅谈激励教育与魏书生教育管理实践》，载《教育科学》2001 年第 2 期，第 55 页。

② 参见李祖超《教育激励理论探讨》，载《教育评论》2001 年第 5 期，第 9 页。

③ 蔡武：《榜样激励机制的弱化及其重构》，载《政工研究动态》2009 年第 5 期，第 11 页。

3. 竞赛激励

高校学生年轻气盛，进取心和好胜心都比较强。引入竞赛激励，能够激发学生主动参与的热情，使他们努力超越自我、战胜自我。在平时的日常管理中，以班级或者宿舍为单位设立一些竞赛，不仅对学生起到促进作用，更能培养学生的集体主义精神、团结协作精神和责任感，提高高校学生管理的成效。在竞赛激励机制中要注意做到两个结合：一是点评引导与竞赛相结合；二是落败者鼓励与获奖者表彰相结合。

4. 情感激励

在教育管理中，情感激励是指教育管理工作者以关心、理解、尊重、信任和宽容等情感去调动学生学习、工作和生活的积极性和主动性。[①] 情感激励归根到底是一种义化管理，核心是通过感情的双向交流和沟通实现有效的激励。高校学生较为感性，合埋地运用情感激励能够增进其对学校的热爱和对老师的信任，更容易激发他们的上进心。这就需要辅导员、班主任在熟悉学生的基础上，恰如其分地运用情感激励的方式关心和鼓励学生，了解学生的思想动态和心理特点，为他们创造和提供发展平台。另外，从促进学生发展的角度给学生提出恰当的希望和要求，让他们感受到老师的重视，从而向更高层次发展。

（二）预警机制

目前，我国高校在对学生进行管理的过程中，大多采用传统的事后处理、事后分析、事后警示的方式，对预防高校学生失范方面的教育只注重内容灌输，结构单一，成效不够显著。因此，要从根本上降低高校学生失范行为的发生概率，就必须充分地做好事前的预警工作，把"事后处理"转变为"事前预防"，使学校的管理更具超前性，摆脱被动的局面，从而促进高校管理工作的规范化、科学化和高效化。要建立和完善高校学生行为失范预警机制，有效预防学生失范行为的发生，须做到以下二个方面。

1. 成立领导小组

成立校院二级学生纪律工作领导小组。相关领导任组长，负责学生的安全

---

① 参见胡玲芝《情感激励在大学生教育管理中的应用》，载《教育探索》2008 年第 4 期，第70 页。

稳定、纪律规范和行为失范预警工作。辅导员、班主任、教务员任组员，负责具体工作的落实和对学生信息的了解、掌握，确保信息的畅通性和及时性，出现问题后，在第一时间汇报并进行相应的处理，防止问题的发生和扩大。

2. 倡导自我管理

充分发挥高校学生自我管理的功能，完善预警机制。院（系）、班级、宿舍设立信息员，对成员的学习和生活信息等进行初步了解。学院定期召开信息员例会，了解相关情况，重点关注出现问题的学生，并及时给予帮助。

3. 加强心理辅导

完善高校学生心理健康教育咨询工作的软硬件配备。提高心理咨询教师和辅导员、班主任的业务素质，让辅导员具备基本的心理学常识和初步判断及转介能力。通过心理辅导，可以缓解高校学生的焦虑，矫正一些心理问题，尽可能地把学生的失范行为扼杀在发生之前。

（三）惩戒机制

规范之所以能够在社会生活中发挥作用，一个重要的原因就在于其存在强制性，从而促使人们按照其所指引的方向或提供的模式控制自己的行为。既然有利己主义者的存在，那么规范作为共同体意志的体现，在现实生活中的实施就必然受到阻碍，因此，需要通过惩戒机制来保证规范的实行和共同体意志的实现。高校在对行为失范的学生进行责罚的同时，也是对过错者和其他在校学生的告诫，旨在制止和预防行为的再次发生。

在高校，具体的惩戒措施一般是指对违纪学生的纪律处分。它是保证高等学校纪律规范实施的强制措施，也是维护学校正常的教育教学秩序和生活秩序、保障学生合法权益的有效机制。

二、强化教育引导

为了让高校学生将遵守行为规范的外在要求内化为自觉行动，养成良好的行为习惯，高校需要通过对在校学生深化开展纪律教育、法治教育、情感教育和挫折教育等，全方位、多领域地进行教育和引导，培养学生的法治思维、规则意识和责任感。

（一）纪律教育

和谐校园的建设除了道德的约束，最重要的就是纪律的约束，如何让高校学生的纪律意识外化为遵守纪律的行动，则是高校的教育重点。那么，如何做好高校学生的纪律教育工作呢？具体方法可概括为以下三个方面。

1. 建立失范行为案例库

高校学生处于世界观、人生观和价值观形成的关键时期，判断是非的能力还有待提高。通过建立失范行为案例库的方式，分门别类地分析案例的特点，标注违纪行为对应的处分条款。定期开展面向学生的纪律教育宣传讲座，通过真实案例的图片和数据进行讲解，并与现场学生互动，回答疑问，避免单向信息输出，达到入脑入心的效果。

2. 丰富纪律教育的载体

高校传统的纪律教育第一课必然是在新生入学教育时带领新生学习学校的《学生准则》《学生守则》《学生处分管理规定》等相关文件。然而这些文件字数多、内容涉及面广，新生一时无法熟记于心。高校可以采用讲座、咨询、话剧表演、漫画征集、知识竞赛、辩论赛等形式，丰富纪律教育的载体，增强新生将外在要求内化于心的动力。

3. 发挥学生的主体作用

高校学生之所以违反学校的纪律规则，往往是由于对学校纪律规则的不了解、不认可甚至是反感。改善高校与学生之间的情感、提高学生的参与度是一个重要途径。高校在制定规章制度或处理学生相关事务时，可以邀请学生代表从学生的角度提出符合实际的合理化建设性意见，并参与表态或表决。让学生参与学校纪律的制定和管理，有利于提升学生与学校关系的融洽度，也有利于他们更深刻地了解规则制定和实施的意义，从而从内心深处愿意维护和遵守学校的纪律。

（二）法治教育

伴随着全面依法治国进程的推进，依法治校的重要性也日益凸显。培养高校学生的法治观念和规则意识是建设法治校园的重要环节，也是建设法治社会的应有之义。高校要加强对学生的法治教育，从思想上预防学生行为失范，从根源上遏制学生违法犯罪。

1. 提升法律意识

当前部分高校学生的法律知识欠缺，法律情感淡漠，对一些违法犯罪的不良行为认识不清，缺乏一定的判断力，对法律缺乏足够的敬畏，在实施违法犯罪的失范行为时抱有侥幸心理，甚至不知道自己已经触犯了法律。预防学生的此类失范行为，首先要丰富他们的法律知识，提升他们的法律意识，使其对自己所有行为的后果有一定的法律预见，从而控制自己做出具有危害性的违法犯罪行为。除了继续坚持发挥思想政治理论课的主渠道作用外，还要注重通过课外讲座、学生活动、社会实践等途径，不失时机地对学生宣传和强调法律知识，强化教学效果，使学生更多地了解和掌握基本的法律知识，为避免其做出违法乱纪行为打下基础。

2. 培养法治思维

在对高校学生进行法律知识教育的同时，还要注重对学生法治思维的培养，使其在处理现实问题时具有法治的思维方式，养成依法办事的行为习惯。具体表现为：高校学生在分析、判断和处理问题时会自觉地运用法律的规范、理念和原则。高校对学生进行法治教育时，应让学生充分认识到法律的强制性和权威性，发自内心地认同法律，感受到法律的权威性；同时，高校应强调法律的优先性和至上性，让学生在遇到问题的时候首先考虑运用法律来分析情况、判断是非、解决问题，维护自身的权益。

3. 推动自觉守法

高校要不断加强对学生的法律信仰教育，坚定学生的法律信仰。"法律的权威源自人民的内心拥护和真诚信仰。人民权益要靠法律保障，法律权威要靠人民维护。"① 由此可看出，把法治精神、法治意识和法治观念融入头脑、形成信仰是十分重要和关键的。只有真正地信仰法律，才能发自内心地尊法、守法、用法。首先，要让高校学生了解我国的法治进程，从而使其充分了解党和政府依法执政、依法治国的决心和信心。其次，要在平时的法治观教育中增加警示教育的内容，让学生深刻认识到做出违法犯罪的失范行为所要付出的代价，从而让学生坚定法律信仰。高校学生只有将法律作为信仰，从被迫守法转

---

① 《中共中央关于全面推进依法治国若干重大问题的决定》，载《人民日报》2014 年 10 月 29 日。

变为自愿守法，由他律守法转变为自律守法，才能更好地守法，减少违法犯罪的失范行为的产生。

（三）情感教育

在大学阶段，理论知识、专业技能的训练并非大学教育的全部内容，在思想政治教育理念的指导之下，高校学生的情感教育同样非常关键。高校要通过大学阶段的情感教育，让学生的情感意识得到升华，养成适应社会发展的基本情感和未来高素质人才的基本品质，将行为规范内化成自身的行为习惯。情感教育需要立足于中华民族优秀传统文化，坚持以人为本的情感教育理念，强化爱国、责任、感恩三方面的情感教育。

1. 强化爱国情感教育

爱国情感教育是教育工作者通过一定的教育模式，使受教育者感受到民族自豪感与历史使命感，对祖国、民族产生浓厚的情感，进而升华为具体的爱国行动。爱国情感在高校情感教育过程中至关重要，教育工作者要强化学生的爱国情感，就需要引导学生了解我国的悠久历史、灿烂文化、优秀美德，激发学生的民族自豪感与自信心。

2. 强化责任情感教育

责任感是个人对自身、他人、社会以及国家负责任的一种态度观念，也是为人处世所必然遵守的一种行为准则。高校学生作为我国未来发展的主力军，只有具有强烈的责任感，才能够在学习生活中不断地鞭策自己，为国家建设及社会发展贡献自己的力量。在教育过程中，首先要引导学生对自己负责，有一定的自我责任意识，对自己的行为举止负责任，才能够更好地面对未来的社会生活及发展。其次便是引导学生对他人负责。高校学生在成长过程中难免会与他人接触，在与他们交流或合作中主动承担起自己的责任，也是一种积极的表现。最后要引导学生将责任感上升到人类社会群体、国家等更高层次，这也是情感价值观念培养的核心所在。

3. 强化感恩情感教育

在人类社会发展过程中，个体的存在是十分渺小的，而且需要依托于他人的支持以及帮助。当人们受到他人的帮助后向对方进行反馈的行为就是感恩。在人类社会之中，感恩是一种高尚的品质，也是一种伟大且崇高的境界。只有懂得感恩的人，才能够体会到生活的美好，才能够在生活之中继续传递爱与感动。在大学阶段的教育过程中，教育工作者要引导学生对周围的事物心存感恩之心。引导学生对父母和师长心存感恩，让学生学会孝敬父母、敬重师长、珍视生命、敬畏学术；引导学生对大自然心怀感恩，让学生养成热爱自然、保护自然，与自然和谐相处的情怀及观念；引导学生对国家心存感恩，培养学生的爱国情怀，激励他们不断提高爱国意识，为社会主义建设工作的进一步开展做出贡献，实现人格素养的提升。

（四）挫折教育

在心理学里，挫折是指人们在某种动机的推动下，在实现目标的行动过程中，遇到了无法克服或自以为无法克服的障碍和干扰，使其动机不能实现、需要不能满足，从而产生的紧张心理和情绪反应。[1] 当前社会各种竞争日益激烈，高校学生作为社会中的特殊群体，面临着学习、人际交往、恋爱、经济、竞争、就业等多方面的巨大压力，这就给他们带来了诸多问题和困惑。不少高校学生由于心理承受能力差，在遇到挫折时，往往容易产生委屈、埋怨、固执、冷漠、自伤、畏难、逃避等情绪，甚至出现攻击、报复等负面现象，从而导致行为失范。因此，通过挫折教育，增强高校学生承受各种压力和处理挫折事件的能力，有效提高其综合素质，已成为高等教育的重要任务之一。高校可以通过挫折预防教育和挫折应对教育来提升学生的抗挫折能力。

1. 挫折预防教育

挫折预防教育，是基于个体的差异性及挫折事件的特性，整合和优化各方面资源，形成集学校、家庭、社会、个人因素于一体的挫折前的干预及防范。挫折预防教育旨在通过构建高校学生的心理防御机制，增强其应对挫折的能力。[2]

高校在日常教育过程中应当加强学生心理健康教育尤其是挫折意识教育，对学生在学习、生活、人际交往、恋爱和求职中遇到的问题进行引导和指导，

---

① 参见俞涛《大学生行为指导与训练》，上海大学出版社2006年版，第102～103页。
② 参见方鸿志《思想政治教育视域下大学生挫折教育研究》，中国社会科学出版社2015年版，第169～170页。

锤炼他们的意志，使其保持健康的心理，提高学生应对挫折的心理准备和应变能力，引导学生在遭遇挫折时主动寻求帮助，接受心理援助，缓解负面情绪。

2. 挫折应对教育

挫折应对教育是针对高校学生的反应方式、行动策略、心理恢复等整个挫折应对过程进行的教育与指导。挫折应对教育是要教会学生用理性、理智的思维面对和分析挫折，用正确的行动和决定解决挫折事件，用积极的应对方式消除挫折感。挫折应对教育旨在教会高校学生在挫折面前如何做出正确行动以解决困难，提升抗挫折能力。[①]

针对具体的正在发生的挫折事件，一般有三种行为策略选择，即终止行动、继续行动、调整行动。若高校学生遭遇的挫折困境是由于目标与期望之间的落差导致的，应及时调整目标之后继续行动；若挫折产生的原因是自身不够努力、意志不够坚定，则应及时进行自我教育，调整自我意识，开展自我鼓励，加强自我提升，坚定目标之后继续行动；若学生遭遇的挫折困境是由认知和行为的偏差导致的，这种偏差对自己的身心健康造成危害、对他人造成困扰时，应当在理智反应和分析之后，及时终止行动。[②]

三、提升管理效能

从高校教育管理者的角度出发，可以通过引导学生自我管理、发挥榜样示范作用、严格执行校规校纪等有效举措来践行"三全育人"理念，促成育人过程和育人平台的高效协同，提升高校的管理效能，从而提高立德树人的效果。

（一）引导学生自我管理

高校学生自我管理是指学生为了实现高等教育的培养目标以及满足社会日益发展的对个人素质的要求，充分调动自身的主观能动性，进行自我教育、自

---

① 参见方鸿志《思想政治教育视域下大学生挫折教育研究》，中国社会科学出版社 2015 年版，第 173 页。
② 参见方鸿志《思想政治教育视域下大学生挫折教育研究》，中国社会科学出版社 2015 年版，第 174 页。

我约束、自我完善的活动。高校需要引导学生培养自我管理的意识，掌握自我管理的方法，搭建自我管理的平台。

1. 培养自我管理的意识

随着高校改革的深入推广，高校要坚持树立"以人为本"的教学管理理念，积极转变管理观念，将过去的"褓褓式"管理理念转变为引导式管理理念，由"强制的他律管理"向"自觉的自律管理"转变，引导高校学生将各种行为规范自觉内化为自我规范。提升高校学生的主体意识，引导学生认清自我，提升自我管理的潜能，并帮助学生设立合理的目标。

2. 掌握自我管理的方法

对高校学生而言，想要掌握科学的自我管理方法，首先要对自己有一个正确的认识和客观的评价；其次要学会自我激励、学会调整心态；最后，需要不断进行自主探索和学习，充分发挥主观能动性，丰富自身知识结构的深度和广度。

3. 搭建自我管理的平台

高校可通过以下三种形式，为学生的自我管理搭建自我控制和自我约束的平台，帮助学生提升自我管理意识，使其获得成长和进步。

一是尊重学生的主体地位，发挥学生的主观能动性，引导学生主动参与校园管理秩序的每个环节，从中有所体验，增强自我管理意识和规则意识；二是加强班级、宿舍、学生社团自主管理，由学生协商制定《班级自主管理实施细则》《宿舍公约》《学生社团章程》等并自觉遵守，真正实现"自我学习、自我发展、自我管理"；三是开展行为规范主题活动，如优良学风班评比、文明宿舍评比、十佳学生社团评比、样板宿舍评选、纪律教育主题班会等，使学生自觉地形成良好的行为习惯，增强自律意识，加强自我管理。

（二）发挥榜样示范作用

榜样示范法是德育方法中常见的一种，也是高校德育工作的重要手段。榜样示范具有形象性、感染性的特点，是具体化、人格化的道德规范。通过他人模范的作用，受教育者在思想上、情感上和行为上向更好的方向发展。在高校学生行为习惯养成教育的实施过程中，选取具备良好行为习惯的榜样，通过现实示范，学生受到鼓舞，并向榜样学习，进而自觉养成良好的行为习惯。在实施榜样示范法时应采用民主方式推选，选取现实性强的榜样，并对榜样事迹进行真实有效的宣传，才能使其作用得到最大限度的发挥。

1. 榜样树立遵循民主性

榜样的树立要遵循民主性原则。破除"自上而下"的榜样选取方式，在主流价值观的引导下，让高校学生根据自身判断去选取符合自身情况的榜样。开展如"年度人物""十佳大学生""感动校园人物"等评选活动，让学生参与其中，评选出自己心目中的楷模，增强对榜样的认同感。只有这样，榜样才能真正受到学生的认可，真正起到示范作用。

2. 榜样人选具有现实性

榜样的人选要具有现实性特点，最好树立朋辈榜样。这样不仅可以拉近高校学生与榜样间的距离，而且由于年龄阶段、生活学习环境相似，更能激起学生的共鸣，见贤思齐，实现高校学生群体整体发展。"学生 学生"的朋辈示范更利于高校学生接受与传承优良品格，榜样示范群体的朋辈效应会对个体行为产生积极的感召力，有利于构建向标杆学习的教育氛围。同时，在人与人之间的模仿学习中，传达正确的世界观、人生观、价值观，对整个校园优良风气的养成起到促进作用。

3. 榜样宣传坚持真实性

榜样的宣传要坚持真实性原则，切不可为制造宣传效果而过分拔高，必须坚持实事求是的原则，使高校学生在学习榜样优点的同时，也能正视榜样的缺点。亲切真实的榜样更容易被人接受，同时也能拉近榜样与学生间的距离，激发学生的学习热情。

（三）严格执行校规校纪

如今，许多高校都根据《普通高等学校学生管理规定》《高等学校学生行为准则》等规范制定了严格的校规校纪来规范学生的行为，维护学校的正常运行秩序，但"徒法不足以自行"（《孟子·离娄上》)，如果只制定了校规校纪而不严格遵守和执行，那么会使得校规校纪的权威性在学生心目中大打折扣，依规行事的学生便会减少。因此，严格执行学校的各项纪律规范，严肃校规校纪十分必要。对于一些学生的违纪失范行为的控制，单纯靠说教的方式效果并不佳，有时候，给予一定的处罚也是一种必要的教育手段。处罚对于绝大部分高校学生来说是更直观的教育方式，能够让其明白什么事一定不能做。严格执行校规校纪，要把握好以下三点。

1. 处理好违纪处分工作

高校学生违纪处分应遵循"证据充分、依据明确、定性准确、程序正当、处分适当"的原则。程序规范包括：事先告知，说明理由和依据；回避、听取陈诉申辩、听证、调查取证、送达程序；事后提供救济方法和途径。特别值得注意的是，对学生违纪行为进行处理前，应按照学生违纪处分程序，公开公正地进行调查取证；处分处理过程中，应遵循回避原则，与违纪学生或违纪具体事项有利害关系的教师或领导不得参与对违纪学生的处理；邀请学生参与，使学生组织或学生代表成为违纪处分决定的参与者；处理决定送达后应告知违纪学生申诉等救济权利及途径。

2. 平衡好教育与惩戒功能

高校学生处分的教育功能与惩戒功能是一个矛盾体的两个方面，既相互对立又相互统一。高校在对学生做出处分时应当明确，"惩戒"只是学生处分的一项功能、一种手段，而"教育"才是学生处分乃至学生管理工作的最终目的。只有平衡学生处分中的教育功能与惩戒功能，使二者相互配合，才能更好地实现学生处分的价值，才能体现高校塑造人、发展人，引导学生成长成才的根本目的，实现严管厚爱、宽严相济、成人达己。

3. 跟进好处分后的教育管理

在采取惩戒措施后，还应加强对受处分学生的教育和管理工作，防止其再次行为失范。部分因为违纪失范行为受到批评教育甚至处分的高校学生，不能及时调整心态，无法接受处分，一蹶不振、自我放弃，很有可能会再次做出违反校规校纪的失范行为。因此，对受处分学生进行及时的教育和疏导是很重要的。要注重对其进行心理疏导，既要严肃地批评甚至处分，又要耐心地教育；既要让其认识到自身所犯错误的严重性，又要帮助其树立重新开始的信心，鼓励他们积极改正错误，规范行为。高校只有做到严格执纪，才能从客观上使学生不敢违纪，从而规范自身行为。

第五章　高校学生的学业发展

学习知识、拓展能力是学生进入高校学习深造的最本质追求，良性的学业发展，将为学生的成长发展奠定扎实基础、拓宽职业路径。

第一节　高校学生学业发展的基本内涵

高校学生群体按培养层次划分，分为本科生、硕士研究生和博士研究生三个培养阶段。本科生阶段注重学生的专业基础知识和综合素养培养，主要任务是增强学生的学习和适应能力。硕士研究生阶段则是经过进一步的学术训练，使学生逐步掌握专业领域的核心素养。博士研究生则需要在专业领域取得代表性学术成果、做出自己的学术贡献。

一、本科生要夯实基础

本科阶段是学生进入大学后的第一个培养阶段，也是打基础的最重要阶段，扎好马步，步子稳健，方能远行。这就如同"扣扣子"，高校学生学业发展的"第一粒扣子"从本科阶段就要扣好，心无旁骛地求知问学，才能更好地担负起国家和民族赋予时代新人的重任。

（一）本科生学业发展的基本原则

本科生学业发展是本科生结合个人情况和现有条件，主动或被动地确立大学期间的学业发展目标，为实现该目标制订学习计划并付诸行动，成就更好的自己的过程。

1. 坚持以人为本

学业发展是落实立德树人根本任务、提高本科生培养质量的需要。习近平总书记在全国高校思想政治工作会议上强调，我国高等教育发展方向要实现"四个服务"，其中，"为人民服务"起统领作用，要求我们要以人为本，不断满足人民群众日益增长的高质量教育需要，对于高校而言，就是要促进学生主体性发展、特征发展和价值实现。以人为本是由教育的本质属性决定的。在高校，学生正处于成长成才和价值观塑造的关键阶段，在这一阶段，高校要坚持善待学生的理念，尊重学生的个体差异，围绕学生、关爱学生、服务学生，引导学生勤学苦练、夯实基础，为学生将来贡献国家、服务人民、绽放青春打下坚实的基础。

学业发展是本科生合理规划学习、打牢专业基础的需要，能够推动学生掌握专业知识、提高综合能力、实现高质量发展，是学生成长发展的基础性工程。因此，在高校学生工作中，要坚持"以人民为中心"的理念，坚持教育为人民服务，以人为本、善待学生，让每一个学生都能得到公平而有质量的教育机会，让他们对前途有信心，对未来有希望。

学业发展是本科生成就更好的自己、实现全面发展的需要。从人的一生发展来看，高校学生正处在知识结构迭代更新的黄金期、承上启下的关键阶段，学业发展将直接影响到学生的成长发展，也会对学生的世界观、人生观、价值观以及未来的职业发展等产生影响。形式丰富多样的学业发展活动，能够帮助本科生明确学习目标、制订学习计划、激发学习兴趣、打牢专业基础，为学生一生的高质量发展铺路搭桥，扣好学生成长发展的"关键扣子"。

2. 坚持严爱相济

大学学习并不是轻轻松松、敲锣打鼓就能搞好的。刚刚进入大学的本科新生，往往还习惯于高中时被老师牵着走的学习节奏，不知如何快速适应大学的学习生活，还没有制订出科学合理的学业发展规划，就被铺天盖地的学院活动、班级活动、社团活动，以及不同于高中授课方式、更加强调自主学习的专业课程搞得应接不暇、措手不及。适应性差或者适应速度慢的学生容易滋生挫败感，并产生焦虑、迷茫等负面情绪，严重者甚至一蹶不起、沉迷网络、经常逃课。

适应大学学习生活，是本科生学业发展的基石。进入大学，远离家长的看护和照顾,很多学生还不能很好地打理个人生活,容易出现迟到早退、逃课辍学、考试挂科、作弊违纪等失范行为,以及人际关系、心理健康等方面的次生问题,主要表现在:①心理承受能力与目标意识不相适应;②自我意识与团队意识不相适应;③社交意识与人际交往能力不相适应;④独立意识与实践能力不相适应;⑤学习目标与自主学习能力不相适应。①

适应大学学习生活,是学生走好学业发展的关键一步,更是将来走向社会、奉献国家、服务人民的必经之路。因此,高校学生工作者要做好以下三点:一是引导学生明确学习目标。新生在进入大学前,目标就是考取理想的大学;进入大学后,学生若没有树立新的目标,容易造成学习重心不明确、学习动力不足等情况。对此,高校学生工作者要加以引导、给予帮助。二是引导学生养成良好的学习习惯。大学的课程学习普遍进度较快,老师一节课可能就会讲完教材上百页的内容,因此,要引导学生调整原来高中"完全跟着老师节奏走"的学习习惯,强化课前预习和课后巩固,结合自身情况制订分阶段的学习计划,充分发挥自主学习的能动性。三是帮助学生建构良好的人际关系。学生工作者要积极引导学生尽快适应大学集体生活,实现从以自我为中心向以集体为中心的转变,积极参加党团班等集体活动,提高集体生活的获得感、幸福感和安全感,及时帮助学生解决因学业问题引发的各类次生问题。

同时,要进一步明确学生在学业发展中的主体地位,体现学生的自主性、主动性和创造性,一生一策,分类指导,精准实施。把规范管理的严格要求和春风化雨、润物无声的教育方式结合起来,既要加强课堂考勤、行为规范和纪律教育,更要帮助学生尽快适应大学学习生活,养成良好的学习生活习惯,为学生成长成才保驾护航。

3. 坚持遵循规律

高校学生工作要遵循思想政治教育工作规律、教书育人规律和学生成长规律,牢牢把握本科生不同发展阶段的特点和规律,把握内地学生、港澳台学生、国际学生、少数民族学生等不同学生群体的特点和规律,不断增强高校学业发展工作的亲和力、感染力以及针对性和实效性。有研究表明,学生生活规律性、勤奋程度等均与学习成绩显著相关;而沉迷网络游戏、目标不明确、专

---

① 参见宋来新、商云龙《大学生学业发展辅导》,化学工业出版社2019年版,第13页。

业兴趣不浓厚的学生则容易表现出不规律的生活作息。因此，高校学生工作者要借助大数据、云计算等手段和方法，对不同类型、不同年级学生的学业发展规律进行科学分析，及时发现学生的异常行为和心理问题，早介入、早处理、早干预，帮助学生解决学习和生活中遇到的问题、难题，引导学生养成良好的学习生活习惯，勤奋学习，刻苦钻研。

（二）本科生学业发展的主要任务

在不同发展阶段，学生学业发展的主要任务是不同的。若没有主次，不加区别，眉毛胡子一把抓，是做不好学业发展工作的。在本科生阶段，学生学业发展的主要任务包括构建学习支持体系、完善学业辅导机制、推动学生能力发展等三个方面。

1. 构建学习支持体系

学习支持体系是本科生学业发展的基础工程，包括学业发展机构、人员、制度、经费、场地、信息化等方面。高校或院（系）要设立如学业指导中心等专门的学习支持与学业指导机构，定岗定人定责，加强制度建设，一揽子供给以学生需求为导向的课后辅导、资讯供给、学习交流、心理辅导等服务。加强资源投入和场地、经费等保障，依托校园网加强学业发展相关数据、信息的一体化管理，助力学业困难学生的精准识别和精准辅导。

2. 完善学业辅导机制

帮扶学业困难学生提高自主学习能力，可以通过个体辅导、团体辅导、网络辅导等方式，根据各年级学生的不同特点，规划和开设有鲜明学校特色、学科特点的学业发展辅导课程。学业辅导课程的建构要坚持前瞻性与发展性相结合、全程性与阶段性相结合、针对性与普适性相结合的原则，构建包括专业前景指导、专业应用指导、学习方式辅导、职业规划引导、心理健康辅导、学术讲座、生活指导在内的课程体系。

辅导方式方面，主要包括讲授式辅导和启发式辅导两种。讲授式辅导是通过集中讲授或案例分析的方式，帮助学生理清主要知识点和关键信息，强调的是知识灌输。启发式辅导可以通过小组讨论、情景模拟等方式，引导学生在团体活动中获得经验或感悟，促使学生进行自主观察、思考、判断和归纳，强调个人体验和知行合一。

舒伯在 1976 年提出了生涯彩虹理论，明确生涯规划应贯穿人的一生。按照生涯彩虹理论，高校学生处于职业的探索阶段，主要任务是通过专业学习、专业实践、学生活动等，深入了解自己的性格、兴趣、能力和价值观，为实现发展目标做好职业准备。米歇尔·罗茨（1998）指出，生涯规划的积极性体现在突破障碍、开发潜能和自我实现三个方面，也就是说，生涯规划可以帮助高校学生明确目标、激发内生动力，突破学业和职业发展中的内外障碍，最终实现高质量发展。一个科学合理、系统完整的学生生涯规划体系应该包括自我认知、学业体认、发展选择、制订计划、行动实施、评估完善等六个模块。[①]

3. 推动学生能力发展

推动学生能力发展就是积极推动学生的学习能力、创新能力、应用能力、实践能力、抗压能力等素质能力的发展和拓展。其中，自主学习能力主要包括阅读能力、笔记能力和应用能力。

（1）阅读能力。培养和提升阅读能力，一是要学会凝练。除了专业领域的知识外，我们强调要博览群书、快乐读书，但不提倡每本书都字斟句酌、钻牛角尖。二是要具有明辨精神。不盲从跟风、不之乎者也、不做书呆子，要秉持"明辨""审问"的批判精神，善于将普遍真理同客观实际结合起来，不断推动社会发展进步。三是要知行合一。读书的根本目的，在于将学到的知识运用于实践，并在此过程中发现问题、分析问题、解决问题，"读万卷书，行万里路"说的就是这个道理。因此，我们要加强实践锻炼，将课堂所学运用于生产实践、社会实践、专业实践、生活实践中，检验真理，熟练运用。

（2）笔记能力。常见的记笔记方法包括思维导图法、情景重现法、"编码—复习"法、5R 笔记法、自我监控笔记法等，它包含三个连续阶段：预习、记录和复习。[②]

第一，预习。预习对于大学学习非常重要。大学课程所用教材内容多、难度大，教师的授课进度也非常快，这就要求学生在课前做好预习，做好相关预习笔记，对相关的知识点做到心中有数，课堂上才能更好地抓住重点、有的放矢。同时，提前到课室做好准备，不迟到、不早退，尽量选择靠前排中央的座

---

① 参见宋来新、商云龙《大学生学业发展辅导》，化学工业出版社 2019 年版，第 25～29 页。
② 参见宋来新、商云龙《大学生学业发展辅导》，化学工业出版社 2019 年版，第 63～69 页。

位就座，都是做好课程准备的小技巧。高校学生工作者要加强巡课检查，严肃课堂纪律管理，助力学生扣好大学学习的"第一粒扣子"。

第二，记录。由于大学教师授课进度普遍较快，有效记录对于巩固知识点、课后复习都非常重要。常见的记录小技巧包括善用关键词、分段记录、使用活页本（以便补充或调换顺序）、使用不同颜色的笔等。大学课堂基本是两到三节连堂，学生难以一直保持高度的注意力，但可通过积极参与课堂互动、劳逸结合等方式集中注意力。因此，高校学生工作者要引导学生不在课堂上使用手机。

第三，复习。复习是将预习、课堂所学、笔记等知识结构进行重组，按自身习惯对其进行有效编码并转换为长期记忆的过程。课后几小时内，学生对课堂知识还有较深刻的印象，但如果超过24小时不进行有效的复习和巩固，短期记忆则很难转化为长期记忆，随着时间的流逝，相关知识就会逐渐模糊甚至遗忘。复习切忌像中学阶段一样完全跟着老师的节奏走，因此，高校学生工作者要引导学生课后阅读相关书籍、文献，在巩固的基础上进行研究性学习，带着思考学，带着探究学，不断激发自己的创新潜能，提高创新意识和解决问题的能力。

（3）应用能力。学的最终目的是行，学生进入高校学习专业知识，提高综合素质，就是为了有朝一日能学以致用，在经济社会发展的某个领域、某个岗位服务大众，在为国家做贡献的过程中实现自我价值，这也是社会主义大学人才培养的应有之义。孟子在《庄子·养生主》中说："吾生也有涯，而知也无涯。"《辞海》对"生涯"的定义是从事某种活动或职业的生活，其具有方向性、时间性、空间性、独特性等特点。因此，学业发展不能脱离职业发展而单独存在，要将学业发展和职业发展有机融合，做好学生的生涯规划引导。

（三）本科生学业发展的有效路径

选择有效路径是高校学生学业发展取得成功的关键。通过知识传授和价值引领相结合、理论学习和实践锻炼相结合、合理增负和全面发展相结合，高校学生工作者可以找到有效的工作抓手，引导学生勤学苦练、知行合一、回归本位。

1. 知识传授和价值引领相结合

相比高中单一的升学目标，大学是学生开启自主学习、培养创新思维的重要阶段。随着社会的进步发展，以及大数据、云计算、区块链等新技术新产业的广泛应用，人们的学习内容经历了从简单到复杂，学习周期经历了从阶段到终身，学习渠道经历了从单一教学到多方式、多途径的重要转变。扎根中国大地，引导学生勤学苦练，高校学生工作者要坚持知识传授和价值引领相结合：一是深化思政课建设和课程思政改革，充分挖掘每一门专业课程的思想政治教育元素，守好一段渠，种好责任田；二是推动思政课实践教学与学生社会实践活动、志愿服务活动等有机结合，使第一课堂与第二课堂、理论教学与实践教学相互支撑。

学习方式上，高校学生要坚持专业学习、自主学习等系统学习和碎片化学习相结合的方式。在学科专业学习方面，高校学生工作者要引导学生遵循学习大纲和教学计划，分专业、分学科、有步骤地实施课堂教学，引导学生扎扎实实学，认认真真读。在个人自主学习方面，高校学生要在专业学习的基础上，结合个人的学习习惯、知识结构、个人兴趣、小组合作等，制订科学合理的学习计划，明确学习的目标、任务、方案等，这些是学生在第一、课堂之外的所有系统学习的总和。相对于系统学习，碎片化学习是指在碎片化的时间，利用"微视频""微课堂"等互联网、新媒体资源进行学习或阅读，达到获取知识和技能、对知识结构进行有益补充的目的，具有快速性、便捷性、碎片化、不系统等特点。

2. 理论学习和实践锻炼相结合

马克思主义认为，认识来源于实践，又反作用于实践，二者辩证统一，不断推动人类文明发展、社会进步。学习知识的根本目的在于通过学习了解事物的本质和规律，然后将知识应用于生产、生活实践，去认识问题、分析问题、解决问题、推动发展。当代社会，知识迭代更新不断加快，产业变革日新月异，高校学生工作者要深化实践课程改革，强化劳动教育，结合学科和专业特点，推动学生参与志愿服务和劳动实践，以时代精神涵养家国情怀；要引导学生养成日常生活劳动习惯，提高劳动自立自强能力，强化学生的社会责任感、公共服务意识和奉献精神；要组织开展实习实训、专业服务和创新创业活动，提高学生在生产实践中发现问题和创造性解决问题的能力，推动学生将理论学习和实践锻炼、专业小课堂和社会大课堂结合起来，在知行合一的过程中实干实学，在学以致用的过程中长才干、做贡献。

目前，普遍存在人才培养和企业用人需求不相匹配的问题，高校毕业生就业难与企业用工难、招工难并存，在一定程度上凸显了学生培养质量和社会需求之间的供需矛盾，人才供需对接有待体系化和精细化。高校学生工作者要把做好思想政治教育工作与帮助毕业生解决实际困难结合起来，为毕业生提供更精准的求职资源与就业指导；开展用人单位调研与走访，进一步提升人才输出与用人单位需求的黏合度，并将调研结果反馈给招生办公室、校友办公室等相关部门，加强就业与招生等人才培养环节的有效联动；主动拓展高质量市场化资源，优化所指导学生的毕业去向区域分布和行业分布；加强产学研合作，依托用人单位建设高年级学生实习实践基地，引导学生在科教融合的过程中学以致用，在产教融合的过程中成长发展。

3. 合理增负和全面发展相结合

学生上大学不是来玩的，在大学的第一要务就是学习。高校要围绕学习主题，引导学生诵读中华优秀传统文化经典、马克思列宁主义经典和专业经典。通过学习，学生可以更好地认识世界，了解中国，通晓真理，掌握规律，学会思考；学用结合、知行合一，脚踏实地，勤学苦练，苦干实干。

目前，一部分高校学生自觉学习、刻苦钻研的劲头还不是很足，缺乏奋进一流的朝气，追求卓越的锐气，认为大学文凭是可以轻轻松松、打打游戏就能拿到的。有调查显示，目前部分高校还有不少内容陈旧、轻松易过的"水课"。因此，高校要深化专业供给侧改革，引导学生合理"增负"，即合理增加课程难度、拓展课程深度，不断增强学生的学习内生动力和专业认同感，以壮士断腕的决心让教学质量不高的"水课"无处安身，把"水课"打造成"金课"，改变学生轻轻松松就能获得文凭的想法，激励学生产出优质学习成果，提升人才培养质量。

二、硕士研究生需学会研究

硕士研究生阶段与本科生阶段有效衔接，是更深层次的深造阶段。与本科生相比，对硕士研究生的教育更注重培养学生研究问题、分析问题、解决问题的能力，经过这一阶段的学术训练，硕士研究生在学术研究上可以"登堂入室"，也就是成内行人、说内行话、做内行事。

（一）硕士研究生学业发展的基本原则

围绕硕士研究生研究问题、分析问题、解决问题等能力的培养和提升，要求高校学生工作者以坚持创新导向、深化产教融合、注重质量提升为原则，推动硕士研究生学业高质量内涵式发展。

1. 坚持创新导向

硕士研究生教育培养是国家创新型人才培养的重要组成，是硕士研究生不断学习和创新创造的过程。硕士研究生处在专业领域承上启下的关键阶段，这个阶段要能够不断地思考、探索、明辨，不断发现新问题、产生新创造、实现新突破。通过学业发展，硕士研究生在本科阶段专业学习的基础上，在专业领域得到了拓展发展，专业基础越发牢固，知识结构越发完善，在导师指导和研究课题的支撑下，能够通过实验、调研、研究等方法产生创新创造，走进创新创造的殿堂。在硕士研究生课程培养、实验设计、考察调研、论文指导等各个环节，要充分体现研究性、创新性，要求高校工作者强化问题导向，引导学生用专业方法，说专业术语，探究知识海洋，激发学术志趣。

2. 深化产教融合

推动硕士研究生"三全育人"改革，促进硕士研究生思政教育、通识教育和专业教育深度融合、协调发展。加强政、产、学、研合作，推行"校内导师＋行业导师"双导师制，协同打造硕士研究生学业发展共同体，以此来着力解决硕士研究生培养中学业发展和生产实践脱节的问题，培养"新工科"工程师。加强高校和企业协同对接，围绕航空航天、电子芯片、数字经济、区块链、大数据、物联网、生物制药等新产业、新业态的实际人才需求，主动探索对接产业项目育人模式，有效支撑国家和区域经济社会发展和高新产业转型升级。打通学科链、创新链和产业链之间的堵点和痛点，由此推进学科、专业、学术、人才培养一体化、全贯通，加快构建开放式创新性的产教融合、科教协同生态系统。

3. 注重质量提升

优化学科与专业布局，进一步理顺学校、职能部门、院（系）之间的责权利关系，以硕士研究生培养质量绩效考评体系为牵引，充分调动院（系）人才培养的积极性。完善一流的硕士研究生培养体系，加强导师队伍建设，突出科研导向，加大研究基金、奖助学金等资源投入，激发硕士研究生的学术兴趣，全方位支撑其潜心学术科研。建立起工程类专业学位研究生培养与行业人才招聘、人才培养相贯通的机制，将硕士研究生人才输出和招生、学科布局等相挂钩，推动硕士研究生培养质量的提升。

（二）硕士研究生学业发展的关键因素

影响硕士研究生学业发展的因素有很多，导师指导、资源投入、管理服务、学业基础、人际关系、身心状态等主客观因素，都对学生的学业发展产生或正面或负面的影响。从历史与现实看，关键因素集中在导师引路、资源投入、管理服务等三个方面。

1. 导师引路

"学高为师，身正为范"，硕士研究生阶段的学业发展不同于本科生，导师在研究生学术科研和专业学习方面扮演着"指导者"和"引路人"的角色，是硕士研究生学业发展的关键力量，承担着研究生培养的第一责任。导师是硕士研究生学业发展的直接指导者，同时也是和研究生接触最紧密的人。要加强硕士研究生导师培训，强化导师对自身的职责和使命的清晰认识，推动导师加强个人道德修养和治学水平，同时，建立完善研究生导师日常管理和考核评价工作体系，建立起可考核、可评估，科学规范的管理机制，为硕士研究生的健康成长和全面发展保驾护航。

2. 资源投入

对硕士研究生学业发展的资源投入，主要包括奖助学金、教学科研场地、研究经费等方面。国家拨款是硕士研究生奖助学金的主要经费来源。随着综合国力的提升，国家对硕士研究生的奖助学金标准逐年提升，各高校对硕士研究生的科研经费和科研场地等的投入和保障力度也不断加大，但目前还普遍存在经费来源单一、生均资源偏低、硬件支撑不足等问题。为了解决这些问题，某高校拓宽硕士研究生奖助学金来源渠道，建立起"学业奖学金＋专项奖学金＋捐赠奖学金＋助研＋助教"的硕士研究生奖助工作体系，同时，设立硕士研究生创新项目，对实验设计有创新、科研成绩突出、培养潜力大的学生给予专项经费支持，将硕士研究生培养改革创新与人才培养质量提升同推进同部署。

3. 管理服务

管理育人、服务育人是"三全育人"体系的重要内容，涵盖教学、科研、财务、制度、后勤等方方面面。高质量的硕士研究生学业发展离不开高品质的管理服务，健全的硕士研究生管理制度能为研究生潜心科研保驾护航，管理人员对规章制度的理解和运用，会对硕士研究生的学业体验、科研体验产生重要影响。同时，优美和谐的校园环境，"以人为本"的后勤保障体系，都能为硕士研究生的成长发展、人心向学提供重要支撑。

（三）硕士生学业发展的有效路径

硕士是介于学士及博士之间的研究生学位，说明硕士研究生的学业发展在专业培养和学术研究中发挥着承上启下的作用，既是本科阶段的有效延伸，又为部分青年学者继续攻读博士学位奠定了坚实基础。从研究生教育改革的实践来看，硕士研究生学业发展的有效路径包括实现本研贯通、实施分类培养、完善分流机制等。

1. 实现本研贯通

2022 年，全国考研报名人数达历史新高的 457 万人，说明越来越多的学子希望通过本科—硕士研究生的衔接培养，成为高水平、研究型的人才。"本研贯通"的早期形式或版本是医学生的"5 + 3"、八年制等长学制。近年来，越来越多的高校开始探索推行"本研贯通"的培养体系，统筹本科生和硕士研究生两个阶段的教育培养，保证了学术型人才培养的连贯性与高效性，有力推动了拔尖创新人才培养。

2. 实施分类培养

经过多年的硕士研究生培养改革，硕士研究生培养类型越发多元多样。按照学习方式划分，硕士研究生分为全日制硕士研究生和非全日制硕士研究生；按照培养目标和培养方式划分，又可分为学术型硕士研究生和专业型硕士研究生两种。学术型和专业型硕士研究生的人才培养目标不同：学术型突出学术研究导向，偏重学术理论和科学研究；专业型则以专业实践为导向，重视专业实践和学术应用，可通过配套校外导师、设立校外实习实践基地等方式，切实帮助学生提高解决实际问题的能力。①

3. 完善分流机制

硕士研究生的分流和淘汰机制是研究生学业发展质量的重要保障。2020年，国务院学位委员会、教育部联合印发的《关于进一步严格规范学位与研究生教育质量管理的若干意见》要求"对不适合继续攻读学位的研究生要及早按照培养方案进行分流退出"。高校和各院（系）要把质量关口前移，抓牢抓严课程考试、学位论文开题和中期考核等关键环节，完善硕士研究生分流机制，及时清退学术潜力不高、读研动机不纯、自我管理不严的学生，进一步提高硕士研究生的学业发展质量。

三、博士研究生能掌握话语权

2012年，联合国教科文组织提出，博士研究生应当致力于"高级学习和原创性研究"。除少部分博士研究生通过"直博生"的方式培养外，大部分博士研究生经过本科和硕士研究生阶段的培养后，再通过几年潜心研究、厚积薄发，就有可能逐步在本研究领域占领"一席之地"并掌握该领域的话语权。

（一）博士研究生学业发展的主要特征

作为学业发展的高级阶段，博士研究生的学业发展要坚持做到三个"相统一"，即主体性和主导性相统一、统一性和多样性相统一、守正和创新相统一，以更好适应知识更新速度的不断加快和经济社会的不断发展。

1. 主体性和主导性相统一

导师是博士研究生培养的第一责任人，要按照有理想信念、有道德情操、有扎实学识、有仁爱之心的"四有好老师"标准，选优配强博士研究生导师队伍，博士研究生学业发展需要加强导师队伍建设，构建良好的师生关系，导师要关注博士研究生学业、科研压力大的问题，加强心理疏导和关心关爱，充分调动学生学习、科研的积极性和主体性。学业发展的主体是学生，其成效离

---

① 参见阎凤桥等《专业学位硕士生与学术学位硕士生实践能力培养的比较研究》，载《学位与研究生教育》2017年第4期，第9～16页。

不开学生主体性和主观能动性的调动。博士研究生要做好个人时间的规划与管理，潜心学术研究，严守学术底线，积极参加学术活动。同时，导师要通过研讨式、启发式、案例式等方式加强对博士研究生的日常教育引导，尊重学生的个性和特点，为学生创造独立思考、独立科研的学习环境；支持学生在学有余力的前提下参与兼职辅导员、研究生助教、驻村帮村等实践活动，推动博士研究生将论文书写在祖国大地上。

2. 统一性和多样性相统一

高校学生工作者要始终坚持马克思主义的指导地位，用马克思主义和习近平新时代中国特色社会主义思想培根铸魂，将思想政治之"盐"撒在博士研究生学习、科研、生活的全过程、各环节，为培养一批又一批的高层次创新型人才提供思想保证和精神支撑；同时在统一性的基础上，尊重学生的个体差异，实现个性化的价值引领和精准培养。在招生方面，高校可采取统一招考、硕博连读、直博、申请考核等多种方式相结合的模式。在培养过程中，高校可根据不同方向或学生的不同特点，建立多样化的课程设置和学习方式。在指导力量方面，除了进一步强化导师的育人主体作用，高校还应强化政府部门导师、企业导师、实践导师、朋辈导师、辅导员在内的多元化的指导力量建设，推进博士研究生"三全育人"改革创新。

3. 守正和创新相统一

高校要坚持博士研究生培养面向世界科技前沿、面向经济主战场、面向国家重大需求、面向人民生命健康，强化思想引领，引导学生遵守学术规范；推动博士研究生学业发展改革创新，不唯论文，强调"代表作"，进一步激发学生的创新潜力；注重培养创新型人才，将博士研究生作为青年科技人才的重要储备来培养，服务国家科技自立自强。

（二）博士研究生学业发展的基本原则

中国特色社会主义进入了新时代，国家正在大力倡导实施创新驱动发展战略，"科技自立自强"离不开一批又一批高水平的博士研究生活跃在经济、社会的各个领域，助力新技术、新产业高质量发展。为适应时代要求，博士研究生学业发展要面向国家需求、面向学术前沿，坚持深化改革创新。

1. 坚持面向国家需求

博士研究生是国家重要的创新资源，是新时代人才强国战略的重要支撑，是高校人才培养质量的"牛鼻子"。牢记国之大者，服务科技自立自强，需要一批又一批以博士研究生为主体的创新型高层次人才做出贡献。因此，博士研究生学业发展要坚持面向国家需求，聚焦人工智能、集成电路、区块链、航空航天等前瞻重大科学领域，注重分类培养、开放合作，为解决"卡脖子"关键核心技术提供重要人才支撑。

2. 坚持面向学术前沿

"科学技术是第一生产力"，"关键核心技术是国之重器"。当今科技发展日新月异，知识更新迭代加快，科学突破层出不穷，大国间的综合国力比拼日益激烈。2021 年，《科学》（*Science*）杂志聚焦前瞻重大科学问题，时隔 16 年再次发布"全世界最前沿的 125 个科学问题"，启发青年学者寻找科学灵感。高校要引导博士研究生关注学术前沿、面向学术前沿，选择某个专门的问题作为主攻研究方向，开展原创性研究，取得"0"到"1"重大突破，把人类的知识结构圈向前推进一小步，推动人类社会进步和发展。

3. 坚持深化改革创新

优化学科专业布局，探索在博士研究生中按一级学科"大类招生"，入校后统一安排专业集中学习，再通过双向选择确定导师。根据专业型学位和学术型学位的不同培养目标，构建起分类指导、分类培养的评价体系，建立起以知识、能力和价值为核心的学位授予标准。学术型学位以学术研究为导向，加强系统学术科研训练，突出学术创新能力培养；专业型学位以实践创新为导向，深化产教融合培养模式改革，注重对发现和解决问题的能力培养。改革博士研究生课程体系，除外语课、思政课、专业基础课外，学术型硕士研究生和专业型硕士研究生、学术型博士研究生和工程型博士研究生的课程应该根据培养目标个性化设置，体现差异性。

（三）博士研究生学业发展的方法路径

影响博士研究生学业质量的因素很多，学术氛围、支撑条件、学科水平、导师指导等，都会影响其培养质量。此外，博士研究生的读博动机、学业基础等主观因素也会对学业发展产生影响。其中，导师指导、培养过程和学术氛围是重要的影响因素。

1. 提高导师指导水平

社会上流传着这样一种说法：本科看学校，硕士看专业，博士看导师。2020 年，教育部印发《研究生导师指导行为准则》，明确导师是研究生培养的第一责任人，肩负着为国家培养高层次创新人才的重要使命。博士研究生导师的学术水平、投入精力、品德修养等，都会对博士研究生的培养质量产生重要影响。可以说，博士研究生导师队伍水平决定着博士研究生学业发展的质量和水平。

高校要加强博士研究生导师队伍建设，提高导师选聘标准，进一步规范导师"责权利"，支持导师严格博士研究生学业管理，支持导师加强对博士研究生开题、实验、撰写论文、预答辩、答辩等全过程、各环节的指导和培养，引导学生制订明确的研究计划、掌握科学的研究方法，合理分配时间，潜心学术研究，产出高质量成果。开展"我心目中的优秀导师"等评选活动，选树品德作风优良、科研素质精湛、育人成效突出的优秀导师及导师团队，发挥优秀导师的引领示范作用，推动导师潜心育人。

2. 严格培养质量管理

高校要重视过程管理，严格规范并细化对中期考核、预答辩、论文评审答辩等关键环节的审核及把关，深化培养机制改革，优化课程设置，提高培养质量；坚持"破五唯"（唯论文、唯帽子、唯职称、唯学历、唯奖项），健全博士研究生学业发展质量评价体系，树立正确评价导向；加强学术道德规范引导，通过专题讲座、案例警示、签署承诺书等方式，引导学生恪守学术道德，加强学风建设。此外，高校还要压实二级单位博士研究生人才培养主体责任，完善学位论文抽检、培养质量检查、博士研究生退出和分流等质量保障工作体系，明确高校学生工作人员的具体职责，提升专业化教育教学和管理服务水平。

3. 营造浓厚学术氛围

高校应推进博士研究生"三全育人"综合改革，将思政课融入教育教学全过程，一体化推进博士研究生思想政治工作。组建博士生宣讲团和乡村振兴帮镇驻村服务队，引导和支持博士研究生将论文写在祖国大地上。开展高质量的博士研究生第二课堂活动，形成研究生部门牵头抓总，组织部、学工部、科研部、国际合作处、心理室、保卫处等部门各司其职，全校一盘棋地推进博士研究生思想政治教育工作，加强博士研究生的思想教育引导和人文关怀。加强优质学术交流资源供给，进一步鼓励和支持博士研究生参加国内外学术会议，推动优秀博士研究生走上国际舞台交流科研经历、分享最新成果、展现个人风采、拓展学术视野。推动博士研究生科教融合、产教融合基地建设，积极发挥政产学研各方优势，为培养适应国家和区域经济社会发展的创新型、复合型、应用型人才提供大平台、大团队、大项目支撑。

第二节　高校学生学业发展的瓶颈问题

当前，高校学生学业发展普遍存在的问题集中反映在目标不清晰、基础不牢考、资源不平衡、动力不够强、机制不完善等方面，这些问题受主观因素和客观因素共同影响，需要辩证统一看待、全面协调解决。

一、目标不清晰

学业目标是对学业发展预期结果的一种主观设想，也可称为学业发展的预期目的，是个人为适应不同阶段的学业发展长期存在或短期存在的主观意识。不同的学业目标为不同阶段的学生点亮了学业的灯、照亮了前进的路。

（一）发展路径不清晰

在每一个发展阶段，学生都要制订下一阶段的目标，并为实现该目标做出清晰的发展规划。学业规划缺失会导致学生缺乏科学合理的学习目标，主要表现在知识性发展路径不清晰、学术性发展路径不清晰、实践性发展路径不清晰三个方面。在知识性发展方面，由于专业匹配性和学业成绩显著正相关，因此如何引导学生结合自身实际正确地选择专业成为高校学生工作的重中之重。对专业有浓厚兴趣的学生，能够以更加积极的心态面对学业中遇到的各类问题，相反，对专业兴趣不大的学生，出现学业困难的概率更高。在学术性发展方面，高校学生工作者要加强学业规划引导和生涯发展教育，引导学生明确不同学习阶段的学习目标，制订科学合理的学习计划；积极引导学生正确认识和处理升学和职业发展之间的关系，明晰保研、考研、申请境外留学、双学位等不同的深造发展路径，为学生的长远发展奠定基础。在实践性发展方面，高校学生工作者要引导学生正确处理课堂学习和课外实践之间的关系，推动学生结合专业积极参加社会实践活动，在知行合一的过程中经风雨、受考验、长才干、做贡献。

（二）自我认知不明确

弗洛伊德认为，人格由本我、自我和超我构成。其中，本我是与生俱来的，超我是父母教育和社会教育的内化，只有自我是人的理性部分。每个人都是独一无二的个体，正确认识自己，也就是正确认识自己的性格、能力、爱好、长处、短处、优势、劣势等各个方面，回答"我是谁"这个问题，有助于人们摆正位置，增强信心，科学规划未来的发展。① 对自己不了解的学生，很难明白什么是重要的、什么才是适合自己的，容易在奋斗的过程中迷失方向，常常表现为不自信、迷茫或焦虑。正确认识自我的有效路径，包括心理辅导、团队辅导等方式。高校应培养学生的自我认知能力，使其了解自己的优势和不足，实现主观自我与客观自我的统一，从而确立正确的世界观、人生观、价值观、学习观、职业观。

（三）学习氛围不浓厚

学风即一所高校或一个学院的学习风气，也就是高校或学院全体师生在治学态度、精神、作风、方法和措施等方面的总和，在很大程度上决定了学生学习的精神状态，是一种相对稳定的学习风气和学习氛围。② 不同高校或学院的学风被赋予了不同的内涵，特色和目标不同，彰显了高校或学院的传统和风格，并通过全体成员的实践不断巩固和拓展，推动学生的健康成长和全面发展，助力高校事业高质量发展。

学风的构成要素包括目标、兴趣、态度、纪律、方法和成效等。学风不浓

---

① 参见崔建华《大学生职业生涯发展规划与辅导》，厦门大学出版社 2013 年版，第 248 页。
② 参见高春娣《大学生学业辅导研究》，北京交通大学出版社 2015 年版，第 27 页。

厚，会导致学生学业目标不清晰、学习兴趣不浓厚、学习态度不端正、学习纪律不严格、学习方法不得当、学习成效不显著等问题，集中体现为迟到、早退、考试作弊、作息时间混乱、人际关系紧张等，部分学生"混日子""过得去"等心理现象较为常见，衍生出"躺平族""尼克族"等青年类型。

营造浓厚学习氛围的方法路径：一是要弘扬大学文化和大学精神，引导学生明确目标、矢志奋斗、追求卓越。例如，有些高校或学院会引导学生签订文明公约或承诺书，引导学生讲诚信、守承诺，通过文化"软约束"推动学生养成良好的学习和生活习惯。二是健全学生管理制度体系，明确学生行为准则（守则），通过制度"硬约束"，加强学生行为规范和日常管理，严明学习纪律，引导学生守住底线、不越红线，自觉维护和谐的学习环境和学习秩序。三是开展丰富的第二课堂教育活动，通过专题讲座、学术报告、学术会议、社团活动、学科竞赛、科技文化节等丰富的活动载体，营造浓厚的学习学术氛围，促进第一课堂和第二课堂有效融合。

二、基础不牢靠

学生的成长发展是一个循序渐进的过程，从小学、中学再到大学，各个阶段相互衔接、螺旋上升。高校学生在本科生阶段的专业基础不扎实，就会影响到研究生阶段的学习和研究，集中表现在学业基础有差异、学习习惯未养成、学习方法不合理等方面。

（一）学业基础有差异

受家庭环境、区域差异、个体差异等因素影响，高校学生的学业基础差异较大，部分学生还存在偏科、学业基础不扎实等情况，需要高校学生工作者分类指导、精准辅导。

1. 成长环境有差异

从人文地理学的学科角度看，可以用"胡焕庸线"来作为全国城镇化水平的分割线。"胡焕庸线"反映了我国东南地狭人稠、西北地广人稀的人口分布基本格局和区域差异的实际情况。党的十九大报告指出，我国社会主要矛盾已经转化为人民日益增长的美好生活需要和不平衡不充分的发展之间的矛盾。

家庭、学校、周边环境所呈现出的区域差异，都会直接影响到学生的学业基础。

2. 学生个体有差异

高校学生的个体差异是客观存在的，不以人的意志为转移，体现为学生的智力、个性、性别、兴趣、知识结构等方面的不同。墨子提出"深其深，浅其浅，益其益，尊其尊"（《墨子·大取》），其实就是主张要"因材施教，因人而异"。高校学生工作者要坚持与学生谈心谈话，结合学生的个人档案、日常表现等，充分了解学生的实际情况，及时预防苗头性问题；同时，要尊重学生的主体性，因材施教、分类指导，根据学生的学业基础、学业成绩、学术潜力和发展目标等，在兼顾学业优秀生、学业困难生等各类学生实际需求的基础上，制订分层分类的教学计划，并定期评估完善。

（二）学习习惯未养成

学习习惯是在学习过程中经过反复练习形成并不断巩固发展，最终成为个体自觉的学习行为方式。养成良好的学习习惯，能激发学生学习的积极性和主动性，有助于学生培养自主学习能力、提高学习效率，使学生终身受益。很多学生未能掌握科学的学习习惯，或还停留在高中时依赖老师引导的固有模式，自控能力较差，因而容易引发生活作息不规律、沉迷网络游戏、体质下降等问题。常见的不良学习习惯包括以下五类。

一是专注力不够、不够自律。例如上课时玩手机、开小差，没有执行原定学习计划或及时做出调整，都会影响学习效率。

二是不善于做预习和复习。大学课程学习不同于高中，老师讲课的进度往往很快，学生自主进行课前预习、课后复习巩固显得特别重要。

三是不善记笔记。例如不做笔记、不划重点，或者不善于做笔记、划太多重点。学生可结合自身的学习习惯，采用思维导图、层级图表等方式记笔记。

四是课后与老师、同学缺乏沟通讨论。有调查显示，不同学科、专业的学生与老师、同学的沟通交流存在明显差异，文科学生较为积极，工科学生主动交流的次数相对较少。

五是去图书馆或参加相关学习的频次较低。优秀的学习习惯还包括在学习上愿意投入更多的时间和精力，学业成绩排名前列的学生都有一个共同的习惯，即经常去图书馆自习、借书、看书，或参加小组学习、学科竞赛等相关学业活动。

如何养成良好的学习习惯？一方面，制订明确的学习计划和学习目标。学习计划应涵盖课前预习、课后复习、第二课堂、文体活动等方面的安排，既要全面系统，又要突出重点。学业基础较差的学生可以主要依据课程安排来分配学习时间，学业基础较好的学生则可以按照学习目标来制订计划。另一方面，严格执行学习计划。在执行学习计划的过程中养成自律的学习习惯，简单点说，就是到了什么时间就该干什么事情。通过自我监督和他人监督相结合的方式，及时发现和解决执行学习计划过程中遇到的问题和困难，并根据进展情况调整完善学习计划。

（三）学习方法不合理

很多学生未能顺利适应大学的学习生活，症结在于缺少学习经验，学习方法不得当，自主学习能力较差。合理的学习方法是良好学习习惯的有效延伸，是学业发展过程中的实践总结和方法论。是否具备合理的学习方法，学习效果是截然不同的，有则事半功倍，效率提升，无则事倍功半，多走弯路。

高校学生工作者要注重从以下方面引导学生。

一是合理安排学习计划，既不好高骛远，又要合理可行。引导学生在每个学期初梳理新的学习计划，从重点到日常，从长期到短期，列好时间表，明确路线图，掌握大方向。

二是提高专注力，挖掘学习源。对于"学霸"而言，经常泡图书馆、自习室已是家常便饭，连饭堂都是可以学习的场所。高校学生工作者须提醒学生要控制玩游戏、刷手机，善用通过各种网络平台搜索有用的学习资源。

三是善用思维导图。思维导图是发散性思维的图形思维工具，能用简单清晰的层级图将各级主题的相互关系表现出来，将思维具象化，对提高学习效率、全面掌握知识点有着事半功倍的效果。

四是做好时间管理。严格执行学习计划，注重提升学习效率，做好学习时间管理，让优秀成为一种习惯。时间管理能够让学生更好地安排学习的节奏，兼顾好学业和其他活动，避免无效学习。一种可以参考借鉴的方式是，按照轻重缓急程度将目标任务分解，将杂乱无序的事项按清单进行整理，做完一件销账一件，形成任务闭环。

三、资源不平衡

教育资源不平衡、不充分的问题由来已久，有很多深层次原因，更影响到社会的诸多方面。目前，教育改革的一个重点就是解决城乡、区域教育资源不平衡、不充分的问题，着力解决学习资源不均衡、共享渠道不畅通、条件保障不充分等问题。

（一）学习资源不均衡

由于政府投入、校友捐赠、办学质量、人才引进、文化传承等方面存在差异，不同高校、不同院（系）的师资力量、奖助学金资源、图书资源、实验资源、学术资源、生活资源等存在不均衡的情况。

1. 师资力量不均衡

生师比是高校人才培养的重要指标，直接反映了师资力量的强弱。总的来说，生师比越低越有利于提高教学质量，反之，生师比过高不利于人才培养质量提升。2022 年 2 月，教育部、财政部、国家发展改革委印发《关于公布第二轮"双一流"建设高校及建设学科名单的通知》，从公开数据来看，第二轮"双一流"高校普遍有着较低的生师比。此外，教师学历层次、教学水平、道德品质等也是师资力量的重要指标。

2. 教学资源不均衡

教育资源主要来源于两方面，一是教育部门拨款，二是高校、学院自筹。因地理环境、学生数量、学科实力、办学水平、毕业生质量、社会评价等方面不同，高校和院（系）之间的奖助学金资源、图书资源、实验资源、学术资源、生活资源存在明显差异。解决教学资源不均衡的问题，一是要进一步推进教育评价改革，促进优质教育资源均衡发展，发挥高校党委在管大局、促协调等方面的积极作用；二是进一步健全办学资源使用内部控制体系，提高办学资源使用效益；三是通过开源和节流相结合的方式，加大奖助学金、图书资料、实验设备等学习资源的投入力度；四是探索实施大类培养，贯通各学院、各专业的优质教育资源，为学生的健康成长和全面发展提供坚实保障。

3. 学习环境有差异

学习环境既包括教室、自习室、图书馆、宿舍等硬件设施，也包括学习氛围、校园文化、学风建设等软环境，对学生的学习状态、学习习惯等都会产生重要影响。高校要加强基础设施建设，以良好的硬件支撑人才培养，同时要创造良好的学习软环境，营造追求卓越的浓厚学风，引导学生好学、善学、乐学。

（二）共享渠道不通畅

部分学生对学业指导的机构、机制、资源、求助渠道等方面不了解、不清晰，遇到问题时不知道该如何寻求他人帮助。究其原因，在于部分高校的相关部门联动配合不够，在资源共享渠道的平台搭建、宣传推广、后勤保障方面存在不足。对此，高校要畅通沟通渠道、共享渠道，开展学业进学生社区、进学生班级等服务，优化优质学业发展指导资源供给侧结构性改革；同时，建立网站—微信—公告栏"三位一体"的宣传矩阵，让资源渠道传播得更广、更深入。

（三）条件保障不充分

高校学生学业发展的良性循环，离不开健全的学业指导机制、专业的学业指导队伍和充足的经费支持保障，需要高校学生工作者做好设计、加强支持、形成合力。

1. 学业指导机制不健全

健全的机制是推动学业发展的工作主线。部分高校或院（系）的学业指导机制不健全，主要体现在工作制度不健全、队伍建设存在短板、支持保障不够有力等方面。高校要建构一条从学生入学到毕业的全过程、全方位学业指导工作体系，从学业适应、学业规划、学业发展、学业辅导、创新发展到成果运用，实现全员参与、全程助力、全域推动。[①]

2. 学业指导队伍存在短板

学业指导队伍的短板主要体现为学业指导队伍配备不足，部分辅导员、专

---

① 参见王达品《大学生学业发展状况与对策分析——兼论高校学业辅导体系的构建》，载《教育研究》2014 年第 5 期，第 44～49 页。

任教师对学业指导的认识不到位，指导方法不得当，等等。目前，辅导员成为学生课后学业指导的主力军，但部分辅导员对学生的学业指导还是简单停留在考勤、投入时间等外在约束方面，忽略了对学生的学习目标、学习动机、学习习惯的教育引导，以及对学生学习环境的优化提升。同时，部分高校辅导员的专业背景与所在单位的专业学科不匹配，对该学科的专业知识结构、课程培养方案、人才培养规律等了解不够深入，难以将思想引领和学术引领有效结合起来。

3. 经费支持不够有力

目前，高校对二级单位的经费支持主要包括教学经费、科研经费、学生工作经费等类型。据调查，较少有高校单独设置专项经费支持二级单位的学生学业发展工作。某高校就设立专项经费支持二级单位建设学业指导和学风建设基地，结合专业学科特点打造"脸谱式"的学业指导平台和学业发展平台，推动学生的学业发展和学术成长，值得其他高校借鉴。

四、动力不够强

一辆汽车，如果动力不足，就会导致油耗升高、行驶无力。同样道理，一名高校学生，如果学习动力不足，就会产生学习效率低下、学业成绩不理想等次生问题，需要高校学生工作者高度关注。

（一）内生动力不够强

大学的学习模式不同于高中，有学生说："大学不再像高中一样有明确的升学目标，能够督促自己每天早起、自觉学习，每天的学习变成了被动式的应付。"还有学生则说："除了专业学习，大学还有很多不同选择，包括社团活动、班级活动、党团活动、学科竞赛、人际交往……我好像突然失去了正确选择的能力，不知道在众多的选择中如何合理安排时间。"在学习的主动性提升方面，学生面临三个很大的挑战：一是大学多元的发展选择让自己迷失了方向，二是对专业缺乏浓厚兴趣，三是没有明确的学业目标。因此，高校学生工作者要加强对学生的学业指导，引导学生明确学习目标，激发专业兴趣，提高学习效率，实现从"要我学"到"我要学"转变，激发学业发展内生动力。

（二）专业兴趣待激发

兴趣是最好的老师，是激发个人对未来做好准备的最大动力；兴趣也是"开瓶器"，是学生对专业产生认同的前提。进入大学后，大一新生对专业了解不够、认识不深，部分高校探索创新，将专业选择端口后移，给予学生选择专业的充分自主权，取得了较好的育人成效。

1. 激发学生学习兴趣

每个学生都对未知的专业知识、未来的职业发展充满期待，表现出浓厚兴趣。实践证明，如果我们从事自己喜欢的工作，就会更愿意投入时间和精力，更容易收获幸福感、安全感和获得感。由于尚处在学业认知和职业规划的初级探索阶段，学生对自己、对专业、对未来职业发展等都缺乏清晰的认识，从高考结束到填报志愿结束的短短 2 个月时间内难以做出正确选择，或简单根据所谓的专业热门、冷门程度盲目选择，或听从高中老师和家长的意见进行选择，这容易导致学生在真正接触专业后出现心理落差的情况，进而导致学习目标不清晰、学习态度不端正，以及因学风问题衍生出的作息不规律、沉迷网络、挂科率高、心理问题、休学退学等一系列问题。[1]

2. 增强学生专业认同

高校应改革专业和课程设置，加强教师队伍建设，引导教师改变传统的"我讲你听"的"灌输式"教学模式，在定期更新课件、与时俱进的基础上，在课堂中引入小组讨论或互动问答等授课方式，提高学生的课堂学习兴趣。通过专业导论、前沿讲座等专业通识课程，提高学生对专业的兴趣，增强学生对专业的认同度和归属感。在本科低年级阶段，积极引导学生早进实验室、早加入科研团队、早接触科研训练，积极参加学术科技竞赛或创新创业训练计划，以赛促学，以赛促创。

3. 专业选择端口后移

高考结束后，学生在专业选择时，往往因为对专业不了解而盲目选择。实行大类招生和大类培养，是培养复合型创新人才的有效途径。学生通过一年的学习，对专业有了充分的认识，厚实了发展基础，明确了学习目标，在二年级

---

① 参见高春娣《大学生学业辅导研究》，北京交通大学出版社 2015 年版，第 120 页。

再进行理性的专业选择，有利于提高学习热情，激发学习的内生动力，实现学业可持续发展。

（三）使命担当待强化

青年兴则国家兴，青年强则国家强。习近平总书记在多个场合勉励青年，要做走在时代前列的奋进者、开拓者、奉献者，努力使自己成为祖国建设的有用之才、栋梁之材，为实现中国梦奉献智慧和力量。国家危难之际，立志救国救民的孙中山先生喊出了"振兴中华"的口号，周恩来总理则在少年时代就立下"为中华之崛起而读书"的远大志向。作为担当民族复兴大任的时代新人，高校学生理应增强对国家和社会的使命感和责任感，将个人成长发展融入国家复兴、民族富强、人民幸福的奋斗实践中，把学习作为一种责任、一种精神追求，勤学苦练、增长才干，以真才实学服务人民，以创新创造贡献国家。

五、机制不完善

"机制"是指形成该体系的各要素之间的结构层次、逻辑关系和运行方式。高校学生学业发展机制不完善，主要体现在制度不健全、体系不完备、方法不科学、合力未形成等方面。

（一）制度不健全

学业发展制度是指以特定规则或运作模式来规范学生学业行为、促进学生学业发展的框架体系。常用的学业发展制度"工具箱"包括学业指导制度、课程指导制度、学业预警制度等，是学业发展制度的四梁八柱。

1. 学业指导制度不健全

《中国高等教育评估词汇》（教育部高等教育教学评估中心编制）对"大学生学业指导"的定义是：高等院校对在校生进行的学术与非学术、课内与课外、大学学习与终身学习乃至职业生涯规划等在内的所有学习活动的指导。学业指导制度不健全，主要体现在学业指导机构、学业指导队伍、日常运行机制等方面。

2. 课程指导制度不健全

调查显示，新生在面对数学、英语、计算机等基础课程时觉得学习难度较高，容易出现跟不上进度、难以独立完成作业等情况，最终导致挂科并引发其他问题。因此，有必要设置高等数学、线性代数、大学英语、程序语言等难度较高的基础课的课外辅导机制，通过教师辅导与朋辈辅导相结合、线下指导与线上指导相结合的方式，完善基础课程指导帮扶机制。[①]

3. 学业预警制度不健全

学业预警是指对学业出现问题或困难的学生进行动态监测、精准识别、提前警示、跟踪帮扶的工作机制，包括制定分级标准、预警信息搜集、预警信息分级、预警档案发布、困难干预和帮扶、总结提高等工作环节。为促进学生学业发展，减少学习过程中不及格、降级、退学等情况的发生，某高校以学生的学业状况为基准划分五个学业预警等级，等级越高，代表该生学业问题越需要重点关注；再由学院组织专人与预警学生进行谈话，做好学生的督促提醒、思想动态跟踪和学业帮扶工作。

（二）体系不完备

要构建科学合理的学业指导工作体系，一是要建立专业的指导机构和工作制度，设立专人专岗统筹推进；二是要配齐建强专兼结合的学业指导工作队伍；三是建立学业帮扶、学业预警等工作机制；四是要推动学业指导和职业规划融合发展，促进学生学习能力有效迁移，在知行合一中学以致用，引导学生将个人专业学习、职业发展和理想追求结合起来，与国家需求和社会需要结合起来；五是要对学业指导工作进行评估督导，加强学业指导工作的人、财、物等方面的保障，推动学业指导高质量可持续发展。

同时，要加强学业发展信息化水平建设，统筹整合教务部门、学工部门、院（系）相关信息平台和数据资源，构建完善涵盖学生学业咨询、学业预警、资讯获取、在线课程等功能的"一站式"信息交互平台，生成学生学业行为关联模型，加强大数据、云计算等新技术在学业预警、模拟预测、精准识别等方面的应用，为高质量学业发展工作提供技术保障和有力支撑。

---

① 参见高春娣《大学生学业辅导研究》，北京交通大学出版社 2015 年版，第 46 页。

（三）方法不科学

目前，高校学生工作者均根据本单位传统、个人风格和学生特点等，探索形成了一套学业指导方法，但普遍存在两个课堂融合不够、学业指导手段单一、生涯规划引导不够等问题。

1. 两个课堂融合不够

第一课堂和第二课堂普遍存在着"两张皮"的问题，两个课堂融合发展、合力支撑人才培养的效果不够明显。第二课堂活动与学科专业的契合度亟待提升，很多活动还停留在"好玩"的层面上，专业性不够强、学术味不够浓。学生通过第二课堂巩固第一课堂学习效果的路径不清晰、效果不显著，有些同学还存在着"赚学分""混文凭"的观念，没有专注于学业发展。

2. 学业指导手段单一

很多高校对学业困难学生的指导多停留在课后"一对一"辅导、补习班集中辅导上，没有建立专业的学业发展中心，不能很好地解决学生目标不明确、学习投入不够、选课不合理、方法不得当等实际困难。[①] 因此，在校级层面要建立起学业发展指导机构，统筹协调学业指导、学业发展、学术竞赛、升学深造等方面的专业指导和服务，做好全校学生学业发展规划、指导和督促，常用的学业发展队伍培训方式包括集中培训、工作坊、情景模拟、专题会、午餐会、案例分享等；在院（系）层面要结合专业学科特点成立以学业咨询为主要内容的学业发展中心，对本院（系）及相近学科院（系）的学生提供"一对一"的"菜单式"学业发展指导服务，形成职责互补、资源共享、平台共建，有效衔接、相互促进的校院两级学业指导工作体系。[②]

3. 生涯规划引导不够

据调研，部分高校的职业生涯发展指导课课程体系不够完善，就业、招生部门彼此间的联动配合不够。事实上，生涯规划引导是学业发展的有效延伸，是学业成果转化的"最后一公里"。在实际工作中，高校需要开好、开足职业

[①] 参见尚航《我国大学生学业指导状况研究——基于全国 56 所高校的实证调查》，载《中国高教研究》2019 年第 9 期，第 74～79 页。

[②] 参见高春娣《大学生学业辅导研究》，北京交通大学出版社 2015 年版，第 46 页。

生涯规划课程，配齐、选优专兼职相结合的职业生涯规划师，为有求职意向的学生提供丰富的职业规划、职业道德、求职技能、面试经验、备考案例等方面的资源供给；进一步提升人才输出与用人单位需求的黏合度，并将调研结果反馈给招生办公室、校友办公室等相关部门，加强就业与招生等人才培养环节的有效联动；把做好思想政治工作与帮助毕业生解决实际困难结合起来，为毕业生提供更精准的求职资源与就业指导。

（四）合力未形成

中共中央、国务院《关于加强和改进新形势下高校思想政治工作的意见》强调，要坚持全员全程全方位育人。对标党中央、国务院决策部署，当前高校学生学业发展还存在队伍合力未形成、校院联动不同步、科教融合待深化等问题。

1. 队伍合力未形成

辅导员和教务员两支队伍合力未形成，教师队伍和管理队伍合力未形成，是第一课堂和第二课堂融合不够的两个典型特征，这会导致其工作出现"九龙治水"、事倍功半的情况。某高校为推动学工部门和教务部门联动配合，在全校层面成立学生工作指导委员会，一体化推进课程、科研、实践、文化、网络、心理、管理、服务、资助、组织等平台的育人功能，构建"三全育人"工作体系。同时，聘任青年教师担任辅导员或班主任，推动两个课堂深度融合，充分发挥了青年教师在学生思想引领、价值引领和学术引领等方面的积极作用，在思想政治教育、专业认同教育、学业发展指导、升学深造指导、职业规划引导等方面取得了实效。

2. 校院联动不同步

部分高校的管理部门在实际管理中居主导地位，而作为基本教学科研主体单位的院（系），没有享受到责、权、利对等的发展改革红利，管理机制僵化、办学活力不够，造成在推动事业发展上校院联动不同步的现象。针对这种情况，某高校大胆创新管理方式，推动落实"院（系）办校"，把办学权力逐步下放到院（系），让院（系）实现责、权、利对等，充分激发院（系）在教学科研管理中的办学活力；职能部门则重点做好指导监督和服务保障，并以绩效考核为牵引，细化完善教学、学工等领域的考核指标，推动院（系）与大学同心同向、同步同行。

3. 科教融合待深化

高校学生工作者要以乡村振兴、"一带一路"倡议、京津冀协同发展、长江经济带发展、粤港澳大湾区建设、长三角一体化等重大战略为发展契机，深化产教融合、科教融合，推动产学研合作，建立起招生—毕业—招聘相互反馈、有效衔接的工作体系，提高人才输出和企业需求的"黏合度"，培养产业发展真正需要的人才。

第三节　高校学生学业发展的保障机制

"保障"是指用支持、保护等手段与被支持、被保护的事物构成的可持续发展支撑体系。为推动高校学生学业高质量发展，需要构建促学—助学—奖学—升学"四位一体"的支持保障体系。

一、促学机制

高校学生学业发展主要围绕学生和教师两个群体，涉及第一课堂和第二课堂两个阵地。在学业发展的过程中，既要发挥好教师的主导性作用，更要发挥好学生的主体性作用，实现主体性和主导性相统一。

（一）第一课堂导学

第一课堂是指在教学时间里进行的以课堂为中心的全部教学活动。第一课堂导学是做好第一课堂教育教学的前提，包括专业前景分析、专业兴趣引导、专业应用指导等方面。

1. 专业前景分析

通过专业前景分析助力学生了解专业、走进专业、热爱专业。可设置专业前沿导论、专业科学进展、专业综合实践等课程，梳理课程大纲，明确学分要求，配强师资队伍，对学生参与相关学术讲座、科研训练的数量或频次做出明确规定，完成课程要求方能获得相应学分，充分发挥课堂主渠道作用。同时，在本科三年级、硕士研究生一年级前开展实施"导师制",聘任品德高尚、业务精湛、善待学生、学生喜爱的优秀导师指导学生,助力学生在本科四年级、硕士研究生二年级全部进入导师科研团队,发挥导师的"引路人"作用,强化科研育人,加强对学生的思想引领、价值引领和学术引领。

2. 专业兴趣引导

大量研究表明,专业兴趣和学业成绩显著正相关,且随着年龄的增加,兴趣的正向作用越发明显。以兴趣为导向的专业学习,能够激发学生学习的最大内生动力。学生的专业兴趣越高,为学业投入的时间精力就越多,能大大提高课堂听课效率。进入硕士研究生学习阶段,专业兴趣是学生能够在研究领域深耕细作、开拓创新的最大内因,是固本培元、持之以恒的最好良方。例如,某高校遵循人才培养规律,在本科一年级学生中实施大类集中培养,构建了系统性、个性化的专业体认教育体系,厚实专业基础,拓宽成长口径,到了大学二年级才进行专业分流,让学生在了解专业的基础上做出理性选择,有助于学生真正了解专业内涵,尊重学生个性成长,提高专业满意度和黏合度,激发学生继续探索学术的热情,切实推动学生实现高质量学业发展。

3. 专业应用指导

强化马克思主义劳动观教育,结合学科和专业特点,推动学生参与社会实践和专业实践,以时代精神涵养家国情怀。开展实习实训、专业服务和创新创业等活动,充分挖掘学生的科研潜力,加强学生专业应用指导,引导学生在干中学、在学中干,在专业应用的大舞台壮筋骨、促成长、开眼界。同时,涵养学生开拓创新的进取意识和严谨求实的科研作风,提高学生在生产实践中发现问题和创造性解决问题的能力。推动思想政治理论课实践教学与学生社会实践活动、专业实践活动活动等有机结合,使第一课堂与第二课堂、理论教学与实践教学相互支撑。

(二) 第二课堂促学

第二课堂是指第一课堂教学计划以外的全部学习活动,是培养学生综合素质、促进学生健康成长和全面发展的重要平台。要通过引导学生积极参加学科竞赛,引导学生早接触科研、早进课题组、早进实验室,加强学术科技类学生社团建设等方式，推动学生学业发展。[①]

1．引导学生积极参加学科竞赛

学科竞赛是培养和激发学生创新能力，推动学生强化专业认知、夯实专业基础，运用专业知识解决专业问题，拓展专业素养提升专业能力的重要平台，是学生创新教育的重要组成部分，具有多样性、专业性、实践性等特点。赛事水准、指导老师、合作团队都将对学生综合素质的提升产生影响。高校学生工作者要善于结合学科专业特点，搭建学科竞赛平台，逐步建立起"院级选拔—校级初赛—省级复赛—国家级决赛"的螺旋上升、有效衔接、"四位一体"的学科竞赛梯队培养体系，打造省级以上学科竞赛品牌；积极发挥班主任、专任教师、专业导师的作用，选优配强指导老师，加强指导老师队伍建设；以赛促学，以赛促创，加强团队交流协作，在学科竞赛的备赛、比赛过程中提升团队凝聚力。

2．引导学生早接触科研、早进课题组、早进实验室

设计实施如科技艺术节、科普大讲堂、科研兴趣小组等第二课堂活动，引导、督促低年级本科生早接触、早参与科研训练。在硕士研究生阶段，开展以学术讲座为主体的第二课堂活动。

3．加强学术科技类学生社团建设

学生社团是开展学生第二课堂活动的重要载体，从社团属性的角度划分，包括思想政治类、学术科技类、志愿服务类、文化艺术类等类型。其中，学术科技类社团是学生学业发展第二课堂的重要组成，是有相同专业兴趣、有志于从事某一学科专业研究的学生自愿组织形成的学生团体，通过开展学生学业辅导、学术引领、科技及文化等活动，推动学生的学业发展和学术成长。[②] 学术科技社团要紧扣专业和创新，注重活动内涵拓展和活动质量提升相结合，价值引领和知识引领相结合、专业性和学术性相结合，创新活动形式，打造活动品牌。各级学生组织［院（系）、党、团、班］应充分发挥专业教师、辅导员、班主任、党政管理干部的积极性，面向有浓厚兴趣的学生，供给高质量学术科

---

① 参见陈保瑜《基于六大模块的院系第二课堂评估机制探索》，载《科教导刊》2020 年第 16 期，第 12～13 页。

② 参见童塞玲《在高等院校建立学生学术性社团的思考》，载《学会》2005 年第 7 期，第 50～54 页。

技活动。

（三）强化自主学习

自主学习区别于传统的被动接受式学习，是一种更强调以学习者为中心的、符合现代潮流的学习方式，能够更好地激发学生学习的积极性和自主性。强化自主学习，需要引导学生明确学习目标、掌握学习方法、养成学习习惯。

1. 明确学习目标

美国心理学专家洛克认为，目标能引导活动指向与目标有关的行为，影响行为的方向和持久性。大量的研究表明，学习目标明确与否，都会显著影响学生的自主性学习行为和学习成效。高中的学习动机和学习目标很明确，就是在高考中取得更好的成绩，进入心仪的大学继续深造。相比高中阶段明确的升学目标，升学不再是大学学习的唯一目标。学生进入大学后，在新的学习目标确立之前，容易陷入学习动机的空白期，失去学习的方向和前进的动力。[①] 因此，高校学生工作者要引导学生明确学习目标、激发专业兴趣、勇于自我挑战、厚植家国情怀，将个人理想追求和专业学习融入国家富强、民族复兴、人民幸福的奋斗历程中，立志报效国家、为国栋梁。

2. 掌握学习方法

大量的实证研究表明，学生能否尽快完成高中生到大学生、大学生到硕士研究生的角色转变，掌握适应各个阶段的学习方法，是其学业发展的关键因素。其中，本科一年级和硕士研究生一年级阶段尤为重要。针对不能很好掌握科学学习方法，不能很好适应一年级学习生活的学生，高校要建立学业发展中心，通过建立台账、"一对一"学业规划和菜单式学业指导等方式，做到早发现、早介入、早处理，助力学生掌握科学合理、适合自己的学习方法，有效适应一年级的学习和生活，以契合新生的专业成长和人际关系适应等方面的需要。

3. 养成学习习惯

良好的学习习惯能为专业学习保驾护航。基于学生学习维度的课前预习、课堂做笔记、课后复习、与老师交流研讨、积极参加专业实践等与学业发展显著正相关。有研究表明，学习成绩排名前列的学生在专业学习、学术训练、学

---

① 参见耿睿《中国高校学业指导手册》，清华大学出版社 2021 年版，第 222 页。

科竞赛等方面的时间投入明显较高；而学业成绩较差的学生则普遍存在专注力不够、学习效率低、学业规划不合理等问题。因此，要引导学生增加学习时间，养成课前预习、课堂做笔记、课后复习、与老师交流研讨、积极参加专业实践等良好的学习习惯，特别提醒学生注重课前预习和课后总结，同时要充分利用课上课下的时间，加强与科任老师的互动交流。

二、助学机制

助学是指支持和帮助学生学习的所有机制的总和。据教育部统计，2012—2022 年，全国累计资助学生近 13 亿人次，为家庭经济困难学生在校安心求学提供了有力支持，实现了"不让任何一个学生因贫困而失学"的目标。

（一）全面覆盖应助尽助

目前，国内高校已形成了以政府资助为主、学校和社会资助为辅，"奖助贷勤补免减"多元结合的全覆盖资助政策体系，实现了所有家庭经济困难学生全覆盖。高校要通过完善助学工作体系、家庭经济困难学生资助一个不落、保障学生在校安心求学等方式，实现全面覆盖应助尽助。

1. 完善助学工作体系

2017 年，教育部印发《高校思想政治工作质量提升工程实施纲要》，将资助育人列入"十大育人体系"，强调要构建一体化育人体系，打通育人"最后一公里"。高校要构建完善国家—学校—社会—个人"四位一体"助学体系，与巩固脱贫攻坚成果相衔接，把党对家庭经济困难学生的关心关爱落到实处；还要及时帮助他们解决思想、生活、学习、毕业等方面遇到的问题，加强对他们的励志教育、诚信教育和社会责任感教育，让家庭经济困难学生对未来有信心、对前途有希望，引导学生听党话、感党恩、跟党走，牢记"国之大者"，成长为堪当民族复兴大任的时代新人。

2. 家庭经济困难学生资助一个不落

在 2021 年 2 月举行的全国脱贫攻坚总结表彰大会上，习近平总书记向国内外庄严宣告，经过全党全国各族人民共同努力，我国脱贫攻坚战取得了全面胜利！资助家庭经济困难的学生，是巩固脱贫攻坚成果同乡村振兴有效衔接的题中应有之义，是阻断贫困代际传递的治本良方，是架起家庭经济困难学生光明前途的希望桥梁。因此，高校要建立从学生入学到毕业全过程、全方位覆盖的助学工作体系，运用好"奖助贷勤补免"等各类广义上的助学工具箱，实现家庭经济困难学生 100% 全覆盖，做到不让一个学生因家庭经济问题而失学，实现应助尽助。

3. 保障学生在校安心求学

如何确保每一位家庭经济困难学生入学后都可以安心读书，是高校学生工作者一直在努力探索和必须解决的重要课题。脱贫攻坚战的伟大胜利，并不意味着高校资助工作的结束，而是新时期的新起点，翻开了新篇章。高校要建立起家庭经济困难学生监测常态化工作体系，"一生一档一策一导师"联系对接、精准帮扶，分层分类落实对接帮扶措施，及时帮助家庭经济困难学生解决思想、学业、生活、心理等方面遇到的各类问题，与巩固脱贫攻坚成果有效衔接，充分保障他们在校安心求学。

（二）精准帮扶一生一策

在实际资助过程中，学生资助工作将建档立卡家庭经济困难学生、低保家庭学生、孤儿、残疾学生等特殊困难群体作为重点保障对象，给予了较高资助档次。研究发现，困难原因、困难等级、困难表现等因人而异，要求高校学生工作者要分类指导、精准资助。

1. 分类指导

2013 年 11 月，习近平总书记在考察湖南湘西土家族苗族自治州十八洞村时首次提出了"精准扶贫"。作为帮扶工作全局的重要组成，高校资助育人要做到精准帮扶、分类指导，即利用大数据、云计算、区块链等新方法、新业态，精准识别家庭经济困难学生及其学业进展情况，建立台账，一人一档、一生一策，根据学生家庭经济困难等级、学业困难程度进行科学分类，根据不同类型学生的困难情况实行分类指导、分类资助、分类管理。

2. 精准资助

要做到精准资助，确保每一笔资助款都能用到刀刃上，就要做到资助对象、资助标准、资金发放"三个精准"，要从预算分配、过程审批、资金发放到事后监管等环节，做到全链条跟踪和闭环式管理。资助对象方面，要加强家庭经济困难学生数据库管理，细化工作流程、量化测评标准、强化主体责任，精准识别，应在尽在；资助标准方面，要与国家巩固脱贫攻坚成果的战略全局相适应，与高校最低平均消费水平相衔接，与学生成长发展需要相吻合；资金发放方面，要定岗定责定人，优化工作流程，提高工作效率。

（三）深化资助育人成效

将育人作为资助工作的出发点和落脚点，注重培养受资助学生的道德品质和学业成长，切实加强励志教育、诚信教育和社会责任感教育，加强学业辅导，支持学生升学深造。

1. 育人领航

在助学金评选环节，深入开展励志教育和感恩教育，培养受资助学生爱党爱国爱社会主义的意识。在助学贷款工作环节，大力开展诚信教育和金融常识教育，培养受资助学生的法律意识和风险防范意识，涵养契约精神。在开展勤工助学活动环节，着力培养受资助学生的劳动习惯和自强不息的进取精神。扎实做好家庭经济困难学生就业帮扶工作，通过基层就业、应征入伍学费补偿、贷款代偿等资助项目，培育受资助学生正确的成才观和择业观。[①]

2. 助学护航

高校定期组织开展面向受资助学生的资助培训，帮助他们全面了解资助政策，畅通家庭经济困难学生的求助反馈渠道和资源获取渠道；综合利用家访、数据分析和谈心谈话等方式，科学、合理设置认定标准，精准认定家庭经济困难学生；建立家庭经济困难学生工作台账，"一对一"跟进家庭经济困难学生的个案情况。

3. 拓展远航

充分调动校友资源，广泛争取企业、校友的爱心捐助，根据学科和专业特点设立院级奖助项目，建设集实习实训、就业创业、实践锻炼于一体的综合性实践平台。开源节流，创造条件，支持和指导受资助学生开展创新创业训练，资助或奖励学生升学深造。强调扶困、扶智、扶志相统一，积极选树典型，展

---

① 参见林仪《"助学护航—奖学领航—拓展远航"资助育人评估机制》，载《教育观察》2020年第21期，第42～44页。

现学子风采，讲述好人好事，召开优秀学生表彰大会，形成物质帮助、道德浸润、能力拓展、精神激励有效融合的资助育人长效机制。[①]

三、奖学机制

奖学金是为鼓励综合素质全面发展的优秀学生而设立的专项资助，是激励学生勇攀高峰、发挥榜样示范作用、推动学生全面发展的重要抓手。

（一）激励学生勇攀高峰

国家奖学金由中央人民政府出资设立，是荣誉等级最高的国家级奖学金，校级奖学金由高校出资设立，院级奖学金由学院（系）或校友出资设立。高校要采取健全奖学制度体系、营造以奖促学氛围、引导学生追求卓越等方式，激励学生勇攀高峰。

1. 健全奖学制度体系

高校要成立资助管理中心，按照"讲政治、业务精、作风正、纪律严"的标准，建立起校级由专职工作人员组成，学院（系）级由辅导员、班主任、学生骨干等组成的校院两级资助工作队伍，夯实资助工作基础。此外，建立健全奖学事务规章制度，根据上级部门相关精神和资助工作新形势新变化，定期启动规章制度立改废工作，切实提高学生资助工作的规范化管理水平。同时，做好奖学金政策宣讲工作，引导学生正确理解政策内容和评选规定。

2. 营造以奖促学氛围

荣获奖学金的学生学习成绩优异，社会实践、创新能力、综合素质等方面表现特别突出，是广大学生勤学苦练、追求卓越的标杆，有助于激励广大学生成长为德智体美劳全面发展的社会主义建设者和接班人。营造以奖促学的浓厚氛围，让继续升学深造成为获奖学生的内在自觉追求，引导优秀青年学子积极向党组织靠拢。充分发挥学业优秀学生的示范引领作用，鞭策激励、精准帮扶学习暂时有困难的学生，营造优良校风学风。

---

① 参见林仪《"助学护航—奖学领航—拓展远航"资助育人评估机制》，载《教育观察》2020年第21期，第42～44页。

3. 引导学生追求卓越

高校应围绕人才培养目标，定期修订本单位本科生素质综合测评实施细则，引导学生德智体美劳全面发展。坚持资助育人导向，在奖学金评选和发放环节，全面考察学生的道德品质、学习成绩、创新发展及社会实践等方面的综合表现，培养学生的奋斗精神和感恩意识。

（二） 发挥榜样示范作用

实践证明，用先进典型带动和影响广大学生是高校立德树人的有效方式。在学年结束后，通过选树典型、表彰宣传等方式，对该学年在德智体美劳各方面均表现优异的学生予以奖励，充分发挥他们在广大学生中的传帮带作用和榜样示范作用。

1. 选树典型

加大奖学金投入力度，规范开展奖学金评审，选树一批在学术科技、文体活动、公益实践等领域表现突出、取得骄人成绩的优秀学生典型，对学生德智体美劳全方位的成长给予形式具体、称号光荣的肯定，激励广大学生提振追求卓越的志气、奋进一流的心气、蓬勃向上的朝气，把学习作为一种责任、一种精神追求、一种生活方式，勤学苦练，打好基础，增长才干，勇立时代潮头，成长为行业领袖、国之栋梁。

2. 表彰宣传

开展优秀学子表彰大会，并通过广播、展板、微信推送等形式丰富的方式，宣传优秀学生的典型事迹，讲好他们成长发展的生动故事，激发广大学生勤学苦练、追求卓越的内生动力。表彰大会要创新形式，可采取诗朗诵、舞台剧、现场访谈等学生喜闻乐见的形式，多角度呈现优秀学生的风采和事迹，提升表彰大会的感染性和亲和力。受众方面，要重点面向低年级学生进行宣传，在他们心目中播撒"成就更好的自己"的种子，引导学生树立为国为民的远大志向，听党话，跟党走，立志为国家富强、民族复兴、人民幸福贡献自己的智慧和力量，努力成为堪当大任、能挑重担的栋梁之材。

（三） 推动学生全面发展

德智体美劳一个都不能少，这是党和国家经过多年摸索总结出来的。"五育"之间没有先后关系，更没有轻重之分，它们相互依存、相互渗透、相互影响，从而构成了一个有机整体，共同促进学生的成长发展。

1. 以点带面

实践表明，奖学金对学生学业发展有显著的促进作用，是对学生影响最大的资助类型之一。社会主义大学人才培养的基本要求，就是培养德智体美劳全面发展的社会主义事业的合格建设者和可靠接班人。综合素质测评是对学生素质发展的全面、规范、科学的评价，是实施以奖促学的重要基础，是高校人才培养的重要环节。各高校要坚持立德树人根本任务，结合学科和专业特点，定期修订学生综合素质测评实施细则，建立健全人才培养目标导向体系，在学生综合素质测评中细化设计理想信念、道德品行、专业素养、文体素养、责任担当、团队协作、爱国荣校、劳动素养、国际视野、文化传承等多个测评点指标，引导学生勤于学习、善于学习、广博胸怀、心怀天下，把个人理想追求和国家前途、民族命运、人民幸福紧密联系在一起，不断提升自身的思想道德品质与知识才干水平。

2."五育"并举

作为第一课堂教学计划以外的全部学习活动，第二课堂是培养学生德智体美劳"五育"并举、促进学生健康成长的重要途径，是落实立德树人根本任务的重要保障。深入推进第二课堂与第一课堂融合发展，要加强学生教育引导和日常管理，使学生在学业、心理、生活等方面的问题能得到及时疏导和帮扶，围绕学生、关爱学生、服务学生。遵循学生成长规律、第二课堂活动规律，一体化推进学生德育、智育、体育、美育和劳动教育，一生一策，分类指导，精准实施。

四、升学机制

当前，随着经济社会不断发展和高校毕业生群体规模不断扩大，"考研热"居高不下。2021年，C9高校（北京大学、清华大学、哈尔滨工业大学、复旦大学、上海交通大学、南京大学、浙江大学、中国科学技术大学、西安交通大学）毕业生平均深造率为67%；2019—2021年，C9高校毕业生升学比例亦不断走高。

（一）升学深造的基本内涵

升学，泛指进入比原来高一级的学校或年级进行学习和深造。推动高校毕业生升学深造，是高校提升人才培养质量的必然选择，是新时代人才强国战略的内在需要，是推动学生高质量发展的重要途径。

1. 是提升人才培养质量的必然选择

中国特色社会主义进入新时代，党和国家对高层次创新型人才的需求比以往任何时候都更加迫切。本科生升学深造，是加快培养国家急需的高层次人才的重要途径，能够为高水平科技自立自强、攻克"卡脖子"工程提供坚强有力的支撑。

2. 是新时代人才强国战略的内在需要

研究生是一流科技领军人才和创新团队的重要来源，是培养规模宏大的青年科技人才队伍的重要蓄水池，是为党和国家培养大批卓越工程师的主力军，在提高创新能力、服务经济社会发展等方面发挥着不可替代的重要作用。

3. 是推动学生高质量发展的重要途径

世界正处于百年未有之大变局，人们的职业生涯在变长，未来挑战更加复杂多变。本科生选择升学深造，通过研究生阶段3—5年的培养，学生的知识储备更丰富，专业积累更深厚，专业适应性和综合竞争力都会更强，未来的发展空间会更广阔，为他们步入社会建功立业奠定坚实基础，这也是对天分和素质较好的学生一辈子负责的表现。

（二）升学深造的主要类型

在高校的学历教育中，升学深造的主要类型包括推荐免试、统一考试和国（境）外留学等三类。其中，推荐免试和统一考试主要面向国内高校，国（境）外留学面向国（境）外高校。

1. 推荐免试

推荐免试研究生，简称"推免"，是指按照有关规定推荐少数优秀应届本科毕业生不用参加研究生考试而直接读研的一种形式，包括保研、直博、硕博连读等类型。推荐免试一般对学生的学业成绩、科研经历要求较高。从去向单位看，可分成本校推免和校外推免两种类型，高校学生工作者需要引导学生尽早进行准备；推免外校的学生，应尽可能争取参加目标高校的夏令营（7—8月份），以熟悉高校、学院、专业和导师的相关情况。

2. 统一考试

全国研究生统一招生考试，简称"考研""考博"，是指教育主管部门或招生机构为选拔研究生而组织的相关考试，包括初试和复试两个环节。硕士研究生统一考试由教育主管部门确定统一的考试时间，一般在每年的 10 月进行报名，12 月底进行初试，次年 2 月进行复试，次年 3—5 月进行复试录取及调剂。相关数据显示，考研人数屡创新高，2020 年全国硕士研究生考试报名人数为 341 万人，2021 年为 377 万人，2022 年达到了 457 万人。高校学生工作者要对研究生考试的报名、初试、复试和调剂等流程进行指导和讲解，紧盯复试和调剂等重要时间节点，为学生提供精准辅导。

博士研究生考试由各高校自行组织，具体考试时间不同。从考试形式上划分，又可分为统招和申请考核制两种类型。因选拔方式能更加全面地考察学生的科研潜力，申请考核制的普及化速度正在不断加快。相关数据显示，在全国 140 所"双一流"建设高校中，超过三成的高校实行了申请考核制，其余高校也在陆续推行申请考核制。

3. 国（境）外留学

申请国（境）外留学的时间不尽相同，也会因专业而异。例如，理科背景的本科生申请出国（境）留学，澳大利亚等国家的高校或科研机构一般 4—5 月开始申请，英国、美国、加拿大、新加坡、中国香港地区的申请时间一般为每年的 10—11 月。不管意向留学地情况如何，在此有几个建议：一是要尽早准备，好的学业成绩是申请的基础，同时，参与科研训练的经历和学术成果（如发表的研究论文）是最大的加分项，大部分的留学项目都对语言成绩做出了要求，因此要结合留学意向地的要求尽早准备，常见的语言考试类型包括 GRE、托福、雅思等；二是注意申请策略和方法，尝试多申请几所学校，提高申请成功概率，但也要注意申请学校的层次搭配，要有保底选项；三是高校学生工作者要就出国出境深造流程及注意事项对学生进行指导培训，提升学生出国出境深造成功率。

（三）升学深造的推动机制

不同高校、不同院（系）推动升学深造的工作机制不尽相同。下文以某高校为例，通过贯通本硕博一体化课程、营造升学深造浓厚氛围、加强指导以提高成功率等方式，汇聚形成推动升学深造的强大合力，是值得参考借鉴的。

1. 贯通本硕博一体化课程

学业发展，课程是基础，教材是根基，教师是关键。贯通本硕博课程是推动本硕博一体化培养的题中应有之义，7—9 年的培养周期有助于推动学生扎实专业基础，专注创新能力提高，实现螺旋式、进阶式培养。高校各院（系）要结合专业和学科特点，积极构建层次递进的"本—硕—博"一体化课程体系，为本科生—研究生贯通培养提供课程条件和学科基础。

2. 营造升学深造浓厚氛围

围绕第一课堂前沿导论类、学术科研训练类、实习实践类、毕业论文（设计）等必修课程，组织开展学术论坛、科研训练、调研考察、海外交流、学科竞赛等活动，营造本科生—研究生贯通培养的浓厚氛围。发挥辅导员、班主任、专任教师等的专业素养和学科优势，鼓励毕业生追求学术卓越。

3. 加强指导以提高成功率

建立拟深造学生信息台账，"一院一策""一生一策"，有针对性地开展保研分享、留学指引、模拟面试、调剂指导等活动，从全面导学、精准助学到主动促学，不断助力学生提高深造成功率，推动升学深造成为学生的自觉行为和自我要求。[①]

---

① 参见李颖《基于第一与第二课堂融合的大学生深造推动机制——以中山大学海洋科学学院为例》，载《教育教学论坛》2020 年第 33 期，第 115～117 页。

第六章　高校学生的风险治理

高校各项事业的稳步发展，离不开安全稳定的环境。围绕高校学生这一主体，积极开展风险治理和隐患化解工作，切实保障学生安全、健康成长，是落实立德树人根本任务的基本要求，也是高校做好人才培养工作的关键所在。

第一节　高校学生风险的主要类型

全面掌握高校学生风险的类型，将有助于高校学生工作者深入了解各类学生风险的产生机理和特征特点，从而做到有的放矢，进一步探寻和总结防范化解学生风险隐患的有效途径及有益经验。

一、高校学生风险的概念

了解高校学生风险的概念是做好学生风险治理的基础。通过对概念的学习，使高校学生工作者对学生风险有更进一步的了解和把握，更加明确做好学生风险治理的意义和价值。

（一）高校学生风险的概念释义

风险指人身或财产遭受损失的可能性。[①] 即在由特定时间、空间构成的某一场域内，持续存在引发各类伤亡或损害事件的可能性或致灾因素。而在日常

---

① 参见〔美〕迈克尔·K. 林德尔等《公共危机与应急管理概论》，王宏伟译，中国人民大学出版社 2016 年版，第 61 页。

生活中，风险往往表现为某种无法把控的现实问题，即在特定的环境或时间段内，人们所期望达成的目标与现实结果之间可能存在的实际差距。于不同的特定对象而言，风险有不同的概念内涵。

习近平总书记指出，当前和今后一个时期，我国发展进入各种风险挑战不断积累甚至集中显露的时期，面临的重大斗争不会少。[①] 进入 21 世纪以来，随着国家经济社会的全面发展，人们的生活、工作、学习节奏不断加快，各类重大突发事件的频率增多，多元思潮也开始逐步发展兴起。特别是当前，我国正处于全面深化改革和经济社会转型升级的关键时期，社会结构、管理体系、利益分配等即将面临重大转变，国家重大政策的调整和制定，伴随网络媒体的传播效应，必将加深对社会不同群体的影响，各类矛盾逐渐叠加，各类风险也将逐渐显现。

高校作为社会的重要组成部分，不能脱离社会环境而独立存在，其映射了社会发展的真实缩影，是观察社会稳定状态的独特"窗口"，高校学生也必然面临更多的可能性和不确定因素，其风险触发点复杂多样、风险类型不断增多，而风险间的关联程度、转化速度以及连锁反应也越来越显著，高校学生风险的治理工作面临着严峻挑战。

（二）高校学生风险主体的特点

把握好高校学生风险主体——学生的成长规律和个性特点，是科学开展风险防范和化解工作的基本前提，也是做好当前学生工作的内在要求，更是落实好立德树人根本任务、确保高校学生健康成长成才的重要保证。作为青年一代中最受瞩目的特殊群体，高校学生被社会普遍关注，其自身带有鲜明的时代特征。

1. 青春活泼，开放精神强

高校学生往往朝气蓬勃、充满活力、年轻奋发，但也应看到，随着我国经济社会改革事业的不断深化、教育体制改革持续推进，新时代的高校人才培养工作步入了提质增效的关键时期，这也使得高校学生教育管理工作的复杂性日益增加。各类学生风险若无法顺利化解，极易演变或引发校园突发事

[①] 参见习近平《习近平谈治国理政》第三卷，外文出版社 2020 年版，第 226 页。

件，造成人身安全、心理健康、财产物资、声誉名誉等方面的损失或伤害。青年处在价值观形成和确立的时期，抓好这一时期的价值观养成十分重要。① 新时代的高校学生是伴随着中国特色社会主义建设事业共同发展的一代，是伴随着中华民族伟大复兴全过程成长起来的一代，他们的身上不仅有普通学生的共同特征，也具有这一时代的特殊烙印。新时代高校学生正处在个体思维方式逐渐定型、思想认识走向成熟的关键时期，可塑性更为突出，崇尚开放，但其消极脆弱性也在某些方面更为明显，容易受到外界不良因素的影响和侵蚀。

2. 视野开阔，学习能力强

高校学生正处于成长发展的关键时期，知识的快速累积、视野的逐渐开阔、阅历的不断增加，种种因素都促使高校学生对世界观、人生观、价值观等问题进行更深层次的思考和探索，随着这一过程的不断推进，其思想观念和思维方式也更容易受到外界的影响和牵引。习近平总书记在中国政法大学考察时，将广大青年比作"一块玉"，告诫大家要时常用真善美来雕琢自己。他在学校思想政治理论课教师座谈会上也指出，青少年阶段是人生的"拔节育穗期"，最需要精心引导和栽培。② 这说明了新时代的高校学生具有更为明显的可塑性，正如著名发展心理学家埃里克森的观点，青年人要重新审视童年时形成的自我，把它与新形成的特点、能力和志向相结合。他们的世界观、人生观、价值观逐渐形成并定型，将对自己今后一生的发展起着至关重要的作用和产生不可忽视的影响。

3. 向往自由，自我意识强

随着改革开放的稳步推进，国内经济建设的快速发展，新时代高校学生普遍成长在经济相对宽裕、社会开放程度更高、生活工作节奏更快的环境，物质生活和安全需求得到了充分保障，他们更倾向于关注自身的发展和自我的表现，也更追求自由自主的高质量生活状态。借助信息网络的发展，他们观察社会的视角较为广泛，不再仅仅依靠父母、师长、书本等感知外界，对客观事物

---

① 参见习近平《青年要自觉践行社会主义核心价值观——在北京大学师生座谈会上的讲话》，载《人民日报》2014 年 5 月 5 日。

② 参见习近平《习近平谈治国理政》第三卷，外文出版社 2020 年版，第 329 页。

的理解具有更多的自我思考和自我意识。与此同时，新时代高校学生也更渴望双向互动，对家长、教育者、同伴的理解和尊重有着强烈的需求，适当的激励措施能进一步激发他们在学习成长过程中的主动性和能动性。

4."网"不离身，网络思维强

中华人民共和国工业和信息化部发布的《2021 年 1—11 月份互联网和相关服务业运行情况》显示，游戏、日常工具、社交、音视频类应用程序下载量居前，均超过 2000 亿次。随着多媒体信息技术的飞速发展，作为网络"原住民"的新时代高校学生，运用媒体网络的能力更加强大，通过不同类型应用程序获取的信息更加丰富、多元，网络中的消极内容也极易在此时对高校学生产生影响，个别极端思想、不良思潮，通过网络媒介的包装，对高校学生的渗透更为严重。而由于长期浸润信息网络世界，高校学生对这些不良影响的甄别和抵抗能力较弱，特别对属于自身"小圈子"或小群体内的观点缺乏客观认识，容易出现盲目站队的现象。非理性情绪容易在个人及群体中相互感染、相互叠加，对高校学生的心理健康、学业发展、校园生活等均会产生较为严重的不良影响。

（二）高校学生风险治理的意义

高校学生风险往往潜藏于高校各项日常工作的细枝末节，起初难以准确察觉，一旦激化或爆发，将迅速发展演化，并造成难以估量的损害。因此，科学有效地对高校学生风险进行治理和管控，是实现高校高水平建设、内涵式发展的基本保证，也是完成立德树人根本任务、推进学生德智体美劳全面发展的必然要求，对维护社会稳定具有重要意义。

高校作为社会的重要组成部分，其安全稳定形势将对全社会安全稳定工作体系产生巨大影响，高校学生风险治理工作也是实现国家治理能力现代化的重要体现。新时期党和国家对高校建设工作提出了更高的要求，面对复杂的内外部形势，进一步加强学生风险治理能力，是各高校回应时代要求、提升管理水平、促进育人质量的有力举措。这就要求高校学生工作者做好学生风险治理，在日常工作中坚持底线思维、树立危机意识，将高校学生风险治理上升到防范化解重大风险的高度，凡事从最坏处做打算，从思想方式、工作方法上检视各环节的风险因素，构建风险识别、风险防范、风险化解的全流程治理体系，从而进一步推动高校治理能力的高质量发展。

青年的素质和本领直接影响着实现中国梦的进程。[①] 高校各项工作的主体是学生，能否高质量地做好学生风险治理工作，关系到学生能否健康成长和全面发展，更决定了我们能否顺利实现"两个一百年"奋斗目标和中华民族伟大复兴的中国梦。因此，高校学生风险治理工作要与学生教育管理实践紧密相连，将风险治理与解决学生实际困难相结合，积极重视和回应学生的真实需求，提升学生思想素质、道德品质、综合能力，引导广大学子德智体美劳全面发展。

二、高校学生风险的类型

社会各行各业对于风险的划分均有不同的标准，而对于高校学生风险类型的总结和归纳，有助于高校师生及时识别风险、规避风险，切实提升风险意识。结合当前学生工作实际，将高校学生风险主要划分为以下七类。

（一）身心健康类

青年学生步入高校校园，面对全新的学习生活环境，必然需要一定的适应过程。面对陌生环境带来的压力，学生在身心健康方面容易出现较多特殊情况，如身体的不适、心理状况和情绪状态的异常等，如未能引起足够的重视，就极易演化甚至引发学生伤亡事件，这些都构成了不可忽视的风险隐患。这里应重点强调学生心理方面的风险，有结果表明，新时代高校学生焦虑和抑郁症的比例呈现急剧上升的趋势。[②] 高校学生在心理健康方面的突发情况如今已越来越普遍，高校学生工作者应具备对这类风险进行及时识别、妥善化解的能力，切勿忽视心理健康问题的紧迫性和危害性，要积极利用好高校及社会的心理帮扶和支持力量，给予学生更多的关心关怀，切实帮助和促进学生健康成长。

---

① 参见本书编写组《习近平总书记教育重要论述讲义》，高等教育出版社 2020 年版，第 60 页。

② 参见［美］格雷格·卢金诺夫等《娇惯的心灵——钢铁是怎么没有炼成的》，田雷、苏心译，生活·读书·新知三联书店 2020 年版，第 202～204 页。

（二）学业发展类

学生在不同的学习阶段，所面对的学习压力、目标和内容均有所区别，这种差异在大学和中学这两个阶段体现得尤为明显。中学时代，学生的校园生活主要围绕学习展开，日常学习进度主要按照学校的教学计划推进，其自主性较弱，学习目的较为明确，提高学习成绩是首要目标。而在大学时期，学生的自主性得到释放，能自主选择学习的方向、方式和时间，大学阶段的学习成绩依然重要，但不再是唯一目标，此时，部分学生容易迷失自我，加之其在中学阶段未能养成良好的学习习惯和自律能力，错误地认为大学时光可以肆意挥霍，从而贻误了学习。同时，当前我国不同地区间的基础教育水平依然存在客观差距，部分来自教育条件相对落后地区的学生，存在知识水平跟不上的现实困难。另外，由于对所学专业不满意、学习方法不得当、就业前景不明朗，部分学生也会出现厌学现象。如未对上述学生进行及时科学的教育引导，其学业发展问题易进一步引发心理危机等其他次生问题，从而影响学生的个人发展进步。

（三）财产安全类

财产安全是学生开展大学生活、顺利完成学业的基本保障，切实维护好学生的钱、财、物安全，是做好高校学生工作必须高度重视的问题。特别是近年来，以电信网络为工具的诈骗犯罪逐渐将目标对准高校在校学生，与传统的诈骗犯罪相比，电信网络诈骗具有行为隐蔽、手段多样、成本低廉、传播域广、影响恶劣等特点，这些特点决定了电信网络诈骗对高校学生的危害更大、后果更加严重。随着国家加强对电信网络诈骗等新型犯罪的打击力度，校园反诈形势有所好转，但与此同时，学生财产安全风险依然现实存在。实践表明，认真抓好学生入学教育、日常教育，加强宣传警示，提升广大学子的安全意识，依然是维护学生财产安全的关键举措。

（四）政治安全类

习近平总书记曾指出，长期以来，各种敌对势力从来没有停止对我国实施西化、分化战略，从来没有停止对中国共产党领导和我国社会主义制度进行颠覆破坏活动，始终企图在我国策划"颜色革命"，他们下功夫最大的一个领域就是争夺我们的青少年。[①] 学生在步入高校的同时，也开始了探知外界的过程，他们对各类文化、观点有着深深的好奇，其价值取向和思想观念趋于多元，但随着我国国际交流的不断加强，不同地区文化深入交融，高校学生面临的政治安全风险也与日俱增。尤其是外部敌对势力逐渐将我国的崛起视为对其文化价值和政治制度的挑战，不断加紧对我国尤其是高校学生的思想渗透，主要通过对性少数群体、男女平权、宗教自由、劳工纠纷、民族纠纷等社会问题进行政治化炒作，以网络自媒体、非政府组织、宗教组织等作为政治工具，积极传播西方文化观念和意识形态。个别高校学生思想认识不坚定，对外部势力的渗透伎俩缺乏辨别能力，甚至理想信念产生了动摇，一些违法违纪的行为，如参加网络非法组织、参加非法宗教活动、发表不当言论等情况随之出现，这些都需要高校学生工作者高度警惕。

（五）网络安全类

放眼当今世界，以互联网为代表的信息技术正蓬勃发展，人类社会的发展乘着互联网的东风日新月异，网络也成为继陆地、海洋、天空后，人类开展活动的另一全新空间。与此同时，随着网络空间的发展，网络安全问题也成为人类社会最严峻、最现实的挑战之一。互联网不仅影响着社会的发展进程，更深刻改变着高校学生的学习生活方式，学生通过网络获取信息、学习交流、开展社交活动。随着网络深深地嵌入和融入大学生活，学生群体也逐渐成为网络窃密、网络攻击、网络诈骗等网络违法犯罪行为的施暴对象。也正是因为网络具有高度的开放性和虚拟性，个别高校学生法治意识淡薄，将网络空间视为"法外之地"，网上造谣、恶意炒作、捏造或传播虚假信息等网络违法行为也时有发生。

（六）人际交往类

学生来到高校校园，在进行专业知识学习的同时，也在为今后步入社会做

---

① 参见中共中央党史和文献研究院《习近平关于防范风险挑战、应对突发事件论述摘编》，中央文献出版社 2020 年版，第 45 页。

好准备。培养一定的社交能力，构建健康的人际交往模式，是新时代高校学生所应具备的良好素质。但在高校的陌生环境中，部分学生在面对全新的宿舍关系、同学关系、师生关系时显得无所适从，甚至无法适应，缺乏成熟理性的思考和应对方式，特别是当人际关系没有处理妥当、造成不良影响时，学生本人极易出现被孤立、被排斥的感觉，这为其心理危机的出现埋下了伏笔。同时值得关注的是，随着年龄的逐渐增长，高校学生对恋爱、情感的认识逐渐深入并积极实践，但部分学生在恋爱过程中，依然存在不理性、不成熟的情况，无法正确看待和处理情感问题，特别在面对感情危机时，无法及时理性地调节个人情绪，心理状况出现较大波动，极易演变成心理危机事件。

（七）公共安全类

2019 年末，突如其来的新冠疫情席卷全球，各大高校在面对诸如新冠疫情一类的公共突发事件时，课堂教学、科学研究、校园生活均受到不同程度的影响，学生的学习生活秩序也受到较大冲击。同时，随着我国经济不断发展，改革开放不断深化，社会转型加速，生产责任事故、社会群体冲突、社会道德失范等风险因素交织叠加，各种风险因素对高校学生的传导效应也在不断增强；个别社会热点问题通过互联网的传播，极易引起高校学生群体的关注，从而造成引发重大群体性事件的风险隐患。

三、高校学生风险的特点

在开展学生工作的过程中，高校学生工作者往往会面对类型多样、情况各异的学生事件，但并非每一起学生事件都会伴随或引发风险隐患。掌握高校学生风险的不同特点，将有助于学生工作者识别学生风险，从而更加有效、迅速地开展隐患应对和化解工作。

（一）突发性

高校学生风险的出现往往没有明显的征兆和迹象，其风险源具有偶然性，亦缺乏规律可循，常常由偶发性的事件如日常争执、情绪波动、学习成绩等引发，并随时处于量变积累的过程，而此时高校的相关管理决策，以及教师、学生等角色的态度和行为均有可能成为促使学生风险由量变向质变跨越的导火索。当此类风险未引起高校高度重视或未得到有效化解时，学生风险极易跨越临界点，出现风险外溢，并在极短的时间内引发一系列突发事件。尤其是当前，随着互联网对校园生活的高度嵌入，突发事件造成的影响将更为广泛，相关信息也会更为迅速地扩散，处理突发事件的时间和资源将会非常紧迫和有限，这将对高校日常管理和工作学习秩序造成难以估量的冲击，对高校的应对能力构成相当严峻的挑战。正是由于无法提前预测或预判高校学生风险的具体诱因、爆发方式、波及范围和发展情况，为了取得高校学生工作的主动权，及时对学生风险进行预警，并开展科学的化解处置工作，是高校必须重视的工作之一，也是每一名学生工作者提高风险鉴别能力、加强工作有效性和针对性的内在要求。

（二）紧急性

高校学生风险的主体对象较为特殊，均为在校学生，年龄介于 18 岁至 30 岁之间，具有较高的文化素质，充满活力、思维活跃，且高校学生普遍集中居住，学习和生活的节奏较为统一，并善于利用互联网等交流、传播校园信息，这些特点都决定了高校学生风险事件将不同于其他类型的风险事件，其一旦发生，发展速度将会特别迅速，尤其容易在极短的时间内造成校园内部的舆论压力和不良情绪的蔓延，以致引发校园突发事件，同时也会在很短的时间内引发社会关注，给学校带来一定的外部压力。面对学生风险，时效极为关键，高校学生工作者应提前制定完善的处置方案，并熟悉掌握处置流程，要及时掌握关键的实时信息，做好态势感知，力争在短时间内对学生风险进行管控和化解。

（三）危害性

高校学生风险如无法及时、科学地化解，将具有巨大的潜在危害性，其引发的突发事件，将对学生个人或群体的人身安全、财产安全和心理健康等方面造成直接或间接的伤害，尤其会给处于人生成长关键时期的青年学子留下不可磨灭的创伤，对他们的健康发展形成严重的不良影响。同时，每一个高校学生的背后都寄托着一个家庭的期望，学生的一系列风险隐患如果无法顺利地化解和排除，必将引起家长群体乃至全社会的广泛关注；当事态严重时，高校学生风险更有可能成为影响社会稳定的导火索。要客观认识到高校学生风险的潜在危害不仅针对学生和相关校外群体，也会对高校学生工作者等管理人员造成深刻的影响，特别是在化解学生风险的过程中，如处置不当，极易引发突发事件，将给辅导员等一线工作人员造成极大的压力和心理负担，对高校学生工作者的职业发展造成一定影响。特别在相对独立的高校校园中，当学生风险进一步外溢，或突发事件进一步发酵震荡，校园安全稳定形势恐将受到冲击，甚至会扰乱高校的教学科研秩序、阻碍高校建设发展。

（四）延续性

我们应客观认识到，高校学生风险不仅类型多样且长期存在，　且爆发，将会呈现延续发展，引起一系列的连锁反应，特别容易引发次生事件或二次危机。如果某所高校的学生群体出现风险事件，往往会在一定程度上影响或波及其他高校，形成一定范围内的风险效应叠加。另外，风险事件或突发事件的发生，不仅会对涉事学生和高校等造成影响，其不良影响也会沿着学生的社会关系网络，对学生家庭等利益相关群体造成一定的伤害，由于此时的不确定因素增多，高校学生风险的外溢和延续将更加突出。高校学生工作者在处置学生风险的过程中，应特别注意相关风险的连锁反应，要高度重视学生风险的延续发展，综合分析各相关群体在风险中的相互关系、相互作用，同时也不能忽视互联网、社交软件、学生社团等因素对学生风险的刺激作用，要从单一的风险化解视角转向对高校学生风险结构的控制和管理，及时、科学地规避风险效应的叠加，切实防止风险的进一步延续。

第二节　高校学生风险的产生原因

当前，高校学生风险往往类型多样，发展情况复杂，其背后的诱发因素更是多方面的，既有主观的个体内部因素，也有客观的外部环境因素，同时也存在较为复杂的主客观交叉影响的因素。

一、内部潜在问题

在众多诱发高校学生风险的因素中，内部因素尤为重要，它包括学生的身体健康水平、心理健康水平和家庭成长环境，这些因素与对学生的影响更为直接，也更深远，应引起高校学生工作者的高度重视。

（一）身体健康水平

正所谓"身体是革命的本钱"，想要实现个人目标，必须具备多方面的能力和素质，但所有这些都依托于一个基本前提，即健康的体魄。无论进行何种程度或形式的体力、脑力劳动，都必须以良好的身体素质为基础，这是个体从事社会生产活动的基本要求和重要基础。近年来，随着素质教育的全面推进，体质健康水平逐渐受到高校学生群体的关注。进入 21 世纪以来，人民群众的生活水平有了翻天覆地的变化，物质生活条件有了质的飞跃，高校学生的营养水平得到了极大改善，但同时也面临新的健康问题。一方面，个别学生沉迷网络世界，披上"宅男""宅女"的外衣，缺乏必要的体育锻炼，导致健康水平急剧下滑；另一方面，随着生活的富足，青年人的餐饮选择更加丰富，部分学生未能养成合理的饮食习惯，热衷于各类零食、外卖或高热量食品，导致体型出现变化，呈现亚健康状态。高校学生身体素质的下降，将对个人学业发展产生极为不利的影响，进而对学生的心理状态造成冲击，是引发学生风险不可忽视的重要因素之一。

（二）心理健康水平

随着经济社会的发展进步和生活水平的不断提高，人们对个体健康的认知越来越深入，不再停留在"身体无病便是健康"的传统理念，追求涵盖生理、心理多方面的整体健康逐渐成为主流。面对当前越来越快的生活节奏，高校学生容易受到来自学业、就业、人际交往等多方面的现实压力，其心理承受能力和健康水平有时要经受巨大的挑战和考验，特别是部分学生无法承受入学后学习、生活、就业、婚恋等方面的挫折或困难，长期受到消极情绪的困扰，未能及时进行调节。若不良情绪长期积压并无法合理宣泄，最终会影响心理健康状况，从而出现行为失常等情况。

目前我国已参照心理健康标准，依据高校学生群体特点制定了大学生心理健康指标。对比大学生心理健康指标，心理健康水平不佳的高校学生主要呈现出以下几类特点：一是消极对待生活，对学习、工作缺乏兴趣和热情，效率低下且存在严重的畏难情绪，对个人发展缺乏信心和规划；二是没有建立正确的自我意识，缺乏对自己身心活动的觉察和感知，包括身体状况、心理特征、人际关系等方面；三是缺乏和谐的人际关系，无法与他人构建良好的沟通模式，共情能力欠缺，在与他人相处时，消极情绪多于积极情绪；四是环境适应能力较差，缺乏适应环境的主动性，面对现实的问题或困难，往往选择逃避或沉溺于不切实际的幻想，不积极寻求外界支持或利用其他资源解决自身困难；五是缺乏良好的情绪调节和控制能力，在日常生活中体验到的消极感受较多，无法合理地宣泄自身情绪；六是缺乏健康的人格，其人格结构往往存在缺陷，个体的能力、气质、性格发展有所欠缺，无法较好地与外界相处，对外界存在偏激的认知、情绪和行为反应；七是心理行为和年龄特征不相符，人在不同年龄阶段都有其独特的心理行为特征，而心理健康水平欠佳的个体，其心理行为往往与自己的年龄特征出现偏差或冲突。

（三）家庭成长环境

就影响力和影响范围而言，没有什么环境可以和家庭相比。[①] 在青少年成长的过程中，家庭的角色至关重要，特别如家庭关系、经济状况、代际关系等原生家庭因素，均会给高校学生的成长、发展带来长期、深远的影响。于个体而言，家庭创造和培育了人与人之间特殊而又唯一的联系，对家庭成员的需要和依靠往往会伴随人的一生，从咿呀学语、蹒跚学步，到学习掌握基本生活技能，再到逐渐形成和认同合乎自身文化的道德价值观念和社会价值观念，每个年龄段的个体都需要来自家庭的帮助、支持和互动。

从家庭关系的角度看，温暖且健康的家庭关系会助力个体的健康成长，相反，家庭关系的缺失或不足则常常导致个体发展的受限或产生其他的严重问题。在家庭生活中，我们常常发现，温馨、亲切且耐心的交流能引发较为和谐

---

① 参见［美］劳拉·E. 伯克《伯克毕生发展心理学：从 0 岁到青少年》（第 4 版），陈会昌等译，中国人民大学出版社 2013 年版，第 62 页。

的正向行为反馈，同时也有助于在今后的互动过程中构建和强化这一积极的交流模式；而过于苛刻或充满暴力的交流方式，则容易激发愤怒、反抗甚至回避等负向行为反馈，在今后的互动过程中，其消极的交流模式也会逐步形成。在家庭关系中，父母之间的夫妻关系尤为重要，夫妻关系和睦，互相体贴、体谅，则会给予孩子更多的鼓励和表扬；夫妻关系紧张或破裂，父母往往无法顾及孩子的需求，责罚和训斥的概率更大，而长期成长于父母冲突中的个体的情绪问题将更为严重。由此可见，家庭关系会对高校学生日常行为模式和人际交往方式的塑造产生深刻的影响，并将持续促进或妨碍学生的心理健康状况。

近年来，我国新生儿出生率持续走低，社会离婚率逐年攀高，妇女在社会分工中所承担的角色日益重要，小规模家庭的比例不断增加，而随着生活条件和医疗条件的持续改善，我国人均寿命不断延长，老年人多、年轻人少的倒金字塔型的家庭结构逐渐成为主流。当代高校学生大多成长于这样的家庭，面对独特的家庭代际关系，他们能得到更多的关爱、指导和帮助，同时也面临着诸如赡养等方面的经济压力。尤其是当前我国不同区域的经济发展水平仍然存在差异，个别家庭经济条件较差的学生，常常背负着帮助家庭改善经济条件的期盼，承受的心理压力较大，调节自身不良情绪的手段和途径较少，更容易引发心理问题或行为失常，需要对其进行持续的关心和帮扶。

二、校园安全隐患

一直以来，高校作为培养人才、优化人才、输出人才的重要阵地，担负着培养德智体美劳全面发展的社会主义建设者和接班人的重任。高校学生通过高校校园与外界进行接触、交流、学习，在此过程中也会受到各种不良因素的影响。由此可见，打造和谐、安全、稳定的校园环境，不仅是保证学生健康成长的重要前提，也是实现高质量人才培养工作的基本要求。

（一）校园财产安全方面的隐患

钱、财、物是当今社会人类赖以生存的物质资料，是个体开展社会生活的基本保证。一旦失去财产或个人财产受损，高校学生的校园学习生活将无法得到有效支持，基本生活无法保障，心理、情绪均会受到冲击。正所谓经济基础决定上层建筑，不同程度的经济基础将引起个体思想观念和价值取向的转变，并影响个体社会活动方式。同理，高校学生遭受财产方面的损失，会在一定程度上造成学生思想观念、价值取向的扭曲，甚至引发学生在校行为的失常、失当，从而产生多方面的安全风险。

当前，校园财产安全方面的隐患主要由以下三方面引起：一是部分学校物理防范、技术防范设施不完善，造成学生财物失窃现象时有发生。特别是随着相关安防设备的老化，围墙、防盗网等设施年久失修，未能及时进行修补，个别高校也未能普及门禁系统，给了不法分子可乘之机。二是校园周边环境复杂，部分社会人员违规进入校园。尤其是近年来，许多高校由于学生数量与校园容量存在严重冲突，新校区建设不断启动，但由于校园周边环境复杂，新校区硬件设施和管理制度不完善，许多社会闲杂人员得以随意进出校园，学生手机、电脑、自行车等财物被盗事件频繁发生。三是网络诈骗等不法行为多发，且多将高校学生列为重点侵害对象。高校学生特别是低年级学生往往缺乏社会经验，自我防范意识不足，在面对经济利益的诱惑时，往往无法客观理性地辨别风险隐患，极易在进行校外实习、网络交友、网上购物的过程中，受到不法分子的诈骗侵害，或被诱骗进行非法网络借贷，造成不可估量的损失。

（二）校园人身安全方面的隐患

高校学生往往缺乏必要的社会阅历，在面对突发事件或复杂情况时，普遍存在安全意识薄弱、自控能力较差、自我防范能力偏弱等问题，部分高校未能正确认识学生自我保护能力较弱的特点，对涉及学生人身安全的风险管控有所欠缺，特别如校园交通安全、食品安全、消防安全等问题，管控力度和范围的偏差，极易引发学生人身安全事件，切实损害了学生的切身利益。

在众多的安全隐患中，交通问题最为普遍，但也最容易被忽视，尤其是随着电动自行车、电动摩托车的解禁，超载、逆向行驶、未佩戴头盔等违规驾驶的问题极为严重，交通安全问题呈现多发态势。食品安全也是极易引发高校学生风险的重点问题，包括餐具消毒、食品保鲜设备是否完备、饭堂管理制度执行是否到位、食材来源是否正规等等。消防安全隐患一直是各类事故隐患中危害最大的问题，是各个高校做好学生安全防护的重点环节，在日常的校园生活中，违规为电动车充电、使用大功率电器、宿舍吸烟等问题时有发生，这都是导致火灾事故的潜在因素。

三、外部多因交互

随着高校学生校园生活的不断丰富，其与社会的互动也更加频繁、联系更加紧密。然而与此同时，高校学生受到的不良影响更加多样，风险事件的触发因素也更为多元，尤其体现在人际交往问题和网络环境问题等方面。

（一）人际交往问题

随着学生步入高校校园，他们与家人相处的时间逐渐减少，而在高校的人际相处却变得越来越重要，特别是与同学、朋友、恋人甚至网友的关系的好坏，均会对高校学生的内心活动、情绪状态和生活质量产生不同程度的影响。新生入学报到，首先会被纳入班集体进行管理，这里是学生接触和认识高校生活的首个场所，是高校开展教学管理的最基本单元，也是促进学生成长发展的组织载体。班集体是按照学生年龄、文化知识程度编排，具有共同活动目标与任务、共同价值观和凝聚力的高度组织化的群体。[1] 在班集体中，来自不同地区、不同家庭背景的学生共同学习、共同生活，逐渐建立起以同学为主体的同伴关系，随着相互了解的深入，共同的兴趣爱好和适当的自我表露，将帮助学生与同伴的关系得到进一步巩固，并从中获得充分的亲密感和信任感。但当同伴关系遭遇挫折和障碍，或学生没能获得正向的同伴关系反馈时，将会产生负面影响，留下风险隐患的种子。如亲密的友谊能帮助高校学生有效应对压力，特别是具有支持性的友谊能增强个体对他人的敏感性和关切度，促进共情能力的形成，鼓励个体做出有利于集体和社会的行为，并积极参与建设性的活动；反之，则会激发个体的行为失当或心理失衡。

在大学的人际交往关系中，与恋人的亲密关系是非常重要的部分之一，也是大多数高校学生成长过程中必然会经历的特殊阶段。在与恋人的相处中，高校学生能感受到更强烈的心理亲密感，获得更多的支持和鼓励，同时也进一步促进个体共情能力的形成。但由于高校学生在成长过程中的心理状态时常有起

---

[1]　参见冯刚《大学生思想政治教育工作概论》，北京师范大学出版社 2020 年版，第 93 页。

伏，对感情的认知不够深刻，同时，面对学业、就业等方面的不确定因素，其恋人关系呈现出不稳定的状态，此时的感情容易出现问题，对高校学生往往造成重大的冲击，部分学生在短时间内无法接受恋人关系的破裂和结束，心理状态严重失衡，人身安全等方面的风险隐患也由此产生。同时，随着近年来信息网络的高速发展，高校学生进行网络交友、网络恋爱的现象也逐渐增多，但有别于真实的交友方式，依托网络进行交友或恋爱存在一定的安全隐患。目前，在网络中依然充斥着大量不良信息，高校学生难以客观辨别，而个别不法分子也积极利用网络，针对高校学生群体开展诈骗等不法行为，对学生的人身安全、财产安全、心理健康等均会产生极其严重的不良影响。

（二）网络环境问题

目前，网络环境中充斥着海量的碎片化信息，信息质量良莠不齐，信息来源错综复杂，各类非主流意识形态、西方价值观念、享乐主义、消费主义等不良思潮混杂其中，宗教极端、民族分裂、暴力恐怖等境内外敌对势力也通过网络加紧进行渗透破坏，这对高校意识形态领域的安全造成了巨大冲击。这些不良思潮和敌对势力，往往利用高校学生喜爱的方式，通过娱乐化、多元化、世俗化的手段博取关注，一步步侵蚀高校学生对主流意识形态和道德观念的价值认同。面对包罗万象、鱼龙混杂的网络信息空间，各类思潮不断交融碰撞，高校学生涉世未深，其价值取向容易陷入迷茫，往往跟风附和享乐主义、拜金主义、功利主义等世俗化的价值观念，攀比之风、超前消费之风盛行，深陷校园贷等圈套的高校学生不在少数。与此同时，高校学生的理想信念也经历着严峻考验，其独立思考能力、辨识能力都在一定程度上被削弱，对科学的马克思主义的信仰逐渐丧失，个别学生在面对重大社会事件时，抛弃独立思考，忽视科学解读，习惯被网络信息"带节奏"，做出非理性的判断和行为。不仅如此，虽然高校在推进爱国主义教育工作中取得了良好的实效，但仍有敌对势力通过网络对学生进行思想渗透和挑拨，个别学生的民族认同感和国家认同感遭到弱化，在民族团结、民族统一等大是大非问题面前难免会出现错误的言论，引发政治安全风险。

我们也应注意到，网络时代，信息的传输和接收方式发生了巨大改变，对高校学生的学习方式和生活方式产生了巨大影响。高校学生一方面通过网络开展学习交流活动，享受着信息快速流动所带来的巨大便利，另一方面也被网络中的消遣娱乐工具占据了大块时间，"手机控""直播迷""网络虫"随之大量出现。尤其是部分学生自控能力较差，沉浸于网络所带来的精神层面的快乐和愉悦，从而深陷虚拟世界无法自拔，对外部世界失去兴趣，与真实的社会关系逐渐冷漠，与父母、老师、同学也渐行渐远，这为高校学生维护自身心理健康留下了巨大隐患。

第三节　高校学生风险的防范机制

古人有云："为之于未有，治之于未乱。"道理很简单，就是告诫我们凡事要早着手、早准备，要在祸乱没有产生之前就进行治理。习近平总书记也曾专门强调，要健全风险防范化解机制，坚持从源头上防范、化解重大安全风险，真正把问题解决在萌芽之时、成灾之前。[①] 因此，建立科学有效的防范机制，不仅是做好高校学生风险治理的关键环节之一，也是提升高校管理水平的必然要求。近年来，我国高校学生安全形势总体稳定，但学生突发事件也时有发生，给学生、学校和社会都带来了严重的负面影响，造成的损失难以估量，更难以挽回，这就对高校学生风险的防范工作提出了更高的要求。正所谓"凡事预则立，不预则废"，唯有做好充足的准备，才能做到"以不变应万变"。

一、人员防范

人员防范是做好高校学生风险防范工作的核心，是风险防范机制的重要组成部分，其主要围绕化解学生风险、防范突发事件，做好学生工作、校内安保、宿舍管理以及学生骨干等一系列队伍的建设展开。

高校学生工作者是青年学子大学生活中接触最频繁、关系最密切的角色之

---

① 参见中共中央党史和文献研究院《习近平关于防范风险挑战、应对突发事件论述摘编》，中央文献出版社 2020 年版，第 199 页。

一，学生工作队伍应深入学生的日常学习和生活，坚持围绕学生、关爱学生、服务学生的工作要求，积极了解学生的思想动态和当前需求，及时掌握学生及其家庭的现实困难。特别应重点关注学生心理异常、行为失当、人际关系冲突等隐患苗头，保持高度的敏感性。要引导学生在遇到困难和突发状况时能第一时间向学生工作队伍求助，及时将掌握的学生特殊情况向主管领导进行汇报，制定帮扶措施，积极利用好校内的学生帮扶救助体系，从生活、学业、经济、心理等方面给予学生多维度的支持和帮助，有效防止安全风险的产生和恶化。

校内安保队伍和宿舍管理队伍也是防范高校学生风险的重要力量。目前，高校的校内、校外环境往往较为复杂，特别是为了更好地满足教学需求，旧校区改造和新校区建设不断加快，校内人员流动进一步增加，这对校外人员入校管理和学生宿舍管理提出了更高的要求，包括对入校查验、交通安全、校园安保、来访登记、防火用电等规章制度的进一步完善和落实。尤其应加强对相关值班执勤人员的管理和培训，强化其责任意识和安全意识，严格恪守安全工作制度，定期组织开展消防安全、应急疏散、紧急救援等方面的综合演练，提高处置突发事件和特殊情况的能力。

做好高校学生风险防范工作，不仅需要称职的学生工作队伍等管理人员，也需要建设一支思想过硬、品德优良、能力突出的学生骨干队伍，包括学生党员、党团组织干部、班干部、社团负责人、宿舍长等。学生骨干来自学生，是带领同学开展自我管理、自我服务的主要力量，也是加强师生之间沟通交流的桥梁和纽带，因此，要注意对学生骨干队伍的选拔把关，重点考查学生骨干的思想政治素质、心理健康水平、组织协调能力、学习成绩、群众基础等各方面的情况，切实选拔和吸收优秀青年学子，加强学生骨干队伍力量。要注重对学生骨干的培训和管理，坚持用习近平新时代中国特色社会主义思想铸魂育人，引导他们严格遵守组织纪律和学校规章制度，以身作则，发挥模范带头作用。同时，积极开展朋辈帮扶工作，及时发现身边同学中的安全隐患苗头，并第一时间协助学生工作队伍做好风险预防工作。

二、物理防范

物理防范是高校学生风险防范机制的基础，主要包括学生宿舍、教室、实验室、图书馆、食堂以及校内其他公共场所的安全防护设施。校园作为师生日常工作、学习、生活的场所，人口密度较大，集中度较高，是消防安全、交通安全、食品安全、疾病预防等群体性风险问题高发的区域，同时，随着科研教学工作的开展，部分毒麻药品和易燃易爆物品作为实验材料存储于校内，如未妥善存储管理，也将造成极大的危害。

宿舍安全工作是物理防范体系中的重点环节，关系到学生的切身利益和人身安全，面对消防、用电、用水等方面可能出现的安全隐患，加强对宿舍设施的日常检查和维护，是每个高校必须常抓不懈的工作之一。高校要建立健全学生宿舍安全检查制度，定期排查学生宿舍楼内部的消防设施工作状态，及时更换过期和损坏的灭火器等设备；定期检查宿舍楼电梯、门禁、烟雾报警、门窗等设施设备的状况，及时对存在故障的设施设备进行维修或更换；关注学生宿舍用电安全，注意学生宿舍内外是否存在私接电线、网线和违规使用大功率电器等情况，密切关注电动车使用问题，严禁电动车进入学生宿舍和违规在室内充电。宿舍安全排查中发现的安全隐患问题，应及时向主管部门报告，并通知相关部门进行修理完善，涉及学生违规行为所引起的安全隐患，要通知学生所在院（系），并由学院牵头监督学生完成整改。

近年来，校园实验室安全事故、校园交通事故时有发生，均造成了严重的学生伤亡和极其恶劣的社会影响，作为学生开展学习科研活动的主要场所，教室、实验室、图书馆等公共设施的安全防护工作值得重点关注。一是加强安防设备的建设，在学生较为集中的公共场所，要结合客观实际普及监控、门禁、报警、急救等设备，力求相关建筑内部无死角，确保第一时间能够发现和掌握突发情况并及时进行处置。二是要加强日常排查，围绕门窗、门锁、护栏等硬件的安全状况，定期做好检查维护，排除用水、用电等方面的安全隐患，同时应设置好清晰的安全警示标识和紧急疏散示意图，确保消防楼梯等紧急通道的顺畅，切实从物理层面确保安全防范措施落实落细。三是要完善校园基础设施，包括修缮围墙、平整道路、检修路灯等，分区设置安保岗亭，大力促进平安校园建设。

三、技术防范

积极利用网络信息技术加强安全防范机制，将有效提升高校学生安全风险防范的工作效能。一是彻底打通信息孤岛。目前，高校各职能部门为进一步提升工作效能，已结合本单位实际开展了信息化建设，学工、教务、保卫、后勤等均已构建了相应系统，但信息孤岛的现象较为普遍，应进一步将涉及学生在校学习生活的系统进行整合，加强信息共享，通过对学生在校的各方面情况进行综合分析，及时研判和预测安全隐患苗头。二是加强实时动态分析，特别应在国家法律法规框架下，进一步注重对校园网络舆情等动态数据的实时跟踪，利用大数据分析、人工智能等技术手段，以信息数据为重点，加强对学生思想动态的收集和掌握，为学生风险特别是意识形态风险的化解提供有力的支持和科学的依据，从而有效避免校园突发事件的发生。三是大力维护网络安全。高校校园一直是非法网络组织和境外敌对势力实施网络攻击和网络渗透的重点目标，针对学校重要文件、重大科研成果和学生个人信息的网络窃密案件时有发生，因此，加强校园网络空间的安全防范迫在眉睫。要加强校园网络安全防护设备建设，全覆盖安装杀毒软件，定期更新病毒数据库，及时监控和屏蔽校外非法用户，同时积极与网络管理部门进行工作联动，及时沟通相关信息，采取有效措施切实维护校园网络空间安全净朗。

四、制度防范

习近平总书记指出，真正实现社会和谐稳定、国家长治久安，还是要靠制度。[①] 完善风险防范的制度建设是做好高校学生安全风险防范工作的重要保证，包括学生日常教育管理、心理危机干预、学生风险研判以及校内各项安全规章等制度。一是要完善学生工作各项管理制度，结合工作实际，定期修订教育教学、宿舍管理、行为规范等各类规范性文件，确保各类规章制度符合学生实际和办学实际。二是要落实安全法规和校纪校规的学习制度，从学生入校开始，应全链条、无死角地开展安全教育活动，包括国家法律法规、校纪校规以及安全事件案例，为学生详细解读相关法律条文和规章制度，深入剖析事件案例的发生背景和产生原因，加强安全防护和心理防护技能的培训，进一步引导

---

① 参见中共中央党史和文献研究院《习近平关于防范风险挑战、应对突发事件论述摘编》，中央文献出版社 2020 年版，第 179 页。

学生增强安全意识，提高自我防护和自我疏导能力，为学生打好安全风险的预防针。三是要建立学生安全风险分析研判制度，坚持常态化开展学生情况和思想动态摸查，定期组织学生开展安全风险分析研判，对较为突出的风险隐患进行专项研究，制定预防措施，力求全面掌握学生安全态势，有效预防各类安全风险的产生。四是要加强制度建设。随着时代发展，高校学生安全风险防范工作所涉及的内容将越来越多，范围也将越来越广，个别涉及学生管理方面的新领域、新环节依然存在制度空白和管理真空的现象，应与时俱进地对学生工作进行检视，查找制度建设存在的漏洞和短板，及时查缺补漏，确保不留隐患死角。

第四节　高校学生突发事件的处置

高校学生突发事件的处置，是指高校学生工作者在学生突发事件发生后，为控制危机事态、降低不良影响、避免事件升级所采取的一系列主动行为或管理措施。处置工作需根据学生突发事件的实际情况，采取恰当的处置路径，严格依据科学的处置流程，从而有效降低突发事件所带来的危害。

一、突发事件的处置路径

在处置学生突发事件的过程中，高校学生工作者应遵循高校育人规律，尊重高校学生的成长规律及个性，按照合理的处置程序，秉持科学的处置规范，情理法相结合，坚持设身处地、有理有据、依法依规的原则，妥善处理和解决学生突发事件。

（一）情感共通：设身处地

情感路径应遵循"以人为本"的价值观念，设身处地地为学生着想，以学生为一切工作的核心，将学生的生命安全放在首位，切实保障学生的利益和基本权利，这是高校学生工作队伍应对学生突发事件的首要原则。一是在日常教育管理工作中，要加强对学生安全防护意识的培养，通过谈心谈话、主题班会、专题讲座等方式，借助微信公众号、微博等多媒体平台，帮助学生客观认识突发事件的形成原因、爆发形式和基本特征。二是在学生突发事件发生之时，高校学生工作者一定要坚持维护学生的利益和合法权利，同时在日常教育管理中进一步加强法治教育，引导学生积极利用法律手段维护自身合法权益。三是在处置学生突发事件时，要注意做好对学生的人文关怀和心理帮扶。突发事件不仅会带来个体生命财产的损失，往往也会对学生心理造成极大的冲击和伤害，导致其形成心理创伤。因此，高校学生工作者在处置突发事件时，应高度关注学生的心理健康状况，密切留意学生的情绪波动情况，及时开展安抚和疏导工作，稳定学生心理状态，同时会同高校心理健康咨询机构进一步做好心理帮扶，切实维护好学生心理健康。

（二）法理贯通：依法依规

法理路径要求以规章制度和法律法规为出发点，尤其在处置高校学生突发事件的过程中，应切实坚持遵守法律法规，坚持依法、依规、依章办事的原则，这是保障校园安全稳定的基本要求。当前，各个高校已在基本建立管理制度体系的基础上，进一步完善和健全各类应急预案的种类，从而加强校园管理的体系化运作，其内容涵盖了课堂教学、实验室安全、宿舍安全、消防安全、食品安全、交通安全、政治安全、校外人员管理等校园生活的方方面面。在面对学生突发事件时，高校学生工作者应避免落入"想当然处置""依经验处置"的误区，要严格遵循学校规章制度和相关法律条例办事，坚持依法依规地采取处置措施，积极利用法治手段保护切身利益。同时，高校学生工作队伍在日常工作中，也应加强对相关法律法规的学习，认真了解和掌握相关法律知识，积极组织学生开展法治主题班会和专题讲座，增强高校学生群体的法治素养，强化学生的法治意识和法治思维，引导学生在日常生活中切实做到知法、守法、用法。

（三）多方协同：高效联动

习近平总书记指出，各种风险往往不是孤立出现的，很可能是相互交织并形成一个风险综合体。[①] 高校学生突发事件在发生之时往往广受关注，其负面

---

① 参见中共中央党史和文献研究院《习近平关于防范风险挑战、应对突发事件论述摘编》，中央文献出版社 2020 年版，第 235 页。

影响会波及学生、学校乃至社会层面，其处置过程情况复杂、要求严谨，仅仅依靠高校学生工作队伍无法达到最佳的处置效果。在实际的处置过程中，需采用"协同作战"的工作理念，积极加强各部门、各单位间的有效联动，通过明确分工、协调沟通，妥善应对各类突发事件的发生。这里应重点强调，在处置学生突发事件时，高校应及时建立起一个高效反应、有效联动、坚强有力的应急处置中枢机构，特别应具备有效调动校内相关资源的能力。例如，成立学生突发事件处置领导小组，以学校分管学生工作的领导为主要责任人，组员应包括各相关职能部门、院（系）等单位的工作人员，着力确保领导小组的统一领导、信息通畅、反应迅速、积极联动，在掌握事态发展、研究解决方案、开展具体工作等环节发挥关键作用。同时，高校也应进一步重视支援力量的建设，尤其应积极组建支援团队，涵盖心理、医疗、法务、后勤等方面的专业队伍，并在合适的情况下，大力借助辖区党政机关等校外单位的力量，在突发事件处置工作的不同阶段给予必要支持。

二、突发事件的处置流程

高校学生突发事件的发生往往较为突然，在发现事故后，现场学生工作人员应及时向上级领导汇报具体情况，进行紧急处置，在防止事态进一步恶化的基础上，寻求支援帮助。高校和院（系）相关领导在接到报告后，应迅速启动应急处置程序，及时成立学生突发事件处置工作小组，组织动员各部门、各单位分别开展处置工作，特别应注意加强相关院（系）、学工、保卫、心理、宣传、医护等各单位之间的工作联动和工作协同，共同应对学生突发事件中的安全保卫、医疗救护、心理帮扶、网络舆情等方面的紧急状况，这将对高校针对学生突发事件的综合处置能力提出较高的要求，也是对高校应急管理体系的重大考验。

（一）及时响应，迅速控制危急事态

在处理高校学生突发事件的过程中，高校学生工作者的响应速度是关键环节。如能第一时间抵达事故现场，并采用有效措施控制事态发展，将对突发事件的后续处理起到巨大的促进作用。

对于学生突发事件的处置工作，高校学生工作队伍责无旁贷，应积极主动地参与其中。作为与高校学生接触最多、最为亲密的教育管理者，对于突发事件信息的获取具有天然的优势，因此，在获悉学生突发事件后，高校学生工作者特别是辅导员应及时赶到事件现场开展应急处置，防止现场情况恶化，避免负面影响进一步扩散。同时，辅导员应对突发事件进行初步了解，以便相关部门来到现场后及时掌握事件的基本信息和现场情况，做好进一步处置。

高校学生突发事件波及范围较广，有时需要多部门工作人员协同开展工作，高校学生工作队伍应积极协助做好危机处置。应在切实稳定相关学生情绪的前提下，进一步认真细致地了解突发事件的起因和经过，尽可能地掌握更多的详细信息，同时着手对收集到的具体情况进行梳理，及时向主管领导汇报，以便协调心理、安保、法务等专业团队的支持和帮助。值得注意的是，在突发事件现场处置及后续的工作中，还应密切留意相关学生的思想动态和情绪状态，要注意突发事件对学生心理的现实冲击，在做好关心帮扶的同时，要特别关注相关学生特别是当事人的言行举止，如出现反常或其他异常情况，应及时进行干预，做好负面情绪疏导，避免次生事件的发生。

当前，随着新媒体时代的到来，高校学生乐于使用微信朋友圈、QQ空间、微博、知乎等网络平台分享生活中的重大事件并积极发表个人观点。因此，高校学生工作者在处置学生突发事件的同时，应密切关注网络舆情，重点留意学生在网络上发布的与突发事件相关的内容，要积极引导学生文明上网、健康上网，自觉抵制不实消息和不当言论。高校相关主管部门应结合工作实际，在适当的时机，通过合规、合法的方式，在合理范围内公布突发事件的发生原因、处理程序、最新进展等信息，澄清事件真相，解答师生疑惑，不给失实言论和网络谣言留下可乘之机。

（二）加强联动，妥善处置突发事件

高校学生突发事件的主体虽然是在校学生，但其涉及的对象常常包括学生家属以及学校和相关部门，而高校学生工作者作为其中的关系纽带，需要尽力协调相互关系，切实起到促进各角色间沟通交流的积极作用。尤其应注意做好学生家长的安抚工作，并尽全力协调各部门和各利益相关方工作，互相配合、互相理解，共同做好学生突发事件的处置工作。

为了妥善解决学生突发事件，高校学生工作者应结合工作实际，以帮助学生、保护学生为出发点，针对学生的困难问题，切实倾听学生的真实诉求，从而维护学生合法权益。为此，高校学生工作者应积极深入学生群体，进一步了解学生身心健康、学习生活等各方面的情况，认真听取当事学生对于突发事件的看法和反馈，掌握学生最真实的思想动态和意见建议。特别在面对突发性群体事件时，一方面要做好学生的思想引导和心理疏导，缓解学生的紧张情绪；另一方面也应积极了解、掌握学生所遇到的现实困难，将学生的合理诉求及时向上级主管领导汇报，使学校得以迅速根据工作实际调整对突发事件的处置措施。

积极开展家校沟通是高校学生工作者在处置学生突发事件时不可忽视的一项重要工作。特别是学生家属的理解、支持和配合，将在很大程度上帮助高校圆满解决学生危机事件。当学生突发事件发生后，家属对学校的最初态度往往是怀疑、抱怨和极度不满，此时，学生工作者应在请示上级主管领导后，主动与学生家长取得联系，及时介绍事件基本情况，化解事件初始阶段家属和校方之间的信息不对称问题，同时建立稳固的沟通渠道，以便家属及时了解事态进展。在与家属进行沟通时应特别注意把握三个方面的问题：一是实事求是，在与家属沟通时应坦诚相待，在征得有关部门同意后，针对家长需要了解的事件真实情况进行介绍，此时切勿增加主观判断，应坚持客观事实，消除家长的猜疑和误解；二是感同身受，无论出现何类学生突发事件，在与家属沟通时应注意对家长的心境感同身受，充分考虑和体谅家属的情绪反应，积极做好帮扶和安抚，稳定家属情绪；三是家校同盟，在处置学生突发事件时，要明确向家长表示学校的立场和家属是统一的，学校会在合情、合理、合法的范围内，尽全力和家属一起共渡难关，争取家属最大的信任与支持。

（三）积极善后，维护校园安全稳定

高校学生突发事件的善后工作是一个复杂且重要的过程，高校学生工作队伍要帮助相关学生及时调整状态，走出事故阴影，消除突发事件带来的负面影响。同时，认真结合突发事件处置工作实际，总结经验教训，促进学校教育管理工作补齐短板、提升效能。

学生突发事件的发生，会在很大程度上对相关学生的心理造成冲击和负面影响，学生的情绪出现起伏，心理健康水平出现波动，个别学生恐会出现焦虑、暴躁等不良情绪。高校学生工作者应重视学生的心理和情绪异常现象，及时进行安抚和疏导，对问题较为严重的学生，应尽快协调学校心理健康咨询机构的帮助，进行有效的心理干预，避免发生严重的心理问题。高校学生工作者还应进一步发动其他骨干力量，如班主任、党团组织干部、班级干部等，全方位了解学生的各项状况，并积极组织开展一系列集体文化活动，缓解学生的压力和紧张情绪，引导学生做好自我调节和疏导，恢复日常学习生活状态。

高校学生突发事件的发生往往会暴露高校日常教育管理工作中存在的漏洞和短板，此时，针对突发事件的总结工作就显得意义重大。对于学生突发事件产生的原因要进行深入挖掘，切实发现潜藏的风险点和危险源，同时应分析研究危机预警和预防阶段存在的漏洞，及时做好改进。此外，高校学生工作者要特别注意对突发事件处置工作的资料整理，及时收集相关工作记录、会议记录、方案文件、意见建议等材料，并认真撰写处置工作的总结报告，从事件经过、处置措施、原因剖析、经验总结等几方面，对教育管理工作机制进行深入的反思和审视，为今后工作的开展提供依据和借鉴，从而避免学生突发事件的再次发生。

三、突发事件的应对体系

应对突发事件应具备系统性思维，突发事件的应对和处置绝不能单兵作战，而应充分发挥集团作战的优势，从队伍建设、思想建设、信息化建设、制度机制建设等多方面入手，完善学生突发事件的应对体系，从而为高校构建安全稳定的环境提供更有效的支撑。

（一）队伍建设

一直以来，高校学生工作者尤其是辅导员，是开展高校学生工作的骨干力量，是高校学生日常思想政治教育和管理的组织者、实施者、指导者；同时，辅导员陪伴着高校学生开展校园生活，是学生成长阶段的见证者、陪伴者，也是学生全面发展的引路人；在危急关头，辅导员更是应对学生突发事件的中流砥柱。因此，建设一支信念坚定、素质过硬、力量充足、结构合理的辅导员队伍是保障高校各项事业行稳致远、长久发展的关键举措。坚定的理想信念、过硬的政治素养是辅导员应具备的首要条件，此外要坚持用习近平新时代中国特色社会主义思想铸魂育人，坚决贯彻党的各项方针政策，严守党的纪律，在复杂形势下保持足够的政治定力和政治敏锐性，切实守护好校园意识形态的一线阵地。同时，辅导员队伍应加强宽口径理论知识的学习和储备，特别是对马克思主义理论、思想政治教育理论和人文社科综合知识的掌握，这是做好高校学生教育管理工作的基础，唯有丰富的理论基础和知识结构，才能帮助辅导员提升工作效能，科学有效地应对各类突发状况。为了更好地完成立德树人根本任务，切实保证育人质量，辅导员还应具备扎实的业务能力，包括心理疏导、沟通交流、组织协调、自我学习等，通过提升自身工作水平，帮助学生更好地适应大学生活、顺利克服各类困难，切实将学生风险隐患化解在萌芽阶段。

（二）思想建设

增强忧患意识，做到居安思危，是中国共产党治党治国必须始终坚持的一个重大原则。[①] 在应对学生突发事件的工作体系中，思想建设最为关键，其核心便是增强忧患意识和危机意识。首先，高校学生工作者应高度重视学生突发事件的预防和处置工作，提前考虑和预判在日常管理教育活动中的风险因素，在心理和物质上预先做好相关危机应对准备，并与时俱进地对青年群体中的新情况、新问题开展研究学习，及时调整和改进工作思路，通过工作创新有效应对各类突发情况。其次，高校学生工作者应尊重高校学生的成长规律，结合高校工作实际，利用新媒体环境下的多种手段，大力开展国家安全教育、心理健康教育、法治教育等活动，强化学生的安全意识和危机意识，引导学生主动学习各类安全知识、掌握自我防护技能，在学生群体中形成安全、和谐、稳定的良好氛围。最后，高校学生工作者应注重对学生情况的了解、掌握，特别要注意建立定期与学生进行深入沟通交流的工作机制，积极了解学生家庭背景、经济状况、心理健康、对外交往等各方面的情况，

---

① 参见习近平《习近平谈治国理政》第一卷，外文出版社 2018 年版，第 200 页。

同时要善于利用校内网络平台以及微信、QQ、微博、知乎等关注学生的个人状态或群体动向，保持高度的政治敏感和辨别能力，如此才能下好学生突发事件应对的先手棋，把握主动权。

（三）信息化建设

随着人类社会数字化、信息化、智能化水平的高度发展，在应对高校学生突发事件的过程中也应及时适应新时代新要求。新时代高校学生成长于信息时代，互联网早已深深嵌入了他们的日常生活，作为当前网络用户的主力军，高校学生对信息技术的认识更为深刻、需求更为广泛。因此，利用信息技术为高校学生工作提质增效，尤其是加强学生突发事件处置工作中的信息化建设水平，具有极其重要的现实意义。当前，许多高校已着手建立校园安全信息系统，重点将舆情分析、学生信息、教务教学、心理评测、校园生活等信息化平台进行整合，打通校园内部的信息孤岛，组建一体化的学生安全信息平台。重点以风险警示和风险研判为核心，在检测和抓取学生风险源的同时，第一时间对风险事件进行推送，通过对相关学生个人信息、家庭背景、学习情况、心理状况、校园生活情况等信息的实施调阅和汇总分析，实现对目标个体的深度侧写，并匹配相似的案例和处置方案，帮助高校学生工作者全面了解掌握突发事件的背景情况；同时，在系统的帮助下，对事态发展进行研判，设计可行的方案策略，采取科学合理的干预措施，及早对学生突发事件进行妥善处置。对学生安全信息系统的日常维护工作也应得到足够重视，定期更新相关信息库、案例库，及时排查化解系统问题，是充分发挥安全信息系统工作效能的必要条件。

（四）制度机制建设

维护公共安全，必须从建立健全长效机制入手。[1]形成要素完善、职责明确、行之有效的制度机制，是高校做好学生突发事件处置工作、维护校园长治久安的根本保证。突发事件应对的制度机制建设应围绕"预防—预警—处

---

[1] 参见中共中央党史和文献研究院《习近平关于防范风险挑战、应对突发事件论述摘编》，中央文献出版社 2020 年版，第 187 页。

置—善后—总结"的工作流程，区分事前、事中、事后等不同阶段开展。一是事前应完善突发事件预防和预警机制，落实学生安全教育制度，结合重要时间节点，定期开展国家安全、纪律学习、心理健康、消防安全、防骗反诈等方面的专题教育。同时，做好危机预警，定期通过谈心谈话、宿舍走访、课堂巡视等方式，深入学生群体摸查了解特殊情况，重点掌握学生家庭经济、身心健康、日常行为、宗教信仰、人际关系等方面的特殊问题和困难，梳理个体或群体倾向性问题，并及时进行请示汇报，提前做好针对性预案。二是事中应制订完备的学生突发事件处置方案，处置方案应包括工作小组构成、工作原则、职责分工、后勤准备、善后工作、沟通机制、应急预案等基本要素，同时要注意进行突发事件处置工作的"留痕"，应做好相关文件方案、会议纪要、谈话记录、现场视频或图片等一手资料的保存和整理，这将为下一步复盘整个突发事件的处置过程留下客观依据，也将作为宝贵的案例素材为今后的处置工作提供重要参考。三是事后应建立完善的复盘总结机制，认真查找引发本次危机的风险源，总结分析处置过程中的经验和教训，研判善后工作是否完善妥当，形成内容翔实的工作总结和案例分析材料，并及时进行归档保存。值得注意的是，应通过复盘整个学生突发事件的发展脉络和处置工作流程，积极对现行的学生教育管理体系进行审视和反思，及时采取针对性措施，完善教育管理工作的短板和漏洞，切实提升高校学生工作的实效。

第七章　高校学生工作制度机制

党的十八大以来，以习近平同志为核心的党中央把高校思想政治工作摆在突出位置，积极推动高校思想政治教育制度化、体系化。"我们要坚持以实践基础上的理论创新推动制度创新，坚持和完善现有制度，从实际出发，及时制定一些新的制度，构建系统完备、科学规范、运行有效的制度体系，使各方面制度更加成熟更加定型，为夺取中国特色社会主义新胜利提供更加有效的制度保障。"① 高校学生工作是高校学生思想政治教育的重要内容，承担着夯实高校学生思想政治基础、培养社会主义事业建设者和接班人的重要使命，在高校人才培养工作中具有不可或缺的重要作用。新时代高校学生工作制度和机制建设以立德树人根本任务为核心，同党的治国理政需要相适应，成为增强人才培养规律性和针对性的重要举措。

第一节　高校学生工作的组织体系

"高校学生工作"这一术语，在不同历史时期、不同高校、不同视角下有不同的称谓和内涵，与"学生思想政治教育""学生事务工作""学生事务管理"等概念相对应，在学界常常作为一个习惯术语，并没有统一的定义和概念。有学者认为，"'高校学生工作'通常表示高校一个工作领域的总称，是对学生进行思想政治教育、提供服务与管理的全部概念、事项、活动的集合"②。负责组织开展学生教育、管理、服务等工作实践的部门就是高校学生

---

① 冯刚：《新时代高校思想政治教育学原理》，人民出版社2021年版，第233页。
② 应中正：《多学科视野下的高校学生工作》，天津人民出版社2015年版，第2页。

工作组织机构。

在现代社会生活中，人们对社会组织一般有两种理解。从广义上看，组织泛指一切人类共同生活的群体；从狭义上看，组织指人们为了实现某种共同目标，将其行为彼此协调与联合起来所形成的社会团体。[①]

学生工作纵向垂直型组织架构以学生工作管理层次划分，是一种职位分层、权力分等、分科设层、各司其职的组织体系和管理方式。一般情况下分为学校党委、校级学生工作部门、院（系）学生工作办公室、学生组织四个层次。学生工作横向职能型组织架构以学生工作职能为主要划分标准，按照学生在校接受教育管理服务等各方面需求，设立相对应的管理服务部门，有的机构甚至能直接面向学生或学生组织，呈现扁平化特点。

一、学生工作部门

无论属于哪类结构类型，当前我国高校学生工作的组织体系一般情况下分为校、院两级。在两级管理的高校学生工作组织体系中，在学校一级层面设立各类面向学生教育、管理、服务的非教学科研部门，主要有党委学生（本科生）工作部（处）、党委研究生工作部（处）、校团委、学业辅导中心、学生资助中心、就业指导中心、心理咨询中心、学生宿舍管理中心等，统称学生工作部门。在高校学生工作系统中，校级学生工作职能部门是最重要的组织机构，要围绕学校党委的总体部署以及学校人才培养目标，贯彻落实上级各项决策部署，履行好组织协调、监督检查、考核评价的职能并督促院（系）开展好相关工作。

在学校党委的统一领导下，校级学生工作部门充当着领导决策和院（系）具体实施之间的桥梁，担负起宏观组织协调、监督检查、考核评价等职能，起着上情下达、下情上传的枢纽作用。校级学生工作部门具体职能包括：贯彻落实中央有关精神和各项决策部署，按照教育部、省市教育主管部门的统一安排和部署，结合本校实际，认真研究制定具体工作事务的相关规章制度，包括学生思想引领、学生行为规范、学生学业发展、学生心理健康教育等方面的政策

---

① 参见郑杭生《社会学概论新修》（精编本），中国人民大学出版社 2020 年版，第 168 页。

制度和管理办法，并组织实施和落实；通过开展广泛的调查研究，协助学校党委统筹协调全校学生工作；根据学校年度计划和工作要点，认真组织开展学生工作，完成职责任务；积极指导和督促各院（系）开展工作，根据院（系）的实际工作需要，在职能范围内提供支持和帮助，做好指导和服务工作；积极做好学生工作系统部门之间的组织协调工作。[①]

在高校学生工作组织体系中，党委学生工作部（研究生工作部）、校团委是高校开展日常学生工作的直接管理部门和实施部门。党委学生工作部（研究生工作部）主要负责和协助管理高校学生的思想政治教育、辅导员和班主任队伍建设、团学工作和第二课堂建设、学生行为规范和安全工作、学生学业发展和奖助工作等。日常工作主要包括学生日常纪律管理，"奖助贷勤补免"工作，党团班管理，学生宿舍文化建设和宿舍管理，大学生军训，日常国防教育，少数民族学生群体的教育管理，学生安全稳定和应急处理，迎新、毕业等专项工作。

与校级层面的学生工作部门相对应，高校各二级单位的院（系）也设立了学生工作部门，如院（系）学工办、团委或团总支等，以统筹开展院（系）层面的学生工作。

二、学生党支部

长期以来，党中央一直高度重视高校的党建工作，先后做出多项重大决策和重要指示。2016 年，中共中央国务院印发《关于加强和改进新形势下高校思想政治工作的意见》，明确指出："要加强高校基层党建工作，建立健全高校基层党组织，加强教师党支部、学生党支部特别是研究生党支部建设，充分发挥党支部战斗堡垒作用。"这一指导性意见，奠定了学校党委、院（系）党组织和基层党支部三级构建高校内各级党组织领导和组织高校学生思想政治工作的格局。

中共中央 2018 年印发的《中国共产党支部工作条例（试行）》规定："党支部是党的基础组织，是党组织开展工作的基本单元，是党在社会基层组织中

---

① 参见应中正《多学科视野下的高校学生工作》，天津人民出版社 2015 年版，第 156 页。

的战斗堡垒，是党的全部工作和战斗力的基础，担负着直接教育党员、管理党员、监督党员和组织群众、宣传群众、凝聚群众、服务群众的职责。"党支部作为党的组织体系的最基层部分，是党与党员、群众直接联系的桥梁和纽带，是党的基层战斗堡垒，兼具政治功能、动员功能、教育功能和集体功能四重功能。[①] 高校学生党支部是高校开展思想政治工作的基层组织和主要阵地，在引领优良校风、学风、班风、践行社会主义核心价值观和维护学校安全稳定大局中具有战斗堡垒作用，能够为坚持党对高校的领导、坚持社会主义办学方向提供组织支撑。

学生党支部是高校党建工作的前哨阵地，具有相对完善的组织结构、规范化的制度和工作流程。对于学生党支部而言，政治属性是其基本属性，政治功能是其基本功能，它在学校党委的领导下开展党的基层工作，负责入党积极分子的培训、审查和新党员的发展和转正等工作，通过组织丰富多彩的活动，在思想引领、学风建设、志愿服务、创新创业等方面起到模范带头作用；同时，也是党联系服务学生党员、群众的桥梁纽带，肩负着上传下达的职责。

学生党支部具体有以下八个方面的职能：①学习、宣传和贯彻执行党的基本路线、方针、政策，贯彻上级党组织的决议、要求、部署；②组织学生党员认真学习党的基本知识和党的理论，对学生党员进行教育、管理、监督和服务；③加强学生党支部建设，召开民主生活会，开展组织生活，开展批评和自我批评；④认真做好在学生中发展党员的工作，包括入党积极分子的培训、审查、发展和转正工作；⑤加强党员教育、管理、监督和评价，以及党员档案管理，党费收缴等常规工作；⑥及时了解学生的思想、学习和生活情况，分析掌握学生思想动态，有效开展学生思想政治教育；⑦指导团支部、班委会加强自身建设，开展各项活动，发挥应有作用；⑧切实发挥党组织和党员的先锋模范作用，服务社会、服务群众。

三、学生团支部

《中国共产党章程》规定，共青团是中国共产党领导的先进青年的群众组

---

① 参见冯刚《大学生思想政治教育工作概论》，北京师范大学出版社 2020 年版，第 256～257 页。

织，是广大青年在实践中学习中国特色社会主义和共产主义的学校，是党的助手和后备军。以习近平同志为核心的党中央高度重视共青团工作，要求共青团树立大抓基层的鲜明导向，把团支部建设放在更加突出的位置。共青团中央、教育部《关于加强和改进新形势下高校共青团思想政治工作的意见》明确指出："实施高校基层团支部活力提升工程，充分发挥班级团支部的战斗堡垒作用。"学生团支部是高校基层团组织的基础单元，作为优秀青年的群众组织，与高校学生保持着最直接、最广泛的联系，承担着面向高校学生开展思想政治工作的重要职责，是高校重要的育人阵地。

学生团支部的设置一般是以班级为单位，也有以专业、学生宿舍、学生社团等组织为单位建立的。其工作主要是团结学生团员，学习党团知识和先进思想，在活动中实践和掌握理论，为党组织提供后备力量。

学生团支部的事务主要有以下四个方面：①加强组织建设。面向团员开展党团理论学习，提高团员对共青团组织的认识；开展推优入党工作，推举优秀团员作为党员发展对象，为党组织输送新鲜血液；团组织的基本事务，包括团员档案的整理、团费收缴和其他有关团组织的常规工作。②开展团建工作。以团支部为单位开展丰富多彩的集体活动，活跃基础团支部，拓展团组织的工作内容和工作领域，突出组织生活的实践性和创新性，提高团员参加团组织生活的主动性和积极性，增强团组织凝聚力，体现高校学生精神风貌。③组织社会实践活动。组织学生团员走进社会、接触社会、认识社会，提高思想认识水平，坚定社会主义信念。④指导班级学生工作。对班级学生工作、学生活动进行指导，使之符合党团精神，提高参与者的思想道德水平。

四、学生班级

中共中央、国务院《关于进一步加强和改进大学生思想政治教育的意见》指出："班级是大学生的基本组织形式，是大学生自我教育、自我管理、自我服务的主要组织载体。要着力加强班级集体建设，组织开展丰富多彩的主题班会等活动，发挥团结学生、组织学生、教育学生的职能。"班级是高校学生学习知识的主要场所，是高校开展教学、行政管理和思想教育的基本单元，是高校学风建设的基本单位和重要抓手，也是开展高校学生思想政治教育的主要阵地，对高等教育的发展和人才培养发挥了重要的作用。

从进入大学开始，高校学生就生活在班级中，班级是学生成长的家，对学生的思想教育、能力培养、品格塑造、人际交往等具有重要的意义。高校学生班级建设的基本内容包括制度建设、队伍建设、学风建设、文化建设、宿舍管理等方面。制度建设是班级建设的基础，一套科学规范的规章制度对于班级学生工作的正常运转、确保良好班集体的形成和发展具有重要意义。队伍建设是班级建设的支柱，一支素质精良、具有一定组织管理能力、能发挥模范带头作用的班干部队伍是班级建设的核心力量，对班集体管理工作能起到以点带面的作用。学风建设是班级建设的关键，良好的学习风气和学习氛围是形成优良校风的基础，是保证和提高人才培养质量的需要。文化建设是班级的灵魂所在，是学生成长过程中的无形的教育力量。良好的班级文化增强了班级的凝聚力，提高了班级的向心力，塑造了学生的个性和品格，反映了班级良好的精神面貌，也可以潜移默化地让学生在班级中汲取积极向上的精神营养。

班级作为基层的教学组织和行政管理单位，接受党委、教学、行政三线的共同管理。"在改革开放初期，班级管理一直采取班主任＋团支部＋班委共同开展工作的'三位一体'模式"①，2000 年开始，在高校扩招和党中央大力发展学生党员的背景下，各个高校迅速发起"将党支部建在班上"的行动，由此"形成了班主任＋党支部＋团支部＋班委的'四位一体'管理模式"②，党支部主要负责班级党建和思想引领工作，团支部负责加强团员的思想引领工作，班委负责维持班级的日常运行。然而，长期以来，很多高校的党支部、团支部、班级未能协同运行、联合发力，存在党建、团建和班建分离的现象，未能充分发挥组织育人作用。

进入新时代，为全面贯彻党的教育方针，坚持党对高校学生工作的全面领导，落实立德树人根本任务，各高校纷纷开始实施"党团班一体化"建设改革，以实现"以党建带团建、以团建促班建"。班级建设是实现党团班一体化的基础，班级工作的良性运转是党团班一体化建设强有力的组织保证。为进一步深入推进党团班一体化建设，班级工作应该在以下四个方面着力：①思想引

---

① 冯刚：《改革开放以来高校思想政治教育发展史》，人民出版社 2018 年版，第 175 页。
② 冯刚：《改革开放以来高校思想政治教育发展史》，人民出版社 2018 年版，第 179 页。

领一体化。将党支部和团支部融入班级建设，充分发挥党支部和团支部思想引领的核心作用。②组织架构一体化。在本科生中纵向建立党支部，横向建立党小组。班级要规范班级干部设置，建设标准化班委会。一个班级可以规范设置班长、副班长、组织委员、学习委员、文艺委员、宣传委员、体育委员、生活委员、劳动委员（兼任心理委员）等多名学生骨干，同时推动条件成熟的班级实施党支部书记兼任班长、团支部书记兼任副班长的制度，促进党支部、团支部和班委会组织架构有机融合。③队伍建设一体化。将党团班学生骨干选拔、培养和考核统筹起来，培养出一批政治强、业务精、纪律严、作风正的学生骨干队伍。④活动组织一体化。可以通过内容统筹、分层推进的方式，联合开展"党—团—班"思想建设实践活动等。

五、学生宿舍

高校学生宿舍不只是一般的住宿场所，它还肩负着育人的重任，是学生进行自我教育、自我管理、自我服务的重要载体，是高校学生思想政治教育和校园精神文明建设的重要阵地，承载着管理育人、服务育人、文化育人的重要意义。

宿舍对于高校学生来说具有心灵抚慰功能、价值观教育功能、锻炼人际交往功能、激励功能和规范约束功能。首先，学生在大学阶段的生活、学习过程中，总会或多或少地遇到挫折与困难，而在远离父母的学校中，宿舍便成为他们寻求精神慰藉的重要场所。其次，宿舍也是学生生活学习的重要地点，宿舍成员群体文化所包含的共同信仰、世界观、人生观和价值观会对学生个体产生极其重要的影响，发挥极其重要的教育功能。宿舍对于一个人的交际能力的培养也有重大作用，高校学生宿舍是一个没有血缘关系的"家"，每个成员与其他成员的和谐相处，都需要具备一定的沟通技巧和人际交往能力。同时，良好的宿舍文化由积极向上、进取的精神风貌组成，对学生的成长成才具有很强的激励作用，个体成员的精神风貌和突出成绩对其他宿舍成员具有积极的感化作用，这种潜移默化的激励作用容易被学生接受，也容易发挥作用。高校学生宿舍文化是代表整个宿舍成员相互认同和遵守的潜在规则和习惯，对于规范和约束高校学生的举止文明具有积极作用。

学生宿舍是高校学生在大学期间学习、生活、交流、娱乐、休息的主要场所，宿舍环境对学生的健康成长，对其世界观、人生观、价值观的形成以及综合素质的发展具有重要的影响，它是学生在第一课堂之外的另一个重要的课堂，是影响学生健康成长成才的第二课堂。高校的宿舍管理是高校学生工作的重要组成部分。通过规范有效的宿舍管理，能够对学生日常行为规范进行教育、引导、监督，潜移默化地影响学生的外在行为，使学生具备健康的思想、优良的道德品质和健全的人格，真正把学生培养成德智体美劳全面发展的新时代好青年。

宿舍是高校学生的"第二个家"，若能营造出健康向上、丰富多彩的宿舍氛围，将有助于学生改进生活技巧，锻炼信息交流、沟通表达能力，增强团结合作意识，培养良好的心理素质，逐渐学会忍耐与宽容、彼此尊重，融洽同学关系，保持乐观向上的精神状态，以更充沛的精力投入学习、参加校园文化活动，促进综合素质的培养和身心的健康成长。作为集体性学习生活空间，宿舍环境和氛围常常熏陶和感染作为宿舍成员的学生个体的行为方式、生活习惯等。而学生群体之间在相处、交往中有意识或无意识的思想引导、行为示范，亦影响、改变着个体的思想意识、价值理念、道德偏好和心理素质。

六、学生社团

中共教育部党组和共青团中央联合印发的《高校学生社团建设管理办法》明确规定："高校学生社团是落实立德树人根本任务、推进素质教育的重要载体，是高校学生根据成长成才需要，结合自身兴趣特长，在高校党委的领导和团委的指导下开展活动的群众性学生团体。高校学生社团的基本任务是：以习近平新时代中国特色社会主义思想为指导，团结凝聚广大青年学生，坚持思想性、知识性、艺术性、多样性相统一的原则，积极开展方向正确、健康向上、格调高雅、形式多样的社团活动，丰富课余生活，繁荣校园文化，促进青年学生德智体美劳全面发展。"

学生社团是由学生们根据自己的兴趣爱好、特长及个人需要建立的自主开展学生活动的一种特殊的群众性组织，具有自我服务、自我教育、自我管理、自我发展和重要的社会教化功能，不同类型的社团活动对高校学生起到思想政治教育、文化知识技能教育、心理健康教育等多种教育作用，同时，有意义、高质量的社团活动还具有推动学校和社会发展的作用。

学生社团在高校学生成长成才的过程中发挥着重要的育人功能。首先，社团活动的不断开展，使高校管理及育人的功能得以延伸。社团的自我教育与自我管理通过社团具备的群体性和社会性得以实现。从社会心理学角度看，每个社团都是一个自治性的群体，在群体成员的共同活动中形成群体规范，群体规范对成员的思想、信念和行为方式形成约束，也是成员认识事物、情感交流以及彼此认同的心理参照系。群体规范维护了群体组织的整体性和可持续发展，是实现个体社会化的积极能量。社团使得高校学生在受学校管理之外，还受到了群众组织的自主化管理。这种管理相对而言更加人性化和伦理化，让人更易于接受，无形中减轻了高校的管理压力，成为管理育人的辅助力量。其次，社团活动以兴趣和专长为基点，多方面提升了高校学生的人文素养，如通过举办游园会、书法展、音乐会、武术表演等活动，培养和发展成员的兴趣爱好和才艺技能，涵养性情，陶冶情操，为校园营造一种浓厚的艺术氛围。再次，社团增强了高校学生的实践能力，有利于学生成长成才。社团活动为学生的成长成才提供了模拟和实践的现实空间。一些与专业相关的社团，如法学院青年协会、韩语协会、法语协会等社团紧密地围绕专业课学习，组织正式或非正式的学术交流及专题讲座，使学生在参与第二课堂活动的同时也提升了专业知识。同时，社团也锻炼了学生的组织能力和管理能力，有利于培养高校学生的团队意识和协作精神，为其今后走入社会奠定基础。此外，社团也有利于建立和谐文明的人际关系。心理学家马斯洛强调，健康的人格总是伴随着良好的人际关系。社团文化的建设和发展，既满足了学生对社会归属及自我价值实现的需求，又能调节和优化学生的心理状态和内在情感，增进学生的心理健康，从而培养健康的人格。最后，社团有效整合了社会资源，优化了高校的育人环境。社团活动涉及个人、学校、社会甚至家庭等与学生相关的各个层级，能够有效整合多方资源，形成对个人成长发展有利的良好的环境生态。①

---

① 参见李兴、刘蓉《高校社团文化的育人功能探析》，载《大学》2021年第25期，第14～16页。

第二节 高校学生工作的制度体系

何为"制度"？《说文解字》给出的解释是："制，裁也。从刀，从未。度，法制也。从又，庶省声。""制"和"度"都有规则、法度之意。根据《词源》对"制度"的定义，制度是"法令礼俗"的总称。在《辞海》中，制度的第一含义是指要求成员共同遵守的、按一定程序办事的规程。马克思主义认为，制度是在一定社会经济基础上形成的，包括经济制度和上层建筑在内的一个社会的全部规范体系，用以规范行为和调节人与人之间的社会关系、利益关系。

高校学生工作制度是高校为了保证学生教育管理服务工作规范运行，所制定的调节和控制与学生相关的各种关系和个人行为的规范体系。在表现形式上，高校学生工作制度不仅包括各级教育管理部门和高校制定的各种规定、条例、章程等正式的规则，也包括相应的工作机制和非正式或不成文的规则。一般而言，正式规则通常以规范性文件的形式呈现，非正式的规则通常以校园文化等形式表现。高校学生工作制度是对学生进行教育管理服务的工作依据和基础，是现代高校管理制度的重要组成部分，是我国教育法律体系的有益补充，是高校法制工作的核心内容。从构成要素来看，学生工作制度包括规则、对象、理念和载体四个要素；从层次结构来讲，学生工作制度可划分为根本制度、基本制度、重要制度；从规范范围来划分，有宏观制度、中观制度和微观制度之分；就制定主体而言，可分为国家级制度、省部级制度、学校制度等；就内容而言，可分为思想政治教育制度，"奖助贷勤补免"制度，就业制度，自我教育、自我管理、自我服务制度，等等；从规范对象来划分，可分为党团组织制度、班集体制度、学生宿舍制度、学生社团制度等。

一、学生党建工作制度

党的十八大以来，以习近平同志为核心的党中央高度重视党内法规制度建设，要求做好党内法规制度建设中的立、改、废、释工作，不断健全完善党内法规制度体系。从制定中央八项规定到修订《中国共产党巡视工作条例》，从修订出台《中国共产党廉洁自律准则》和《中国共产党纪律处分条例》到出台《中国共产党问责条例》，一部部党内法规，既体现出党中央管党治党的新理念新思想新实践，也为全面从严治党提供了制度保障。

高校学生党建制度建设是党的制度建设的重要组成部分，也是新时期一个十分重要的课题。在全面依法治国和依法治校的背景下，高校学生基层党建工作必须不断推进组织化、制度化、具体化、规范化建设，建立健全学生党建制度体系，这不仅是落实依法治校精神、提升基层党组织形象的需要，也是加强学生党员自身管理能力的需要。高校学生党建工作制度包括以下四个方面。

（一）基层党组织建设制度

基层党组织建设包括党支部的设置、调整、撤销，党小组的设置，党支部委员会的产生、换届和委员增补；相关工作制度包括《中国共产党章程》《中国共产党支部工作条例（试行）》《中国共产党普通高等学校基层组织工作条例》《中国共产党纪律处分条例》《中国共产党基层组织选举工作条例》。

（二）党组织生活制度

党组织生活包括党员大会、党支部委员会会议、党小组会议、组织生活会、民主评议党员、党课、主题党日、谈心谈话等；相关工作制度包括《中国共产党支部工作条例（试行）》《中国共产党基层组织选举工作条例》《中国共产党党员教育管理工作条例》《关于新形势下党内政治生活的若干准则》《中国共产党发展党员工作细则》等。

（三）党员管理制度

党员管理包括党员组织关系接转，党费收缴、使用和管理，党员日常管理，党员党籍管理，党员监督和组织处置，党员档案管理，党员信息管理，等等；相关工作制度包括《中国共产党章程》《中国共产党党员教育管理工作条例》《中国共产党支部工作条例（试行）》《关于做好留学回国人员党员恢复组织生活工作的意见》《中国共产党纪律处分条例》等。

（四）发展学生党员制度

发展党员工作包括申请入党、入党积极分子的确定和培养教育、发展对象的确定和考察、预备党员的接收、预备党员的教育考察和转正，此外，还需做到"三投票五公示一答辩"；相关工作制度主要有《中国共产党发展党员工作细则》。

二、学生团建工作制度

进入新时代，中国共青团基层组织建设面临着一系列不断变化的新情况、新问题。推进高校基层团建制度建设意义重大，既是党在新时代发展变化中对它的助手和后备军提出的新要求，更是高校深化共青团改革、落实全面从严治团、建设现代化的政党青年组织的行动自觉。

2017 年，共青团中央、教育部联合印发的《关于加强和改进新形势下高校共青团思想政治工作的意见》指出："加强高校共青团思想政治工作的理论研究和工作研究，丰富完善高校共青团工作制度体系。"2020 年，中国共产主义青年团十八届四中全会通过了《共青团深入学习贯彻党的十九届四中全会精神，团结引领广大团员青年为坚持和完善中国特色社会主义制度、推进国家治理体系和治理能力现代化作贡献的行动纲要》。2020 年 11 月，团中央举办党的十九届五中全会精神专题学习班，指出："要理顺团内领导体制和运行机制，厘清不同层级团组织的核心职能，确保组织内部、上下级之间令行禁止、运转流畅；夯实各项基本工作规则和工作制度。"① 由此启动了新一轮的共青团制度机制建设，也为高校基层团组织制度建设指明了方向。

"团的组织建设是以保障团员民主权利为基础，以完善团的委员会制度为重点，构建团员、团干部活动及团组织运行的体制机制。"② 高校学生团建工作制度涉及了团的工作的方方面面。从团组织的主体来看，涉及团员的责任、

---

① 《团中央举办党的十九届五中全会精神专题学习班》，载人民网，http://dangjian. people. com. cn/GB/n1/2020/1205/c117092 –31956483. html？ ivk_sa = 1024320u。

② 李春华：《中国共青团团内规章发展史论析》，载《青年发展论坛》2020 年第 2 期，第 23～31 页。

义务、纪律以及团干部的行为准则等方面；从团组织的框架来看，包括团的机构设置及运行机制等方面；从团组织的工作来看，涵盖了组织工作、宣传工作、青年工作等团的基础工作。

（一）基层团组织建设制度

1. 基层团组织选举工作制度

团的代表大会制度是共青团内重要的组织制度，是团的民主集中制原则的重要组成部分，团员大会和团代表会议都是坚持和完善团的代表大会制度的重要形式。《中国共产主义青年团基层组织选举规则》对代表的产生、委员会的产生、选举的组织领导、选举办法报批手续等做了明确的规定。

2. 基层团组织管理工作制度

基层团组织管理工作制度是在团的工作和团的建设历史发展过程中积累起来的一系列关于加强基层团组织建设的制度规范体系，包括《中国共产主义青年团章程》《中国共产主义基层团组织"三会两制一课"实施细则（试行)》《中国共产主义青年团普通高等学校基层组织工作条例》《中国共产主义青年团支部工作条例（试行）》《关于新形势下推进从严治团的规定》《关于中国共产主义青年团团费收缴、使用和管理的规定》等。

（二）共青团员队伍建设工作制度

团员是共青团组织的主体，同时，团干部队伍是共青团工作的骨干力量，是团的各项工作的具体执行者和落实者。一支能够发挥模范作用的共青团员队伍，是团组织战斗力的重要源泉。加强团员队伍建设、提高团员素质始终是高校共青团建设的重要任务；而提高共青团员队伍建设工作的制度化、规范化、科学化水平，进一步完善共青团员队伍建设的制度体系，也是当前高校共青团改革的重要目标。

1. 团员发展制度

发展新团员是共青团自身建设的重要内容，做好发展新团员工作是团支部的一项重要职责。《中国共产主义青年团章程》《中国共产主义青年团发展团员工作细则》《关于加强新形势下发展团员和团员管理工作的意见》等对青年的入团条件和标准、入团积极分子的确定和培养教育、团员的接收、发展团员工作的领导和纪律、发展团员的意义等做了明确规定，也对提高团员质量、优化团员队伍结构、强化团员教育管理等方面做出了部署。

2. 团员教育管理制度

《关于加强新形势下发展团员和团员管理工作的意见》对强化团员教育管理和发挥团员模范带头作用提出了指导意见，《中国共产主义青年团团员教育管理工作条例（试行）》规定了团员教育的基本内容、主要方式、团员激励和评价、团员组织关系和流动团员管理、团员监督和组织处置等，《关于新形势下推进从严治团的规定》对新形势下从严管好团干部队伍和团员队伍做了明确规定。

3. 共青团推优工作制度

推优制度是发挥团的助手和后备军作用的重大制度安排，是党团血脉联系的组织依托。《共青团推优入党工作实施办法（试行）》对推优对象和条件、工作程序进行了规定。

4. 共青团干部的选拔、培养、教育和考核制度

《中国共产主义青年团章程》第六章规定了团的各级领导干部的能力标准，《关于进一步加强团干部教育培训工作的意见》建立了团干部的教育培训机制，《2020—2023 年全国团干部教育培训规划》对共青团干部培训的内容体系、保障体系和制度体系做了详细规划。

（三）共青团思想引领工作制度

高校共青团是高校思想政治工作的主力军，参与做好高校思想政治工作是高校共青团的核心使命任务。《关于加强和改进新形势下高校共青团思想政治工作的意见》将加强高校学生思想政治引领和价值引领明确为高校共青团的核心任务，并明确了强化高校共青团组织育人、实践育人、文化育人、网络育人、服务育人的实施路径。《关于深入实施青年马克思主义者培养工程的意见》对高校实施青年马克思主义者培养工程做了详细指导和规划。

（四）学生会、研究生会工作制度

高校的各级学生会、研究生会由同级团委归口指导，关于学生会、研究生会建设的制度体系包括《关于落实共青团和学联对高校学生会（研究生会）指导管理责任的若干规定（试行）》《关于推动高校学生会（研究生会）深化

改革的若干意见》《加强和改进新时代学联学生会工作实施方案》《普通高等学校学生会（研究生会）章程制定办法》《普通高等学校学生会（研究生会）代表大会工作规定》等。

（五）青年志愿服务工作制度

青年志愿服务是我们党领导的共青团所发起的，以历史传承、家国情怀、青春激情为行为基础，以自由意志、独立人格、无私奉献为精神内核的实践行为。[①] 志愿服务是开展高校学生思想引领的有效方式之一，深受高校学生欢迎。党的十九大报告提出"推进志愿服务制度化"，对志愿服务发展提出了新要求、新期望。当前，志愿服务发展已具有切实有效的制度保障，建立了包括法律、政策、规章制度、实施细则等一系列制度体系。法律层面有全国性的法律法规，如《中华人民共和国慈善法》《志愿服务条例》，政策层面有国家以及各省级党委、人民政府名义颁布的指导性意见，规章制度层面有各志愿组织自主制定的章程等，实施细则包括各类标准、指引、措施、规则等。

（六）创新创业工作制度

服务青年创新创业是共青团的职能之一。《国务院办公厅关于深化高等学校创新创业教育改革的实施意见》《关于深化产教融合的若干意见》是高校深化创新创业教育的基础性指导文件。

三、学生班级工作制度

制度建设是高校班级建设的基本内容，对于班级的队伍建设、学风建设和文化建设起到了保障作用。班级工作制度是为实现班级管理目标而制定并适用于全班学生的行为准则，包括规定、条例、公约、细则等形式，对于学生的学习和生活起到规范和引导作用，从而促使良好的班风、学风得以形成。

学生班级工作制度包括：①班级学习考试制度，如考勤制度、课堂守则

---

① 参见《聚焦共青团主责主业　全力提升高校志愿服务》，载中国青年志愿者网，http://zg-zyz. cyol. com/content/2019－06/26/content_18054013. htm。

等；②班级奖助贷工作制度；③班级活动制度，如暑期社会实践实施细则、第二课堂考核实施办法等；④班委会工作制度，如班委会设置办法、班委会选举办法等；⑤班级队伍建设制度，如班干部学习培训制度、班干部管理实施细则、班干部评价激励办法等；⑥班主任联系班级制度。

四、学生宿舍工作制度

大学阶段是高校学生由他律转向自律的关键时期，宿舍是学生日常生活的主要空间，是学生思想碰撞、人际交往、沟通合作的场所。高校学生宿舍是培养高校学生良好的学风、校风的重要阵地，宿舍的优质化管理将会成为学生成长成才的重要影响因素。积极健康的宿舍文化将有利于引导学生养成良好习惯，培养学生的集体意识和协作精神，帮助学生树立崇高的人生理想。

要强化宿舍制度工作效果，一是要以多种方式加强宿舍制度文明构建。在制定并完善学生宿舍各项规章、制度、条例的同时，依托一定的载体和具体运作机制，强化对学生的引导与规范；注重运用不同形式，积极推动、引导学生自觉维护环境文明，将制度文明内化为精神文明、外化为行为文明。二是引导学生自我管理、自我约束，要注意引导、督促宿舍成员养成良好的学习、生活习惯，培养健康的行为方式，培养和提高学生自我管理的意识与能力。三是完善检查、监督机制。遵循并严格执行学校、院（系）的一系列宿舍管理规章制度，加强外部监督和约束，既是传统教育管理模式的主要内容，也在宿舍文明构建中发挥着重要作用。例如，宿舍管理部门通过加强宿舍门禁管理、组织宿舍卫生普查、检查清理违规电器等，结合院（系）辅导员、学生干部定期走访查看学生宿舍、开展宿舍谈心等形式，共同落实宿舍卫生、安全检查机制和宿舍卫生值日制度，促进宿舍文明的构建。学生宿舍工作制度包括宿舍管理制度、"文明宿舍"评选制度等。

五、学生社团工作制度

学生社团是高校校园文化建设的主要阵地，是加强和改进高校学生思想政治教育的重要途径。加强高校学生社团建设管理，充分发挥学生社团育人功能，实现高校学生社团健康有序发展，对于丰富校园文化建设、促进学生健康成长成才具有重要的意义。高校学生社团工作制度包括以下三个方面。

（一）社团成立审批与年审制度

首先，成立学生社团应建立一套严格的审批程序。学生发起成立社团必须向学校主管部门（一般是校团委）提交必要的申请材料。这些申请材料包括：社团发起人基本情况介绍、发起人申请书、发起人所在院（系）党组织意见、规范的社团名称、社团组织体系、社团基本经费来源、社团主要活动形式、社团章程草案、指导老师确认书、业务指导单位确认书等。社团主管部门对发起人提交的材料进行充分论证与核实后，予以批复。

其次，建立社团年审制度是十分必要的。对运行情况良好的社团给予适当的表彰激励，对年审不合格的学生社团予以相应的处理、整顿，乃至取缔、撤销，从而使学生社团始终处于良性运作的机制之中。

（二）社团日常管理制度

学生社团及其成员开展活动应有一套规范的管理制度。例如，应建立社团重大活动申报制度，对于社团组织跨校区、非常规、有社会力量参与的活动等，必须在活动之前向主管部门提交申请，待主管部门审定后方可开展。对于学生社团建立网站、新媒体平台、印发刊物、开展线上线下宣传、发布活动信息等，也应建立审核把关机制。

（三）社团组织建设制度

包括社团全体成员大会制度，社团学生骨干遴选、培训、培养、考核评价和激励机制等。

六、学生教育管理制度

高校学生教育管理是一个系统工程，涉及诸多要素和多元主体的关系的协调和整合，高校学生教育管理制度也是一个系统完备的制度体系。就内容而言，高校学生教育管理制度有教育制度、管理制度、服务制度、"奖助贷勤补免"制度，以及自我教育、自我管理、自我服务制度，等等。根据高校学生工作的三大主责主业，即思想引领、行为规范、学业发展，可以将高校学生教育管理制度相对应地分为学生思想政治教育制度、学生行为规范制度、学生学业与职业发展制度等三方面的内容。

（一）学生思想政治教育制度

思想政治教育制度是一定的思想政治教育主体为了保证思想政治教育规范运行，所制定的规范思想政治教育实践和人的思想行为的规范体系。[①] 思想政治教育制度既规范约束着受教育者的思想和行为，也直接作用于思想政治教育实践活动。

1. 思想引领制度

当前，国家层面的高校学生思想引领方面的制度主要有中共中央国务院《关于加强和改进新形势下高校思想政治工作的意见》、中共教育部党组《高校思想政治工作质量提升工程实施纲要》、中共教育部党组《教育系统关于学习宣传贯彻落实〈新时代爱国主义教育实施纲要〉的工作方案》、教育部等八部门《关于加快构建高校思想政治工作体系的意见》等。

2. 文化育人制度

党的十八大以来，以习近平同志为核心的党中央从中国特色社会主义事业"五位一体"总体布局的高度，提出了推动社会主义文化建设的战略任务，提出要以文化人、以文育人。加强文化育人制度建设是新时代思想政治教育发展的重要任务，《教育部关于切实加强新时代高等学校美育工作的意见》是新时代加强美育教育的纲领性文件，《关于广泛开展校园文化活动的工作方案》对各高校校园文化活动的开展提出了具体的工作要求。

（二）学生行为规范制度

制度是用于"引导人的行为"的，而"引导"既包含"约束、限制"的含义，也包含"激励、促使"之意。学生行为规范制度体系包含以下三方面

---

① 参见冯刚《新时代高校思想政治教育学原理》，人民出版社 2021 年版，第 234～235 页。

内容。

1. 对学生品行的教育与引导

现行的高校学生行为规范包括国家颁布的《高等学校学生行为准则》《普通高等学校学生管理规定》，以及各高校根据教育部相关文件制定的《学生准则》《学生守则》等校规校纪。

2. 对学生品行的奖励与惩处

奖励是基于学生的优异表现而对其进行的肯定、表扬、激励和褒奖，包括学生先进集体和先进个人的奖励办法。惩处是基于学生不当行为而对其进行的纪律性约束或惩罚，一般而言，各高校都制定了学生处分管理规定。

3. 对学生权利的保障与维护

在教育、教学、管理各环节自觉维护和保障学生的合法权利是高校法治工作的重要组成部分。《普通高等学校学生管理规定》遵照《中华人民共和国教育法》和《中华人民共和国高等教育法》中关于学生权利和义务的相关规定，明确了高校学生在校期间依法享有的6项权利和应当履行的6项义务。学生权利救济制度是保护学生权益的基础，包括学生申诉制度、听证制度等。

（三）学生学业与职业发展制度

1. 学生资助制度

我国高校普遍形成了"奖助贷勤补免"的完整资助制度体系，此外，还包括一套家庭经济困难学生认定制度。

2. 学生升学、就业与创业制度

高校学生的升学、就业与创业制度大致可分为职业规划类、就业服务类、升学指导类、创业实践类等。

3. 学生健康教育制度

学生健康教育制度包括心理健康教育咨询制度。《普通高等学校健康教育指导纲要》《高等学校学生心理健康教育指导纲要》对学生健康教育的基本原则、主要任务内容、实施途径、工作保障等都提出了指导性意见。

第三节　高校学生工作的运行机制

何为"机制"？"机制"一词最早源于希腊文，原指机器的构造和工作原理，后来被其他学科广泛应用并引申出新的含义。何为"学生工作机制"？根据学者对思想政治教育机制的定义，其中代表性的观点包括制度说、运行说、组织结构说、利益调配说、方法说、模式说、机能说、环节说等，学生工作机制泛指在学生工作系统中，各构成要素之间相互作用的过程和功能。

制度和机制之间的关系为：制度是机制的基础，是机制长期演化的抽象呈现；机制从属于制度，是制度形之于外的具体表现和实施形式。① 基于此，学生工作制度是学生工作机制的基础，学生工作机制是保证学生工作制度实现的条件和方式。制度是根本性、全局性、稳定性的规则，而机制一般指微观制度，更具备操作性和技术性。制度的意义在于严格执行，而机制是制度的具体实施形式，是能够保障制度严格执行和有效运行的一套操作系统。

一、高校学生工作运行机制的主体分析

高等学校学生工作队伍是高校坚持社会主义办学方向、全面贯彻落实党的教育方针、落实立德树人根本任务的一支不可缺少的重要力量，是高校学生思想政治工作的组织者和指导者，对培养德智体美劳全面发展的社会主义建设者和接班人、办好中国特色社会主义高等教育事业具有重大意义。2016 年，在全国高校思想政治工作会议上，习近平总书记提出，要构建党委统一领导、各部门各方面齐抓共管的合力育人的工作格局。2016 年，中共中央、国务院印发的《关于加强和改进新形势下高校思想政治工作的意见》指出，坚持全员全程全方位育人，把思想价值引领贯穿教育教学全过程和各环节，形成教书育人、科研育人、实践育人、管理育人、服务育人、文化育人、组织育人长效机制，明确要构建"三全育人"的一体化育人格局。其中，"全员育人"格局强

---

① 参见冯刚《新时代高校思想政治教育学原理》，人民出版社 2021 年版，第 238 页。

调人员参与的广泛性，既要充分发挥高校党政干部和共青团干部、思想政治理论课教师和哲学社会科学教师、辅导员、班主任和心理咨询教师等队伍的积极作用，也要发挥专业教师、教辅管理人员、后勤服务人员等力量的作用，实现"大思政"育人格局。

（一）党政人员

在实践探索中，我国高校已经形成了学校党委领导、校党委副书记分管、校党委其他职能部门联动协作，以学工群团等组织为主阵地的校院两级学生工作体系。在党委领导下，高校党政职能部门、教务部门、各二级培养单位围绕落实立德树人根本任务，共同协同开展学生管理、教学、科研和服务活动。其中，党政职能部门承载着开展学生思想政治教育的重要职能，是开展高校学生思想政治教育的关键力量。

高校思想政治工作是经济工作和其他工作的生命线。加强思想政治工作是全党的共同任务。中共教育部党组《关于学习贯彻落实全国高校思想政治工作会议精神的通知》指出："做好思想政治工作是领导干部的政治任务，每一个领导岗位都是思想政治工作的工作站，每一名领导班子成员都是党的思想政治工作者。"党政领导干部要承担起主体责任，切实提高思想政治素质和做好意识形态领域工作的能力，将高校学生思想政治工作落细落实落地。除了党政领导干部，党政职能部门的全体人员也要增强政治意识、大局意识、核心意识、看齐意识，立足本职岗位，强化育人意识，充分发挥育人作用。立德树人是高校的中心工作，是每个教职工的神圣职责。在"三全育人"工作格局下，高校的一切力量，包括各支队伍、各类人员，不论工作性质、岗位分工、具体职责有何差异，都应树立"人人育人"理念，结合岗位特点和自身优势，将高校学生思想政治教育融入业务工作，构建协同育人共同体。

（一）专任教师

教师是人类灵魂的工程师，承担着神圣使命。教师是对从事教育事业的教育者的统称，是先进思想文化的传播者、党执政的坚定支持者，承担着学生健康成长指导者和引路人的责任。教师包含两个方面的内涵：一是从职业角度来说，教师是一种专门的社会职业，它区别于其他职业的根本特征在于其主要任务是教书育人。"在教育教学活动中，教师向学生传授科学文化知识和培养学生能力，这是一个教书的过程；与此同时，教师在教育教学活动中对学生进行思想政治教育、道德品质方面的养成教育，培养学生具有良好的、健康的人格，这是育人的过程。"① 二是从教育者的角度来看，又有广义和狭义之分，广义上泛指一切传授知识、技能、经验的人，狭义上特指学校中传授科学文化知识和技能，对学生进行思想品德教育的教育者。

就开展学生思想政治教育而言，教师又分为思想政治理论课教师和专业教师，其中，专业教师是指除了思想政治理论课教师和综合素养课教师之外的教师群体，二者均肩负着立德树人的职责和使命。思想政治理论课教师是承担高等学校思想政治理论课教育教学和研究职责的专兼职教师，是高等学校教师队伍中承担开展马克思主义理论教育、用习近平新时代中国特色社会主义思想铸魂育人的中坚力量。② 在学生思想政治教育中，思想政治理论课教师主要承担着三个方面的角色：第一，是先进思想和科学知识的传播者。思想政治理论课有着深厚的思想底蕴，是先进思想和科学真理的集合，包含着人类和自然界永恒的真理。第二，是真善美的播种者。思想政治理论课作为立德树人的核心课程，承担着重要的职责和使命，对学生的正确引导关乎其成长成才的实现。高校学生处于人生的"拔节育穗期"，若对"真"的理解不透彻，对"善"的判断不够准确，对"美"的认识缺乏标准，将会阻碍其完整人格的形成和发展。思想政治理论课教师需要对学生进行以理服人、以情动人、以美感人的教育，悉心浇灌，培育出求真向善达美的时代新人。第三，是情感关怀的传递者。课堂上，思想政治理论课教师发自内心地抒发情感，为单调的课程内容注入充沛的情感表达，能触动学生的内心，给予其正面的人生导向。

在"大思政"工作格局下，专业教师育人功能的发挥主要体现在三个层面：第一，专业教师是课程思政的实施主体。习近平总书记在全国高校思想政治工作会议上提出，"把思想政治工作贯穿教育教学全过程，实现全程育人、全方位育人"，并提出要"使各类课程与思想政治理论课同向同行，形成协同

---

① 罗越媚：《思想政治课程与教学论》，广东高等教育出版社 2013 年版，第 253 页。
② 参见冯刚《大学生思想政治教育工作概论》，北京师范大学出版社 2020 年版，第 66 页。

效应"。① 在教学活动中，专业教师与高校学生的联系最为密切，接触最为频繁，对学生的学习和生活都有着深刻的影响，对其正确价值观的养成至关重要。第二，专业课程是推行课程思政的重要载体。在高校学生思想政治教育过程中，除思想政治理论课之外，专业课程是重要的育人载体，不同学科的专业课程中都蕴含着丰富的思想政治教育资源，如高校哲学社会科学就具有突出的知识性、学术性和意识形态性，是思想政治教育的重要载体。第三，能有效地实现知识与思想的共鸣。专业教师能将正确的思想观点、价值观念、道德规范融入专业知识教学，拓展知识性、技能性的教学内容向思想性、政治性教学内容的延伸，实现知识与思想的共鸣。第四，专业教师也是高校学生日常管理和服务的重要参与者。理论来源于实践，又作用于实践，专业教师通过挖掘日常思想政治教育的理论教育元素，能够在日常思想政治教育中发挥理论的引导、阐述、推动和提升功能。

（三）辅导员

高校辅导员是高校学生工作体系中的重要组成部分，是高校学生工作队伍的中坚力量。《普通高等学校辅导员队伍建设规定》（以下简称《规定》）明确了辅导员在高校思想政治教育中的角色定位："辅导员是开展大学生思想政治教育的骨干力量，是高等学校学生日常思想政治教育和管理工作的组织者、实施者、指导者。辅导员应当努力成为学生成长成才的人生导师和健康生活的知心朋友。"根据《规定》，辅导员的主要任务是坚持用习近平新时代中国特色社会主义思想铸魂育人，做社会主义核心价值观的坚定信仰者、积极传播者、模范践行者，教育学生爱国、爱党、爱社会主义，自觉将个人发展融入实现中华民族伟大复兴中国梦的奋斗之中，引导学生健康成长、全面发展；主要职责是做好学生的思想引领、价值引领和学业引领，具体包括党团班一体化建设、学风建设、心理健康教育与辅导、网络思想政治教育、校园危机事件应对、学生职业规划与就业创业指导、校园文化建设、学生思想政治教育理论与实践研究等内容。

辅导员是高校学生从入学到毕业的全程见证者、陪伴者和指导者，是学生

---

① 参见习近平《习近平谈治国理政》第二卷，外文出版社 2017 年版，第 376～378 页。

工作最基层的执行者和承担者，集教育、管理和服务三重职责于一身。辅导员要直接面向学生，工作内容涉及学生学习生活的方方面面。按照工作模块的不同，辅导员的工作内容可以分为教育工作、管理工作和服务工作三大类。其中，教育工作主要包含思想政治引领、道德品质教育、课程教学工作等三个方面；管理工作主要分为学习管理、事务管理和组织管理；服务工作主要分为生活指导和发展辅导。①

（四）学生

习近平总书记指出："思想政治工作从根本上说是做人的工作，必须围绕学生、关照学生、服务学生，不断提高学生思想水平、政治觉悟、道德品质、文化素养，让学生成为德才兼备、全面发展的人才。"② 学生是高校的主体，也是学生工作的活动主体。一方面，学生是高校开展学生工作的主要对象，是接受教育的客体，但相对于教育目标、内容、手段、环境等"物"的因素，学生是具有主体性的"人"的因素，人的主体性和主动性，是高校学生接受高等教育的最为活跃的因素。高校学生工作的有效性也有赖于学生主体性的发挥。"对于思想政治教育对象而言，其主体性主要体现在其明确地接受主体意识与接受意愿，以及接受的相应知识准备和相应的接受力。"③此外，随着高校学生越来越主动地参与学校的各种活动，"当大学生具有较强自我教育意识和能力时，大学生的自我教育作用和功能日益显现，他们也主动'扮演'着教育自己的教育者'角色'"④。另一方面，学生干部、学生骨干也是参与高校学生工作的主体之一。学生骨干包括党团班学生干部、学生党员、入党积极分子等，他们对党忠诚、信仰坚定、素质优良、作风过硬，在学有余力之时，承担了学校、学院布置的大量学生工作，能够影响和带动广大学生团结凝聚在党的周围，是高校学生自我教育、自我管理、自我服务的优秀模范群体。

---

① 参见冯刚《大学生思想政治教育工作概论》，北京师范大学出版社 2020 年版，第 256～257 页。
② 习近平：《习近平谈治国理政》第二卷，外文出版社 2017 年版，第 377 页。
③ 沈壮海：《思想政治教育有效性研究》，武汉大学出版社 2016 年版，第 73 页。
④ 冯刚：《新时代高校思想政治教育学原理》，人民出版社 2021 年版，第 273 页。

二、高校学生工作运行机制的层级分析

中共中央、国务院《关于加强和改进新形势下高校思想政治工作的意见》强调："要形成党委统一领导、党政齐抓共管、职能部门组织协调、社会各方积极参与的工作格局。"目前，我国高校一般都建立了党委领导、由党的组织系统和学校的行政指挥系统协同管理的学生思想政治教育与日常管理工作领导体制，确立了学校统筹、院（系）为主的两级管理体制，确立了党委组织部、党委宣传部、党委统战部、党委学生工作部、校团委、党委保卫部等主要职能部门组织实施、其他部门参与配合的学生思想政治教育与日常管理工作的运行机制，各二级培养单位也构建了相应的领导体制和工作机制。

（一）学校党委

党是领导一切的。习近平总书记指出："办好我国高等教育，必须坚持党的领导，牢牢掌握党对高校工作的领导权，使高校成为坚持党的领导的坚强阵地。党委要保证高校正确办学方向，掌握高校思想政治工作主导权，保证高校始终成为培养社会主义事业建设者和接班人的坚强阵地。各级党委要把高校思想政治工作摆在重要位置，加强领导和指导，形成党委统一领导、各部门各方面齐抓共管的工作格局。"[1]

高校学生思想政治教育与日常学生工作的领导部门是学校党委。学校党委引领高校人才培养的方向，起谋划全局、顶层设计和保障作用。学校党委的统一领导关系到高校学生思想政治教育与日常管理工作的开展，关系到校内外育人资源的整合和整体育人力量的发挥。高校学生思想政治教育的成效关乎人才培养、关乎社会主义建设，只有坚持高校党委的领导核心地位，才能坚持社会主义办学方向，全面贯彻落实党的教育方针，从而维护高校的稳定和发展。

（二）职能部门

"三全育人"理念是高校落实立德树人根本任务、全面提升人才培养能力

---

① 《习近平在全国高校思想政治工作会议上强调　把思想政治工作贯穿教育教学全过程　开创我国高等教育事业发展新局面》，载《人民日报》2016 年 12 月 9 日。

的重要路径。"'三全育人'的本质，就是高校的一切力量，能够在一切空间、一切阵地、一切场合，运用一切载体、一切方式、一切手段，协同开展一体化育人工作。"① 高校的所有职能部门，都是育人共同体的一部分，都应围绕高校学生思想政治教育和日常教育管理的中心任务和工作目标，各司其职，各负其责，互相沟通，密切配合，形成育人合力，方能真正推动立德树人根本任务的有效落实。一方面，高校学生工作部门及较密切相关的党政部门（主要是党委部门）承载着立德树人的职责和使命，理应切实履行主责主业，义不容辞地担负起统筹、牵头的主体责任；另一方面，传统上被认为与学生工作不相关的部门（主要是行政部门），如网络与信息中心、财务处、设备处等，也应深入挖掘事务性工作中的育人资源，充分发挥管理育人和服务育人的效用，与主责主业部门实行力量互通，协同构建育人共同体。"在协同的反馈上，要积极配合主责部门和专门力量，多在部门间职能的交会点、边界区补位。"②

（三）培养单位

在校院两级管理体系中，各二级培养单位设有具体的组织机构负责学生工作的组织实施，一般由院（系）党组织负责，下设学生工作办公室、院（系）团组织等。在工作运行机制中，院（系）党组织在学校党委领导和学校学工部门的统筹指导下，根据本院（系）实际情况，有针对性地开展具体学生思想政治教育和学生工作队伍建设，落实学校党委的相关精神、政策和重大措施，完成学校学生工作部门所安排的具体工作任务。院（系）学生工作办公室、院（系）团组织是负责具体组织实施的单位。

（四）学生组织

学生组织是高校学生工作体系中的重要组成部分，是高校学生工作组织体系的补充和延伸，包括学生党支部、团支部、学生会、研究生会和学生社团等。高校学生党支部与团支部、班级是开展高校学生思想政治教育的基层组织和主要阵地，承担着强化高校学生思想理论教育和价值引领、保障全员全程全

---

① 冯刚：《大学生思想政治教育工作概论》，北京师范大学出版社 2020 年版，第 277 页。
② 冯刚：《大学生思想政治教育工作概论》，北京师范大学出版社 2020 年版，第 279 页。

方位育人长效机制运行的重要职责。① 高校肩负着为党育人、为国育才、培育时代新人的重要使命与责任，这一重要任务对高校党团班等学生组织建设提出了更高的标准和要求。新时期，为加强党对教育事业各项工作的全面领导，高校必须形成党支部、团支部和班级一体化建设的运行机制，形成以党支部为核心、团支部和班级为支撑的"一主两翼"思想政治教育工作格局。党支部要充分发挥作为思想引领的核心作用，团支部要积极主动配合好党建带团建工作，班委会要积极转换角色，从管理者转换为服务者，推动开展优良班风、学风建设，助力学校落实立德树人根本任务。

学生会、研究生会是学校党委领导下的高校学生群众组织，是加强和改进高校学生思想政治教育的重要辅助力量，同时，高校学生会、研究生会也是高校学生实行自我教育、自我管理、自我服务的组织者。学生会、研究生会在共青团统一指导下，针对高校学生特点以及本校学生的实际情况，开展丰富有效的思想政治教育活动，同时积极参与学校管理，在高校学生工作中更好地发挥桥梁和纽带作用。学生社团是高校学生工作的重要补充力量。

三、高校学生工作运行机制的功能分析

高校学生工作运行机制的功能，是指高校学生工作制度机制对高校人才培养所发生的积极、独特的作用或效能。高校学生工作运行机制的功能是组建组织机构、建立工作制度、选择运行方式的前提和基础，是实现高校学生工作价值和目的的重要保障。

（一）教育功能

何为"教育"？"教育"一词的原义为"引出"或"导出"，意思就是通过一定的手段，把某种本来潜在于身体和心灵内部的东西引发出来，后来引申为有目的、有计划、有组织地对受教育者的心智进行教化和培育。

我国高校学生工作起源于特定的历史时期，1945 年延安抗日军政大学设

---

① 参见黄武南《组织力提升视角下高校学生党支部与团支部、班级协同机制研究》，载《思想教育研究》2018 年第 11 期，第 135～138 页。

立政治指导员制度，是高等院校在人才培养过程中开展学生工作的雏形。因此，开展学生思想政治教育是学生工作的题中应有之义。"思想政治教育是培养、塑造一定社会新人思想道德素质的教育实践活动。受到社会经济政治文化的制约和影响，包括思想教育、政治教育、道德教育。"①

1. 思想教育

"思想教育归根结底是有意识地、系统地进行世界观、方法论教育，培养和发展受教育者反映客观世界的思想观念和认识能力。"② 高校思想政治教育坚持用马克思列宁主义、毛泽东思想、邓小平理论、"三个代表"重要思想、科学发展观、习近平新时代中国特色社会主义思想武装学生的头脑，把用科学的理论武装人作为思想政治教育的基础工程，提高学生认识世界、改造世界的能力，引导学生运用马克思主义的立场、观点、方法分析、解决各种思想问题和实际问题，使学生牢固树立科学的世界观、人生观、价值观，掌握科学的方法论，从根本上提高思想认识。

2. 政治教育

"政治教育重点是解决对国家、阶级、社会制度等重大政治问题的立场和态度，形成和发展反映一定社会、阶级或集团利益和发展要求的政治共识，选择和确定一定的政治方向，具有明显的表达和实现一定阶级经济利益的政治倾向性，故称之为方向性教育。"③ 高校思想政治教育以理想信念教育为核心，以社会主义核心价值观为引领，以爱国主义教育、"四史"学习教育特别是党史学习教育为重点，积极引导学生牢固树立四个意识，坚定四个自信，做到两个维护，坚定共产主义远大理想和中国特色社会主义共同理想。

"启迪师生政治认知、激发师生政治情感、坚定师生政治信念、增强师生政治认同、引导师生政治行为等是高校思想政治教育的重要功能。"④ 高校学生思想政治教育要以马克思主义理论为支撑，为引导和促进学生掌握、

---

① 邱伟光：《思想政治教育学概论》，天津人民出版社1988年版，第1页。

② 骆郁廷、张莉：《思想教育、政治教育、道德教育的性质与特点辨析》，载《武汉大学学报（社会科学版）》2002年第4期，第440～447页。

③ 骆郁廷、张莉：《思想教育、政治教育、道德教育的性质与特点辨析》，载《武汉大学学报（社会科学版）》2002年第4期，第440～447页。

④ 冯刚：《新时代高校思想政治教育学原理》，人民出版社2021年版，第233页。

认同马克思主义的思想理论、政治取向、政策主张而进行广泛的宣传、动员和教育等工作，使高校学生对中国的政治体制、政党体制、政治制度、政治理论、政治权利运行机制等有正确的认识和把握，从而塑造学生正确的思想观念和政治观点，在政治立场和政治观念上能够与党和国家保持一致。高校思想政治教育工作者通过课堂教学、党团活动、社会实践等形式，能够积极引导学生对中国特色社会主义制度发展有信心，提高他们的政治觉悟，培养他们形成积极的政治情感。通过对高校学生进行系统的、持续的社会主义核心价值观和其他主流意识形态内容的教育，能够培育学生对党、国家和社会体系的归属感、责任感和忠诚感，能够加强学生对我国政治体制的认同。高校学生工作队伍开展各种社会实践活动，引导高校学生深入农村、社区第一线，从事社会调查、政策宣讲等政治实践活动，使得广大学生在实践中增长知识、深化认知、练就行为本领。

3. 道德教育

"道德教育指的是有计划有组织地对受教育者施以道德影响的活动，包括提高道德认识，陶冶道德情操，确立道德信念，养成道德行为习惯等。"① 高校思想政治教育具有引导青年学生培育理想人格，将社会道德规范内化为道德品质，并用道德规范来指导和约束自身行为的使命和功能。高校学生思想政治教育以"立德树人"为根本宗旨，通过发挥德育作用，不断提升学生的思想觉悟、道德水准和健全人格，使其成长为德智体美劳全面发展的社会主义建设者和接班人；通过将正确的思想观点、价值观念、道德规范融入知识传授和实践活动当中，引导学生树立社会主义核心价值观、自觉提升思想素养和觉悟，实现自身价值与服务祖国人民的统一。高校思想政治教育能够以心理、事理、真理、情理等教育方法，激发学生培育正确的道德情感和道德行为，养成求真求善的自觉习惯，自觉养成优秀的道德品质，自觉恪守社会主义核心价值观。高校思想政治教育还有一项重要功能，就是帮助学生塑造健全的人格。高校思想政治教育可以帮助学生正确认识自己、认识人生、认识社会，充分挖掘自身潜能，不断完善自身人格，养成健康的心理品质和崇高的精神境界，逐步树立

---

① 骆郁廷、张莉：《思想教育、政治教育、道德教育的性质与特点辨析》，载《武汉大学学报（社会科学版）》2002年第4期，第440～447页。

和巩固起远大的人生理想和奋斗目标。

（二）育人功能

除了"教育"的功能，高校学生工作还有"育人"的重要功能。如果说运用和调动思想观念、道德规范等主观要素对学生身心成长施加影响的活动可以归为"教育"，那么运用和调动校风、学风、教风、学术文化氛围、人际关系等客观要素对学生身心成长施加影响的活动则可以归为"育人"。在高校学生工作的实践中，学生工作队伍广泛开展文明校园创建活动，开展形式多样、健康向上、格调高雅的校园文化活动，广泛开展各类社会实践活动，充分发挥环境和文化对学生成长的传感、陶冶、感化，从而实现以文化人、以文育人的功能。

（三）管理功能

根据《普通高等学校学生管理规定》，学生的管理工作是指学生从入学到毕业这个时间段的管理，包括对学生的学习生活行为的规范。管理的功能是高校学生工作的重要功能。高校学生工作通过建立一套规范化的制度体系，向受教育者传导法律、道德等社会规范，肯定、褒奖符合社会规范的行为，否定、批评背离社会规范的行为，能够实现对受教育者行为的规范和约束。如果说思想政治教育是在思想观念层面对学生进行教育，那么学生事务管理则是在规章制度层面对受教育者提出明确的规范要求，把受教育者的思想和行为引导到正确的轨道上来。

（四）激励功能

高校学生工作能通过有效的手段和方法，充分调动教育对象的积极性、主动性和创造性，为其提供强大的精神动力，这正是激励的功能。高校学生工作进行激励的手段和方法多种多样，包括：①目标激励。在学生入校报到时，就通过入校教育引导和帮助学生树立可以实现自身价值、具有可操作性的奋斗目标，并随着学习、生活的不断深化，不断强化和调整目标。②榜样激励。通过选树、培育和宣传学生中的典型，发挥榜样的示范引领作用，激励受教育者提高思想道德素质，向榜样看齐。③情感激励。高校学生工作人员对学生的生活、思想、学习等方面给予关怀，帮助学生解决实际困难和问题，是激发学生积极性的有效手段。④奖惩激励。奖惩激励就是运用奖励和惩罚的手段来发挥激励功能的方法。奖励的手段分为物质奖励和精神奖励；惩罚则包括批评、纪律处分、刑事处分等形式。奖励和惩处都是对学生进行教育管理的有效手段，奖励就是从正面来肯定学生的正确行为和合理动机，给予精神或物质上的正面激励，以达到鼓励先进、发扬正气的目的；惩处就是针对学生思想、行为中的消极因素，根据不良行为的情节轻重给予批评教育或一定的处理，以达到纠正错误、令学生明辨是非的目的，起到警示和劝阻的作用。

（五）评价功能

高校学生工作是一项系统工程，是一个动态发展的过程。一个完整的工作运行机制应该是一个完整的闭环系统，因此，必须建立一套科学有效的考核评价体系来检测和反馈学生工作的质量和成效。评价功能事实上是整个学生工作运行机制的反馈环节。评价不仅是对学生的培养质量进行定性、定量的描述和判断，同时也是对全校学生工作进行的全面、综合、科学、客观的评价。通过建立考核评价指标体系，对学生工作进行动态性监测，展示学生工作的现状和发展趋势，有利于全面了解和掌握全校学生工作的状况和水平，使学生工作更好地适应落实立德树人根本任务的要求。同时，在肯定成绩、总结经验、找出差距的基础上，为建立科学有效的运行机制提供信息和决策依据，为加强和改进学生工作提供科学依据，从而进一步促进高校的学生工作顺利开展。

第八章　高校学生工作队伍建设

学生工作队伍是指按一定结构组合起来从事学生教育管理服务的人员。高校学生工作队伍是高校思想政治教育工作的组织者、实施者和指导者，在高校学生日常思想政治教育工作中承担着组织、管理、实施、检查、督促、总结、评价等各项任务，是高校学生健康成长的引路人和知心朋友，是保证高等教育事业健康发展的重要力量。进入新时代，面对新形势、新任务、新要求，推进高校学生工作队伍的高质量建设和内涵式发展，是高校落实立德树人根本任务、培养德智体美劳全面发展的社会主义建设者和接班人的重要保障。

第一节　高校学生工作队伍的构成与发展进程

我国早在新中国成立初期就已经开始探索高校辅导员制度，20 世纪 50 年代初，我国部分高校便建立了政治辅导员制度。随着时代发展，在各级党委、政府和高校的关心指导下，高校学生工作队伍不断发展壮大，在专业化、职业化发展上快速提升。

一、队伍组成

高校学生工作队伍是直接从事高校学生日常思想政治教育工作的人员，包括专职辅导员、兼职辅导员、班主任、班导师、研究生导师、学校学生工作部门的党政干部和共青团干部等。高校学生工作队伍与学生朝夕相处，工作涉及学生思想引领、行为规范和学业发展的各个方面，具有不可替代的作用。

（一）辅导员

《普通高等学校辅导员队伍建设规定》明确指出，辅导员是开展高校学生思想政治教育的骨干力量，是高等学校学生日常思想政治教育和管理工作的组织者、实施者、指导者，是学校教师队伍和管理队伍的重要组成部分，具有教师和管理人员双重身份。

专职辅导员是指在院（系）专职从事高校学生日常思想政治教育工作的人员，包括院（系）党委（党总支）副书记、学工组长、团委（团总支）书记等专职工作人员。高校还可以从优秀专任教师、管理人员、研究生中选聘一定数量兼职辅导员。高校辅导员的工作使命是教育和引导高校学生以马克思列宁主义、毛泽东思想、邓小平理论、"三个代表"重要思想、科学发展观和习近平新时代中国特色社会主义思想为指导，坚定理想信念，不断增强道路自信、理论自信、制度自信、文化自信。

（二）班主任

班级是学生日常教育管理的重要单元，为每个班级配备班主任，推进班主任队伍建设伴随着高校学生思想政治教育工作发展的整个过程。《教育部关于加强高等学校辅导员班主任队伍建设的意见》指出，高校应从思想素质好、业务水平高、奉献精神强的教师特别是中青年教师中选聘班主任，原则上，班主任应具备相关学科专业背景和较强的组织管理能力。实践证明，高等院校的广大教师特别是党员教师把担任辅导员、班主任工作作为教书育人工作的一部分，积极主动地承担这一光荣任务。同时，各高校把担任班主任作为高校教师培养的重要途径，其重要意义也在加强和改进高校教师思想政治工作中得以不断彰显。高校班主任作为高校学生思想政治教育的骨干力量，在高校人才培养中发挥着重要作用。

（三）研究生导师

我国于1953年开始施行研究生导师制。随着我国研究生招生规模的不断扩大，研究生培养与管理工作也面临着越来越多的挑战。加强和改进研究生思想政治教育，是深入推进素质教育、全面提升研究生培养质量、推动高等教育改革发展的需要，也是培养德智体美劳全面发展的中国特色社会主义事业建设者和接班人的需要。为了提高研究生的思想政治素质、促进研究生全面发展，《教育部关于进一步加强和改进研究生思想政治教育的若干意见》明确指出，高等学校要根据研究生的特点和教育规律，建立起以研究生导师和辅导员为主体的研究生思想政治教育工作队伍。教书和育人是导师的两大基本职责。导师负有对研究生进行思想政治教育的首要责任。该意见出台后，各高校积极构建研究生导师育人的有效机制，完善相关政策，鼓励导师参与到研究生党团和班集体建设及各类活动中，有效调动了研究生导师育人的积极性和主动性。

（四）心理健康教育专职教师

心理健康教育教师是指具有扎实的心理学或教育学理论知识，经过专业培训，能充分掌握和运用心理健康教育的方法和手段，以培养学生良好的心理素质、促进学生身心全面和谐发展为主要教育任务的教师。教育部要求高校要按师生比不低于 1∶4000 的比例配备心理健康教育专职教师。心理健康教育专职教师是高校学生工作队伍的组成之一，在培育学生积极心理品质和提升学生心理健康素养方面发挥着重要作用。

（五）党政管理干部和共青团干部

除了在院（系）直接从事高校学生思想政治教育工作的辅导员、班主任等队伍之外，在高校学生工作部门工作的党政管理干部和共青团干部也是从事学生工作的一支重要队伍。他们主要从加强制度建设、完善工作机制、开展政策宣讲、组织主题活动、搭建活动平台、表彰先进典型、推动经验交流等方面，营造治理有方、管理到位、风清气正的育人环境，围绕师生、关照师生、服务师生，在关心人、帮助人、服务人的过程中教育人、引导人。

二、发展历程

中国共产党从成立之日起就十分重视思想宣传和教育工作，加强思想政治教育队伍建设。新中国成立后，高校思想政治教育队伍初步确立。高校通过思想政治教育领导机构的设立、政治辅导处的建立和辅导员制度的确立，发动共青团和学生会组织开展思想政治教育等方式，初步建立了高校思想政治教育队伍的工作体系。① 高校辅导员队伍在中国特色社会主义高等教育事业发展进程中具有不可替代的作用，发挥了十分重要的作用。

（一）政治辅导员制度的提出

新中国成立前后，为了实现向社会主义大学过渡的目标，党和国家着手加强对高等教育的领导。1951 年，中央人民政府政务院 113 次政务会议上批准了《中央人民政府教育部关于全国工学院调整方案的报告》，指出要"有准备地试行政治辅导员制度"，并要求"设立专人担任各级政治辅导员"。② 1952 年，《中华人民共和国教育部关于在高等学校有重点地试行政治工作制度的指示》要求全国高校应有准备地设立政治辅导处，政治辅导处设若干辅导员，优先从教师和学生中选择具有一定理论水平和政治品质优良者充任。20 世纪 50 年代初，清华大学探索"双肩挑"辅导员模式，于 1953 年在得到高教部和人事部的批准后，从本科三年级学生中挑选了 25 名政治觉悟高、工作能力强、学习成绩优秀的学生开始了一肩挑业务学习、一肩挑思想政治教育的辅导员工作。政治辅导处和辅导员制度的设立，标志着在党的领导下，以政治辅导处和辅导员为专职政工机构和人员的高校学生思想政治教育工作制度的初步建立。③

1961 年，党中央首次以中央文件的形式提出要设置高校专职辅导员，《中共中央关于讨论和试行〈教育部直属高等学校暂行工作条例（草案）〉的指示》指出，"为加强思想政治工作，要在一、二年级设政治辅导员或者班主任，从专职的党政干部、政治理论课教师和其他青年教师中挑选有一定政治工作经验的人担任。同时要培养和配备一批专职的政治辅导员"。1965 年，教育部颁布了《关于政治辅导员工作条例》，首次以法规的形式明确了政治辅导员

① 参见冯刚、张晓平、苏洁主编《中国共产党高校思想政治教育发展史》，人民出版社 2021 年版，第 415 页。

② 参见《中央人民政府教育部关于全国工学院调整方案的报告》，载《人民日报》1952 年 4 月 16 日。

③ 参见王永华《高校思想政治教育队伍建设的历史考察与时代启示——以建国初期为例》，载《南昌师范学院学报（社会科学版）》2015 年第 1 期，第 62 页。

的地位、性质、任务、要求和工作方法。到 1966 年，全国各类高校已普遍建立起了政治辅导员队伍。

（二）辅导员制度的发展与完善

1978 年，教育部修订了《全国重点高等学校暂行工作条例（试行草案）》，指出"政治辅导员都要既做学生思想政治工作，又要坚持业务学习，有条件的要坚持半脱产，担任一部分教学任务"。1980 年，教育部和团中央《关于加强高等学校学生思想政治工作的意见》指出，"高等学校的学生政治工作干部，既是党的政治工作队伍的一部分，又是师资队伍的一部分，担负着全面培养学生的重要任务"。1984 年，中共中央宣传部、教育部联合发布了《关于加强高等学校思想政治工作队伍建设的意见》，指出高校的思想政治工作队伍必须实现专职和兼职相结合，"应配备精干的专职人员（包括党、政、工、团各系统所必需的专职人员，不包括这些系统的办事人员）作为思想政治工作队伍的骨干"，"同时还应动员和组织一些教师、高年级大学生、研究生兼职做思想政治工作"，明确规定了思想政治工作人员的来源和发展方向、培训待遇和表彰等问题。1986 年，中共中央、国务院批转了《国家教委关于加强高等学校思想政治工作的决定》，明确指出建设一支精干有力的思想政治工作队伍是做好高校思想政治工作的组织保证，并对人员构成和建设提出了要求。

1987 年，《中共中央关于改进和加强高等学校思想政治工作的决定》明确规定，"从事学生思想政治教育的专职人员，是教师队伍的组成部分，应列入教师编制，实行教师职务聘任制"。1988 年，我国高校首次开展了思想政治教育教师职务评聘工作。此后，政治辅导员在高校的地位得到提升，队伍的业务水平和工作研究能力得到加强。

这一阶段，党中央连续出台了一系列政策，以文件的形式对政治辅导员的选拔配备、培训进修、未来发展、职称评聘和津贴待遇等问题做出了明确的规定，使得辅导员队伍的发展得到保障，队伍建设走上了快速发展的道路。

（三）辅导员专业化和职业化发展

1999 年，我国开始扩大高校招生规模。随着学分制的实行、互联网的普及和国内外形势的变化发展，高校学生思想政治教育工作面临新的问题和挑战。党中央和各地各校都高度重视辅导员队伍建设，队伍的发展迎来了新的历史机遇，步入专业化和职业化建设发展阶段。2000年6月，中央召开思想政治工作会议。同年7月，教育部制定了《关于进一步加强高等学校学生思想政治工作队伍建设的若干意见》，明确了高校学生思想政治工作队伍建设培养的任务和措施。

2004年，中共中央、国务院下发《关于进一步加强和改进大学生思想政治教育的意见》，将"政治辅导员"称为"辅导员"，明确了高校的辅导员和班主任是高校思想政治教育工作的骨干力量，并且对高校思想政治教育队伍的选拔、培养和管理制度进行了明确规定。2005年，教育部出台了《关于加强高等学校辅导员班主任队伍建设的意见》，作为《关于进一步加强和改进大学生思想政治教育的意见》的配套文件，提出"要统筹规划专职辅导员的发展，鼓励和支持一批骨干攻读相关学位和业务进修，长期从事辅导员工作，向职业化、专家化方向发展"。2006年，中宣部、教育部、团中央召开全国高校辅导员队伍建设工作会议，国务委员陈至立在会上强调，党中央一直高度重视辅导员队伍建设，要与时俱进，采取措施，着力建设一支高水平的高校辅导员队伍，鼓励专职辅导员成为思想教育、心理健康教育、职业生涯规划、学生事务管理等方面的专门人才。会后，教育部先后出台了《普通高等学校辅导员队伍建设规定》《2006—2010年普通高等学校辅导员培训计划》等政策性文件。

这一阶段的辅导员队伍建设呈现以下特点：一是辅导员的职责扩大，不仅包括思想政治教育，还包括帮助学生处理好学习成才、择业交友、健康生活等方面的具体问题以及学生资助就业等；二是保障机制进一步完善，为辅导员提供"双线晋升"的发展渠道，鼓励并提供条件将骨干辅导员培养成思想政治教育专家；三是辅导员培训体系化常规化，鼓励辅导员开展研究，用研究成果指导工作；四是表彰典型交流经验，教育部从2007年起每年评选优秀辅导员年度人物，2012年起每年举办全国高校辅导员职业能力竞赛。

党的十八大以来，党中央多次召开各种形式的思想政治教育工作会议。2013年召开全国宣传思想工作会议，2016年召开全国高校思想政治工作会议，2018年召开全国教育大会，2019年召开学校思想政治理论课教师座谈会，等等，这些会议及其决议对于高校思想政治教育队伍建设起到了重要的推动作用。① 2016 年，习近平总书记在全国高校思想政治工作会议上强调："长期以来，高校思想政治工作队伍兢兢业业、甘于奉献、奋发有为，为高等教育事业发展作出了重要贡献。要拓展选拔视野，抓好教育培训，强化实践锻炼，健全激励机制，整体推进高校党政干部和共青团干部、思想政治理论课教师和哲学社会科学课教师、辅导员班主任和心理咨询教师等队伍建设，保证这支队伍后继有人、源源不断。"②

三、时代要求

中国特色社会主义进入新时代，新的历史方位决定了高等教育新的历史使命。站在新的历史起点上，时代发展对高校学生工作和学生工作队伍建设提出了高效化和科学化的要求。展望未来，高校学生工作队伍建设要贯彻新的发展理念，要立足"培养什么样的人、如何培养人以及为谁培养人"这个根本问题，树立新的价值坐标，更好地适应和满足学生成长诉求、时代发展要求、社会进步需求，实现新的作为。

（一）人才培养的新任务

进入新时代，世界面临百年未有之大变局，党和国家的事业发展进入了新阶段。党的十八大以来，以习近平同志为核心的党中央始终把立德树人作为学校教育的根本任务。习近平总书记在尊重教育规律、坚持立德树人，丰富、完善和发展党的教育方针方面提出了一系列新论断、新主张。新时代贯彻党的教育方针，要坚持马克思主义指导地位，贯彻新时代中国特色社会主义思想，坚持社会主义办学方向，落实立德树人根本任务，坚持教育为人民服务，为中国共产党治国理政服务，为巩固和发展中国特色社会主义制度服务，为改革开放和现代化建设服务。培养德智体美劳全面发展的社会主义建设者和接班人的历

---

① 参见冯刚、张晓平、苏洁主编《中国共产党高校思想政治教育发展史》，人民出版社 2021 年版，第 426 页。

② 《习近平在全国高校思想政治工作会议上强调　把思想政治工作贯穿教育教学全过程　开创我国高等教育事业发展新局面》，载《人民日报》2016 年 12 月 9 日。

史任务，要求着力在坚定理想信念、厚植爱国主义情怀，加强品德修养、增长知识见识、培养奋斗精神、增强综合素质上下功夫。

党和政府提出的关于教育的目标和任务，反映了时代变化对高校人才培养提出的新要求。我们要不断明确时代新人的基本内涵和培育任务，加强对高校学生的教育培养，使他们能够成为担当中华民族伟大复兴历史重任的奋进者、开拓者和奉献者。

（二）高等教育的新发展

中国正处于"两个一百年"的历史交汇点，是近代以来最好的发展阶段，也对高等教育提出了更高要求。2010 年，党中央、国务院召开了新世纪第一次全国教育工作会议，发布了指导我国未来 10 年教育改革和发展的《国家中长期教育改革和发展规划纲要》。2012 年，教育部发布了《关于全面提高高等教育质量的若干意见》。这是新时期全面提高高等教育质量的指导性文件，围绕大力提升人才培养水平、增强科学研究能力、服务经济社会发展、推进文化传承创新，提出了全面提高高等教育质量的 30 条具体措施。

经过多年发展，我国高等教育出现了以下变化。一是地位作用。高等教育从"基础支撑"到"支撑引领并重"，成为可持续发展的最大红利和牵引动力。二是发展阶段。党的十九届五中全会公报指出高等教育进入普及化阶段，高等教育毛入学率由 2015 年的 40.0% 提升至 2019 年的 51.6%，在学总人数达到 4002 万，已建成世界规模最大的高等教育体系。三是类型结构，从原先的"相对单一"到"更加合理、类型齐全、体系完备"。四是舞台坐标格局。中国高等教育已在世界舞台、国际坐标和全球格局中谋划发展与改革，参与竞争与治理。[①]

面对新科技革命和产业变革、新冠疫情影响和国际环境变化共同叠加的战略变局，我国高等教育发展要以守正创新的姿态主动应对。相应的，这也对高校学生工作队伍建设提出了更高的要求。

---

① 参见吴岩《积势蓄势谋势　识变应变求变》，载《中国高等教育》2021 年第 1 期，第 5 页。

（三）教育对象的新特点

习近平总书记在纪念五四运动 100 周年大会上发表的重要讲话中指出："今天，新时代中国青年处在中华民族发展的最好时期，既面临着难得的建功立业的人生际遇，也面临着'天将降大任于斯人'的时代使命。"① 新时代高校学生的人生成长黄金期将与"两个一百年"奋斗目标征程高度重合，他们将亲自见证并参与我国从富起来到强起来的伟大飞跃，见证中华民族伟大复兴中国梦的实现。2018 年秋，第一批"00 后"进入大学校园。"00 后"大学生被称为"网生代"青年，他们接受信息的渠道更广泛、形式更多样、内容更丰富。新时代高校学生不仅具有普遍大学生的共同特征，还具有鲜明的时代特征，他们在思想、情感、观念、思维、心理、行为等方面呈现出新的特点。

思想上，"00 后"大学生的成长见证了中华民族的伟大复兴，见证了改革开放 40 年的伟大成就，他们生活在较为富裕的物质条件下，对中国共产党和中国特色社会主义事业充满信心。"00 后"大学生思想开放，积极参与社会活动，表现出强烈的集体荣誉感和利他性。

观念上，与"80 后"和"90 后"大学生相比，"00 后"大学生的父母文化层次较高，一半以上拥有本科及以上学历，他们的成长环境更宽松和自由，父母给予的情感教育、陪伴教育、平等教育更丰富，他们的自主意识和独立意识更强，他们对自己的人生有一定的规划且偏理性和现实。②

心理上，新时代高校学生是互联网的"原住民"，面对真实和虚假、理性和非理性、正确和错误的观点、信息叠加的网络信息，容易受到极端观点和非理性情绪影响。同时，据有关学者研究，在网络环境下成长起来的高校学生，罹患焦虑和抑郁症的比例急剧上升。③

行为上，新时代高校学生高度依赖互联网，网络已渗透到他们的学习、社交、娱乐、出行等行为习惯中。参加学生活动和学生组织是其大学生活的重要

---

① 《习近平在纪念五四运动 100 周年大会上的讲话》，载《人民日报》2019 年 4 月 30 日。

② 参见李敏、颜吾佴《"00 后"大学生思想行为特点与教育对策研究》，载《华北电力大学学报（社会科学版）》2021 年第 6 期，第 116 页。

③ 参见［美］格雷格·卢金诺夫、乔纳森·海特《娇惯的心灵——钢铁是怎么没有炼成的》，田雷、苏心译，生活·读书·新知三联书店 2020 年版，第 202～204 页。

组成部分，他们也热衷于通过"晒""赞""转""评"等方式，在微信、微博、脸书等社交媒体积极表述意见。这种圈层文化容易形成只看自己认同的观点、只在自己的圈层内交往的情况，出现"只站队，不看对"的现象。新一代高校学生的新特点是高校学生工作队伍在工作中必须面对和适应的。

第二节　高校学生工作队伍的管理与培训培养

党的十八大以来，高校学生工作队伍建设进入了新的发展阶段。2017年，教育部对《普通高等学校辅导员队伍建设规定》进行修订，提出"高等学校要坚持把立德树人作为中心环节，把辅导员队伍建设作为教师队伍和管理队伍建设的重要内容，整体规划、统筹安排，不断提高队伍的专业水平和职业能力，保证辅导员工作有条件、干事有平台、待遇有保障、发展有空间"。在新的战略定位下，高校学生工作队伍的聘任、教育、培训、管理、考核和评价体制越发健全完善，通过科学化选拔、专业化培训和全链条管理等措施，队伍结构不断优化、队伍素质持续提升，工作能力得到提高，高校学生思想政治教育工作成效愈加显著。

一、选聘配备

随着时代的发展，学生工作队伍的角色定位、岗位职责、工作内容和方式方法都发生了深刻的变化。按照新时代的工作要求，做好学生工作队伍特别是辅导员队伍的选聘配备是做好队伍建设的基础。

（一）选聘原则

高校学生工作者是高校学生思想政治教育活动的发动者、组织者和实施者，在教育活动中发挥主导作用，其素质和水平对高校思想政治教育工作成效具有重要的影响。建立科学的职业准入机制、严把入口关是高校学生工作队伍建设的基础。2014年教育部印发的《高等学校辅导员职业能力标准（暂行）》明确了辅导员的职业概况、基本要求和职业能力标准。

1. 坚持德才兼备

中国共产党历来强调德才兼备、以德为先。德包括政治品德、职业道德、社会公德、家庭美德等，高校学生工作者在这些方面都要过硬，最重要的是政治品德要过硬。2021年3月6日，习近平总书记在看望参加全国政协十三届四次会议的医药卫生界教育界委员时的讲话中指出："要把师德师风建设摆在首要位置，引导广大教师继承发扬老一辈教育工作者'捧着一颗心来，不带半根草去'的精神，以赤诚之心、奉献之心、仁爱之心投身教育事业。"

2. 坚持优化队伍结构

结构决定功能，只有合理优化高校学生工作队伍，才能更好地发挥高校学生工作队伍的整体功效。优化结构不仅指队伍的年龄、性别、学历、专业、职称等，还应该建立"大思政"格局，从整体考量辅导员、班主任、心理健康教育咨询专职人员的比例，将专职和兼职结合，做到全局规划、有序发展。

3. 坚持人岗匹配

古人云："为官择人者治，为人择官者乱。"选聘高校学生工作队伍人员，就是要坚持事业为上，以事择人、人岗相适。要坚持高校学生思想政治教育需要什么样的人就选什么样的人，岗位缺什么样的人就配什么样的人，要正确把握人才培养工作需要和干部成长进步的关系，把合适的人放到合适的岗位上。

（二）选聘标准

辅导员专业化和职业化能力建设要从招聘环节就打下坚实的基础，让辅导员有更强的归属感和职业身份认同感。

1. 政治素质

高校学生工作者的核心工作是高校学生思想政治教育和管理，因此学生工作者必须具备较强的政治素质。把好政治关，就是要把是否忠诚于党和人民，是否具有坚定的理想信念，是否增强"四个意识"、坚定"四个自信"，是否坚决维护党中央权威和集中统一领导，是否全面贯彻执行党的理论和路线方针政策，作为选聘学生工作人员的第一标准。

2. 思想道德

要求高校学生工作者热爱高校学生思想政治教育事业，有正确的世界观、人生观、价值观，树立以人民为中心的发展思想，为人正直，作风正派，廉洁自律，甘于奉献，具有强烈的事业心和责任感。

3. 法治观念

要求高校学生工作者遵纪守法，具有良好的法治观念和法律素养，掌握有关法律法规知识，具有较强的纪律观念和规矩意识。

4. 专业知识

要求高校学生工作者具备本科以上学历，具有从事思想政治教育工作相关学科的宽口径知识储备，掌握思想政治教育工作相关学科的基本原理和基础知识，掌握思想政治教育专业基本理论、知识和方法，掌握马克思主义中国化相关的理论和知识，掌握高校学生思想政治教育工作实务相关知识。

5. 管理能力

要求高校学生工作者具备较强的组织管理能力和语言、文字表达能力，以及教育引导能力、调查研究能力，具备开展思想理论教育和价值引领工作的能力。

6. 身心素质

要求高校学生工作者体质健康，具有良好的心理素质，具备较好的共情能力。

7. 新媒介素养

要求高校学生工作者适应互联网时代新的媒介环境和社会关系变化，具有较好的网络思维，能在网络开展思想政治教育活动。

（三）人员配备

高校学生工作队伍的规模关系到队伍建设的成效，直接影响高校学生思想政治教育的质量和效果。

从配备数量上来看，《普通高等学校辅导员队伍建设规定》指出，"高等学校应当按总体上师生比不低于 1∶200 的比例设置专职辅导员岗位，按照专兼结合、以专为主的原则，足额配备到位"。《教育部关于加强高等学校辅导员班主任队伍建设的意见》要求"每个班级要配备一名兼职班主任"。《高等学校学生心理健康教育指导纲要》指出，"心理健康教育专职教师要具有从事大学生心理健康教育的相关学历和专业资质，要按照师生比不低于 1∶4000 配备，每校至少配备 2 名"。自 2006 年教育部颁发《全国普通高等学校辅导员队伍建设规定》以来，教育部为高校辅导员配备设下了"师生比不低于1∶200的比例"的红线。在这个文件的要求下，各地各高校不断采取有效措施，逐步扩大辅导员队伍的规模。2008年底，全国高校共有本专科生专职辅导员91808人，兼职辅导员29329人，班主任212851人。[①] 到了2021年底，在教育部举办的新闻发布会上，教育部思想政治工作司司长魏士强表示，五年来，不断配齐配强高校思想政治工作队伍，思想政治理论课教师和辅导员数量大幅增长，截至当年9月，全国高校专兼职辅导员共有21.87万人，比2017年增加了7万人，师生比达1∶171。[②] 由此可见，我国高校学生工作队伍的规模不断扩大，构筑了高校学生思想政治教育的重要组织基石。

从配备来源上看，在党和国家关于高校辅导员队伍配备的相关政策指引下，各高校采取校内外招聘和校内"2+2""4+4"等有效措施，坚持专兼结合，选拔和培养了大量辅导员。[③] 清华大学于1953年建立"双肩挑"辅导员制度，选择一些政治素质过硬、业务优秀的高年级学生担任辅导员。各高校坚持从优秀毕业生中选拔德才兼备的硕士、博士加入辅导员队伍，形成专职辅导员队伍，在保持队伍的稳定性的同时，形成了良好的梯队。近年来，中山大学、西北工业大学等高校创新辅导员工作机制与形式，在原有专门从事高校学生思想政治教育和事务管理的党政辅导员的基础上，吸收一批具有深厚学科背景和较高学术素养的专职科研人员，以及中、高职称优秀业务教师担任辅导员、班主任。中山大学专门制定了《中山大学青年教师专职辅导员选聘与管理办法》，选聘具有高级职称的优秀青年专业教师担任辅导员，在知识引领的同时，也很好地实现了思想引领、价值观引领和文化引领。

近年来，高校学生的心理健康越来越引起社会的关注和高校的重视，建设一支专兼结合、具有专业素养的心理健康教育工作人才队伍的紧迫性和重要性不言而喻。以上海为例，截至2021年底，上海所有高校全覆盖配备专职心理

---

① 参见本刊记者《总结经验 抓好落实 加快辅导员队伍建设步伐——访教育部思想政治工作司负责同志》，载《思想教育研究》2009年第4期，第3～4页。

② 参见《教育部思想政治工作司介绍5年来贯彻落实全国高校思政会精神工作进展成效》，载教育部网站，http://www.moe.gov.cn/fbh/live/2021/53878/sfcl/202112/t20211207_585342.html。

③ 参见柏杨《改革开放以来高校辅导员队伍建设研究》，西南交通大学出版社2018年版，第70页。

教师，近两年人数增长 30%，研究生学历占比 93.2%，中高级职称占比 71.7%。^① 下一步，心理健康教育专职教师的配齐建强将成为亟待解决的课题。

二、教育培训

高校学生思想政治教育是一门科学，要求高校学生工作者掌握一定的科学理论、科学方法，才能取得理想的工作成效。当前，高校学生工作队伍具有来源多元化、学科背景多样化的特点，面对日益精细化、专业化的思想政治教育工作，面对新形势、新问题，学生工作队伍需要通过专业化和系统化的培训，不断提高认识、明确职责，提高解决问题的能力，提升专业素养，从而提高队伍的整体水平。

（一）明确培训原则

加强新时期高校学生工作队伍培训是高校学生工作队伍专业化、专家化发展的必由之路，应坚持将理论和实践相结合、系统性和层次性相结合、全覆盖和骨干培养相结合等原则。

1. 理论和实践相结合

坚持理论与实践相结合，用科学理论指导实践，在创新实践中发展理论是中国共产党的优良传统。提高高校学生思想政治教育的科学化水平，把握高校学生思想政治教育的客观规律和提高思想政治教育工作的针对性、实效性和感染力，必须提高马克思主义理论修养。同时，思想政治教育是一门实务性很强的工作，必须与时俱进，密切关注现实的发展和实际存在的问题。当前，高校学生思想政治教育工作的内容、对象、环境、方法都具有时代性和特殊性。学生工作者只有将理论知识同解决实际问题、总结经验相结合，才能更好地把握工作规律，做到学有所用、学有所成。

---

① 参见《上海高校全覆盖开设心理健康教育课程，专职教师近两年增幅达三成》，载学习强国，https://www. xuexi. cn/lgpage/detail/index. html？id＝14461008434424794837&amp；item_id＝14461008434424794837。

2．系统性和层次性相结合

高校学生工作者的培训设计要科学合理。高质量的培训不是课程的简单堆砌，而是具有逻辑统一性和同一目标指向的系统课程的组合。要结合高校的实际情况，根据工作目标要求，做好中长期的培训规划。在培训中应坚持以人为本、可持续发展的培训理念，将培训工作贯穿学生工作生涯的全过程。由于学生工作者的专业背景、工作对象（本科生和研究生，新生和毕业生等）、从业时间（新上岗和有经验的辅导员）等方面存在差异，培训应结合个人兴趣和特长，坚持分层、分类、分级的原则，有针对性地开展适应个体差异的培训内容，科学配置师资等资源。

3．全覆盖和骨干培养相结合

高校学生工作队伍的培训首先要做到全覆盖，通过岗前培训、系统轮训、日常培训等方式，确保每一位学生工作者都接受相对系统的、全面的、达到一定学时数的培训。同时，打造队伍中的骨干和专家，通过先进带动其他，实现学生工作培训量和质的辩证统一和提升。

（二）完善培训体系

为满足高校学生工作队伍专业化培训需求，各级主管部门、学生工作队伍培训组织管理机构和各高校应整合资源、发挥优势，不断健全完善学生工作队伍的培训体系。

1．岗前培训

岗前培训重在应知应会的通识教育，帮助高校学生工作者认识岗位工作职责、掌握工作基本技能、提高岗位工作的适应能力。

2．专题培训

专题培训分为思想政治理论教育、专业素养提升、职业能力培养等三个主要方面。其中，思想政治理论教育包括马克思主义基本理论和党的创新理论教育；专业素养包括职业伦理，政治学、教育学、社会学、心理学等多学科知识以及思想政治教育专业素质；职业能力包括日常思想政治教育、学生党建、学生事务管理、心理健康教育、学业发展支持和职业生涯规划等。

3．社会实践

高校学生工作队伍实践鼓励走出去，拓宽视野，以行动为导向，让高校学生工作者带着问题、通过实践找到解决的办法，包括参观考察、同行交流、挂职锻炼等方式，提高高校学生工作队伍的思辨分析能力和解决问题能力。

4. 高级研修

为学习世界先进教育工作理念，鼓励高校学生工作者到境外一流高校研修三个月到一年不等的时间，学习境外高校学生事务管理先进经验，提高跨文化交流能力和水平。

（三）丰富培训内容

从帮助高校学生工作者树牢专业思想、夯实业务知识、培养专业能力的角度出发，将队伍建设要求和个人发展需求有机结合起来，不断丰富培训内容。

1. 理论知识模块

理论知识包括基础理论和专业理论两大部分。基础理论是指马克思主义理论知识，包括马克思列宁主义、毛泽东思想、邓小平理论、"三个代表"重要思想、科学发展观和习近平新时代中国特色社会主义思想理论教育，以及党史党纪、党的路线方针政策和国家法律法规。专业理论主要包括思想政治教育理论、心理健康教育理论、生涯规划理论、管理学等内容。

2. 实务培训模块

实务培训的重点是履行岗位职责所必须具备的知识和能力的培训内容。一是开展高校学生思想政治教育的政策、职业伦理、心理调适等内容；二是学生党建、团建、日常思想政治教育、学生事务管理、心理健康教育、学业发展支持和职业生涯规划等方面的专门知识；三是适应互联网和新媒体时代的信息技术和新媒体工具等技术知识；四是实践技能，主要包括日常思想政治教育技能、生涯辅导技能、学业指导技能、心理疏导技能和事务管理技能等。

3. 综合素质模块

高校学生工作者要想引领高校学生，首先要具备较高的素质。一是思想政治素质，通过培训不断坚定理想信念，提高道德修养；二是针对学生多方面交流的工作需求，设置一对一和团体辅导中应用的沟通交流训练版块；三是创新意识的培养，保持与时俱进的品质。

三、日常管理

加强对高校学生工作队伍的日常管理，需要完善队伍管理体制，健全制度建设，加强组织建设的文化氛围，开展督导和考核，树立先进典型。

（一）完善管理体制

高校学生工作队伍建设离不开党的集中统一领导。这是我国高校学生工作队伍建设的重要经验。在高校党委的统一领导下，学工部门、组织部门、人事部门、纪检部门、马克思主义学院等相关单位紧密配合，共同参与学生工作队伍的培养管理工作，形成齐抓共管的环境氛围。《普通高等学校辅导员队伍建设规定》明确规定了"高等学校辅导员实行学校和院（系）双重管理。学生工作部门牵头负责辅导员的培养、培训和考核等工作，同时要与院（系）党委（党总支）共同做好辅导员日常管理工作。院（系）党委（党总支）负责对辅导员进行直接领导和管理"。完善校院两级领导管理工作体制，关键是明确校院两级工作职责。校级层面负责做好学生工作制度建设、履行工作规划、提供政策、人力、财力和物力的支持和保障，开展政策宣讲，做好业务培训，督促和检查工作开展情况，确保学校的各项政策措施的落地落细落实。院（系）层面要形成学院党组织领导，由副书记分管领导学生工作队伍，做好人员在年级、专项事务中的配备，学生工作队伍的协同，履行好教育管理的各项职责。

（二）健全制度建设

制度建设具有根本性、全局性、稳定性和长期性的特点。《教育部关于进一步加强高等学校法治工作的意见》指出，高校要切实把依法治理作为学校治理的基本理念和基本方式，融入、贯穿学校工作的全过程和各方面。健全学生工作队伍建设各项制度要以立德树人为核心，从促进队伍专门化、专业化、专家化发展的思路，按照职责和定位，在选聘、任用、管理、教育、培训、考核、评优、职称评定等方面科学构建学生工作队伍制度性框架。在顶层设计时确保各个制度之间的有机衔接和相互贯通，推进学生工作队伍建设的法治化、制度化和规范，将学生工作队伍建设的制度优势转化为育人效能。

（三） 加强组织建设

营造良好的组织环境是高校学生工作队伍建设的根本保障。要坚持制度规定刚性和人文关怀柔性有机结合，做到"事业留人、待遇留人、情感留人"，提高队伍的生机活力。加强组织建设，首先是要以职业理想建构为引领，提高队伍对岗位工作的认同，包括政治认同、情感认同和价值认同。高校学生工作者自己要先信其道，方能传道授业，成为学生的引路人。其次，帮助学生工作者开展职业生涯规划，强化学生工作者的职业意识和素质，帮助克服职业倦怠、突破职业瓶颈，实现个人发展和队伍建设目标的高度统一。最后，建立对学生工作者的支持网络。学校主管部门和院（系）党组织要定期关心队伍人员的情况，实施亲情化管理，高度关注并切实解决学生工作者的现实困难，让广大学生工作者感受到党的关怀和组织的温暖，使他们可以安心工作、潜心育人。高校心理咨询机构在必要时也可以提供相应的支持。

（四） 做好督导评价

为保证高校学生思想政治教育的各项任务落到实处，教育主管部门和各高校需要持续建立健全队伍建设的督导评价体系。教育主管部门将学生工作队伍建设的相关文件细化为督导检查的的内容和指标，对高校开展督导。相应的，高校对院（系）在落实执行队伍建设各项政策要求的过程中也开展督导检查。通过层层督查督促，提高整体的工作水平。各高校可结合自身工作实际，积极完善学生工作者考核评估办法，针对不同岗位职责和目标，通过工作者自评、服务对象评价、同行评价和主管部门评价相结合的方式进行多维度的考评。结合考评结果开展优秀辅导员、班主任等评选，并给予奖励。考核评优可作为岗位聘任、推荐和选拔干部的重要依据。

第三节　高校学生工作队伍的职责与职业素养

高校学生工作队伍的职责随着社会变迁和时代发展发生了深刻的变化。新时代落实立德树人根本任务，需要进一步完整梳理和准确认识学生工作队伍的角色定位、工作内容、职业素养等，从而更好地发挥学生工作队伍作为高校思想政治教育骨干力量的作用。

一、角色定位

高校学生工作队伍的角色定位就是按照党和国家的教育方针、政策要求，在工作中对职责、义务、身份和权利的认识理解和实践作为。2012年，党的十八大召开，提出"把立德树人作为教育的根本任务"，"培养德智体美劳全面发展的社会主义建设者和接班人"。2016年，习近平总书记在全国高校思想政治工作会上强调，"要坚持把立德树人作为中心环节，把思想政治工作贯穿教育教学全过程，实现全程育人、全方位育人，努力开创我国高等教育事业发展新局面"。2017年，党的十九大召开，再次提出"贯彻党的教育方针，落实立德树人根本任务"。这充分说明高校学生工作队伍的使命是立德树人。高校学生工作队伍就是以立德树人为根本任务、以思想政治教育为主要工作内容的一支队伍。做好高校学生日常思想政治教育和管理工作的组织、实施和指导，高校学生工作队伍一方面始终要把思想引领放在第一位，以思想政治引领统领其他工作；另一方面要以学生为中心，以日常事务管理为抓手，将解决学生思想问题和实际问题相结合，善于运用组织育人、实践育人、文化育人、服务育人的机制方法，高效做好学生教育管理工作。学生工作队伍的不同岗位的定位是鲜明和清晰的。

（一）辅导员

《普通高等学校辅导员队伍建设规定》明确指出："辅导员是开展大学生思想政治教育的骨干力量，是高等学校学生日常思想政治教育和管理工作的组织者、实施者、指导者。辅导员应当努力成为学生成长成才的人生导师和健康生活的知心朋友。"

1. 成为高校学生成长成才的人生导师

孔子云："其身正，不令而行；其身不正，虽令不从。"（《论语·子路篇》）要帮助学生系好人生的"第一粒扣子"，学生工作者就必须为人师表、以身作则，成为良好道德品质的实践者和示范者，做到以德立身、以德立学、以德施教。要打造中华民族"梦之队"的筑梦人，必须打造一支有理想信念、有道德情操、有扎实学识、有仁爱之心的"四有"好老师队伍。同时，要善于用马克思主义世界观和方法论引导学生正确认识世界、了解社会、理解现实。

2. 做高校学生健康生活的知心朋友

《礼记·学记》指出："亲其师，信其道；尊其师，奉其教；敬其师，效其行。"要与学生建立起良好的师生关系，当好学生的"友"，学生才会尊敬老师、信服老师，思想政治教育工作才能水到渠成，取得显著的成效。

（二）班主任

班主任与辅导员在根本目标和主要任务上具有同向性，都以围绕学生、关照学生、服务学生而展开；班主任主要是补充辅导员力量的不足和充分发挥专业教师的育人优势，从而形成辅导员与专业教师等相互协同、相互促进的协同育人力量。[①] 班主任的主要工作内容，一是结合学科优势引领学生政治思想；二是指导学生专业学习，为学生的专业发展提供各种帮助；三是做好与辅导员、其他专业教师之间的沟通工作。

（三）研究生导师

2018 年，教育部发布了《教育部关于全面落实研究生导师立德树人职责的意见》，明确指出了研究生导师立德树人职责的主要内容，具体包括提升研究生思想政治素质、培养研究生学术创新能力、培养研究生实践创新能力、增强研究生社会责任感、指导研究生恪守学术道德规范、优化研究生培养条件和注重对研究生人文关怀等七个方面。

（四）心理健康教育专职教师

根据《高等学校学生心理健康教育指导纲要》的要求，心理健康教育专职教师要具有从事高校学生心理健康教育的相关学历和专业资质，要坚持育心

---

① 参见汪阳、刘宏达《我国高校班主任制度建设的历程、经验与启示》，载《思想教育研究》2021 年第 5 期，第 136 页。

与育德相统一，加强人文关怀和心理疏导，规范发展心理健康教育与咨询服务，更好地适应和满足学生心理健康教育服务需求。其工作主要包括：一是开展心理健康知识教育；二是组织开展心理健康教育活动；三是依托网站和新媒体平台宣传心理健康知识；四是开展心理健康教育咨询服务；五是做好心理健康素质测评和心理危机预防与干预工作。

（五）党政管理干部和共青团干部

党政管理干部和共青团干部作为职能部门工作人员，在高校学生工作中要主动发挥顶层设计、桥梁纽带、服务指导的作用。与院（系）一线学生工作者相比，学生工作职能部门管理干部主要是根据上级主管部门的工作要求，负责制定和落实政策制度、制定具体工作方案、深入基层实施调研、分配各项工作资源、开展丰富教育活动、组织工作队伍培训交流、做好工作考核评价。职能部门要多关心、解决基层学生工作队伍工作过程中存在的问题和难点，在形成全校学生工作队伍一盘棋中发挥核心作用。

二、工作内容

习近平总书记在全国高校思想政治工作会议上强调，教育的根本问题是"培养什么样的人、如何培养人以及为谁培养人"，明确指出要坚持把立德树人作为中心环节，把思想政治工作贯穿教育教学全过程，实现全员育人、全程育人、全方位育人，牢牢抓住提高人才培养能力这个核心点。[①] 2017 年修订的《普通高等学校辅导员队伍建设规定》丰富和发展了高校辅导员的工作职责，形成了包括思想理论教育和价值引领、党团和班级建设、学风建设、学生日常事务管理、心理健康教育与咨询工作、网络思想政治教育、校园危机事件应对、职业规划与就业创业指导、理论和实践研究等九个方面的工作内容体系。这个工作体系为全体高校学生工作队伍的工作内容提供了基本遵循。这九个方面的内容可以从以下三个方面来理解认识。

---

① 参见《习近平在全国高校思想政治工作会议上强调　把思想政治工作贯穿教育教学全过程开创我国高等教育事业发展新局面》，载《人民日报》2016 年 12 月 9 日。

（一）思想引领方面

一是用习近平新时代中国特色社会主义思想武装高校学生头脑，引导学生自觉接受、认同和运用马克思主义立场、观点、方法，帮助学生不断坚定中国特色社会主义道路自信、理论自信、制度自信、文化自信，牢固树立正确的世界观、人生观、价值观。二是通过多渠道掌握学生的思想行为特点及思想政治状况，有针对性地帮助学生处理好思想认识、价值取向、学习生活、择业交友等方面的具体问题。三是将传统的工作方式和运用新媒体新技术相结合，以学生喜闻乐见的方式，用社会主义核心价值观滋养学生，在提高认同过程中构筑共同愿景，形成建设中国特色社会主义、实现中华民族伟大复兴的中国梦的强大合力。

（二）行为规范方面

一是把握学生成长规律，对处于"拔节孕穗期"的高校学生进行道德品质教育，引导学生"明大德、守公德、严私德"，养成良好的行为规范，建立和谐互助的人际关系。二是针对不同年级有重点地开展分层次养成教育，开展诚信教育、安全教育、法制教育、廉洁教育、劳动教育等。三是对学生日常生活中遇到的问题和困难进行指导，包括情感问题、人际交往、情绪疏导、心理健康等方面，促进学生全方面健康成长。

（三）学业发展方面

一是营造良好的班风学风，对高校学生提供学业规划、选课指导、学习方法等方面的支持和引导，帮助学生端正学习态度、树立学习目标、掌握学习方法、养成良好的学习习惯、提高学习效能。二是开展奖学助学工作，通过"助学、导学、奖学、促学"资助育人工作，帮助学生安心学业、发挥优秀学生示范引领作用，形成自强不息的奋斗精神。三是开展生涯发展指导，针对学生的个性特长，提供个性化生涯发展规划指引，提供个性化发展实践平台，引导学生树立正确的就业观和择业观，制订科学合理的人生规划。

通过三个方面的工作，不断提高高校学生的思想水平、政治觉悟、道德品质、文化素养，引导学生成为又红又专、德才兼备、全面发展的中国特色社会主义建设者和接班人。

三、职业素养

素养是指由训练和实践而获得的知识、技能、态度和能力的集合。职业素养是指职业内在的规范和要求，是在工作过程中表现出来的综合品质，包含职业道德、职业技能、职业行为、职业作风和职业意识等方面。

党的十九大以来，习近平总书记多次指出当今世界正经历百年未有之大变局。这是中国共产党立足于中华民族伟大复兴战略全局，科学认识全球发展大势、深刻洞察世界格局变化而做出的重大判断，对于指导高校人才培养工作具有重大而深远的意义。高校思想政治工作面临的严峻形势和艰巨任务对高校学生工作队伍的工作提出了更高要求。由于高校学生工作队伍角色定位具有差异性，而工作内容具有多样性，因此工作人员的职业素养决定了其工作质量。

（一）以德为先

树人之业，首在立德。为师之道，首在师德。作为高校学生成长成才的引导者和陪伴者，高校学生工作者的品德品行不仅代表着个人的形象和声誉，更关系到学生的身心健康和价值取向。

1. 过硬的政治素养

高校学生工作者要坚持正确的政治立场，坚定马克思主义理想信念，坚定中国共产党的领导，坚定中国特色社会主义的信心，坚决贯彻党的基本路线和方针政策，遵守法律法规，具备较强的政治意识，有较好的政治判断力、政治领悟力、政治执行力，始终在政治立场、政治方向、政治原则、政治道路上同党中央保持高度一致。

2. 坚定的理想信念

没有理想信念就会导致精神上"缺钙"。在新时代，坚定信仰信念，最重要的就是要坚定中国特色社会主义道路自信、理论自信、制度自信、文化自信。高校学生工作者要不断筑牢信仰之基、补足精神之钙、把稳思想之舵，以坚定的理想信念投身人才培养工作。

3. 高尚的道德品质

高尚的道德品质，包括服务党和国家高等教育事业的忠诚大德，自觉践行社会主义核心价值观、遵守公序良俗的公德，以及严于律己、追求高尚道德情操、远离低级趣味的个人品德。这三者之间相互衔接、环环紧扣。

（二）以生为本

以生为本就是要尊重学生在教育中的主体地位，尊重学生的人格、情感和需求，坚持围绕学生、关照学生、服务学生。

1. 以学生成长为中心

高校学生工作者要始终把学生放在中心位置，深入学生中去，与学生打成一片，了解学生成长之需，解答学生成长之惑。

2. 掌握群众工作方法

高校学生工作者要坚持"从学生中来，到学生中去"，深入学生一线进行调研，以问题为导向，找准育人真问题，迅速解决问题。

（三）以能为要

高校学生工作是一项具有很强专业性的工作，必须具有科学的理论、全面的知识、专业的技能，才能更好地为党育人、为国育才。

1. 完备的理论知识

一是要掌握和运用辩证唯物主义和历史唯物主义，掌握马克思主义立场、观点、方法，以习近平新时代中国特色社会主义思想作为行动指南，深入认识共产党执政规律、社会主义建设规律、人类社会发展规律。二是要学习好党史、新中国史、改革开放史、社会主义发展史，学习经济、政治、法律、文化、社会、管理、生态、国际等各方面的基础性知识。三是要学习和掌握思想政治教育工作实务相关知识，包括学生党建、团建、日常思政教育、学生事务管理、心理健康教育、学业发展支持和职业生涯规划等方面的专门知识。

2. 专业的业务技能

高校学生工作的业务能力主要包括日常工作能力、沟通协调能力和应急处置能力。日常工作能力主要指了解学生工作的规章制度和业务流程，熟悉、了解工作对象的基本情况，能有针对性地开展工作；能熟悉运用新媒体新技术对学生开展思想引领、学习指导、生活辅导、心理咨询等。学生工作具有很强的交互性，师生之间、工作队伍之间都需要具备深入沟通、交流的能力，能够协调各种关系，处理不同的诉求。应急处理能力主要指具有较好的风险意识，做好各种风险应对准备，在突发事件发生时迅速认清事件的性质，处变不惊、沉着应对，找准应急要点，做到有效化解各种风险。

四、生涯发展

用职业生涯发展的眼光对高校学生工作队伍进行规划和管理，对学生工作者自身来说，有利于其提升专业技能，促进全面发展，获得较高的职业成就和认同感；对工作对象也就是高校学生来说，能更科学有效地帮助他们成长成才；对高校来说，有利于促进人力资源合理配置，提高岗位吸引力，提升队伍整体素质和稳定性。职业生涯发展是一个终生的发展历程，经过教育和训练及社会辅导，增进自我了解，认识环境世界，协助建立自我观念和以工作为导向的社会价值观，并借由职业生涯路径选择、职业生涯规划、职业生涯发展能力的增强，激励自我成长、达成自我实现的目标。[①] 高校学生工作者的职业生涯发展是指高校学生工作者个体在不同的阶段，不断明确角色定位、持续提高专业水平、全面完善自我人格和不断实现自我价值的过程。

（一）生涯发展周期

任何职业群体在发展过程中都受到职业生涯发展周期规律的支配与制约。[②] 高校学生工作者由专职和兼职队伍组成。对于兼职队伍而言，其学生工作职业生涯只是个体职业生涯中的一个阶段，是一个短周期。相对而言，专职学生工作队伍的职业生涯周期则是一个长的周期。结合高校学生工作实际情况，借鉴《高等学校辅导员职业能力标准（暂行）》中对高校辅导员进行的初

---

① 参见关培兰、张爱武《职业生涯设计与管理》，武汉大学出版社 2009 年版，第 4～7 页。
② 参见曹威威《高校辅导员职业生涯发展周期超越论》，载《高校党建与思想教育》2018 年总第 576 期，第 91 页。

级、中级、高级的划分情况，可以将学生工作队伍的职业生涯发展划分为四个不同的阶段①。

1. 适应期

一般来说，在进入新的岗位后首先要度过适应的阶段。在这一阶段，高校学生工作者需要尽快找准角色定位，适应工作环境和工作对象，不断熟悉和掌握工作所需的理论知识和技能，并初步树立职业发展的方向。

2. 成长期

在经过初期适应后，学生工作者进入职业生涯的成长期。这是一个关键的阶段，主要表现在三个方面：一是通过适应期学习的理论指导工作实践，在实践中积累和丰富专业知识和技能后，具备较好的职业能力；二是对职业的认同感更强，基本确立职业理想，增强了心理调节能力；三是结合个人实际，有意识地计划、实施和追求职业化、专业化和专家化的职业发展路径。

3. 倦怠期

在经历一段平稳的成长期后，会进入职业生涯发展的瓶颈阶段——倦怠期。这个阶段的状态一般表现在三个方面：一是因职业能力的提升受阻而心生不满；二是无法有效调节工作中的冲突导致的心理焦虑或紧张；三是对职业路径感到迷茫，往往出现职业情感淡漠、工作投入减少和工作拖延等现象，对未来职业发展方向感到迷茫以及发展动机不足。

4. 成熟期

有效克服职业倦怠，职业发展将迎来一个新的重要阶段，即成熟期。主要表现有三个方面：一是具备较好的职业素养和突出的职业能力，充分运用理论指导工作实践，总结提炼工作中经验规律，形成工作品牌项目；二是坚定职业认同，对岗位和职业有深刻正确的认识和理解，形成具有个人风格的工作理念和工作模式；三是树立职业化、专业化的职业发展路径，立志并投身于培养担当复兴大任的时代新人的崇高事业，对自身的职业路径发展充满信心和希望。

（二）生涯发展困境

职业生涯发展是一个动态过程，受个人主观因素和政策客观环境等因素影

---

① 参见曹威威《高校辅导员职业生涯发展周期超越论》，载《高校党建与思想教育》2018 年总第 576 期，第 91～92 页。

响。高校学生工作者面临的生涯发展瓶颈主要有以下三类情况。

1. 职业认同感相对较低

学生工作者这一职业具有教育性、服务性、直接性、基层性、复杂性和烦琐性的特点。[①] 当前国际国内形势的变化、近年来高校思想政治教育工作的进一步加强，以及高校学生思想观念和行为方式的变化，导致高校学生工作的难度不断增加。高校学生工作者面临的压力愈加明显，对工作的认知容易出现偏差，导致出现认同感低的情况。

2. 职业角色定位模糊

高校学生工作者具有教师和管理者的双重身份。但在实际工作中，除了做好高校学生思想政治教育和日常管理，有的人还需要承担本职以外的工作；日常事务的琐碎常常让高校学生工作者"两眼一睁忙到熄灯，两眼一闭提高警惕"；"上面千条线、下面一根针"，也让学生工作者无暇提高理论和业务水平。长期处于这种紧张状态，会直接影响到学生工作者对自身角色定位的认识。

3. 职业能力有待提高

专业化的知识和能力是专业条件中的首要标准。虽然目前在队伍培训方面投入了较大的人力、物力，但系统化的培训体系仍未形成，且不同地方、不同层次的高校乃至学生工作者自身对队伍培训和培养的重视程度参差不齐。很多学生工作者缺少相关的专门训练，对有效开展思想政治教育等工作显得力不从心，在关键时刻很难顶得上。

（三）生涯发展路径

高校学生工作队伍的重要性决定了要高度重视队伍的职业发展，构建科学完善的队伍建设工作体系，不断提高队伍的专业化和职业化水平，保证队伍的内涵式发展。

1. 严把入口，夯实基础

高校学生工作有明确的专业要求，需要建立相应的准入机制，选拔专业背景、学历层次和综合素质与工作要求相匹配的优秀人员，从入口关保障队伍人

[①] 参见陈立民编《高校辅导员理论与实务》，中国言实出版社 2006 年版，第 32～37 页。

员的专业化。

2. 注重培养，提供动力

搭建多层次、多角度、多形式的培训网络，构建全方位、系统化、有针对性的高校学生工作培训系统，提升队伍的专业化水平。① 积极构建学生工作的研究机制，通过组织开展专项课题研究、按照不同的专业化研究发展方向成立相应的团队、鼓励同行交流等方式提高学生工作者的专业能力。

3. 加强考核，明确标准

辅导员有相应的职业能力标准和规范，学生工作队伍的其他人员也应参照制定相应的标准。高校应坚持对学生工作队伍按照定性与定量相结合、过程与结果相结合、结果与奖励相结合等原则进行全方位的综合考评，通过科学合理的考核评价机制保障学生工作的严肃性，同时增强其职业荣誉感。

4. 完善制度，加强落实

持续加强顶层设计，秉承以人为本的理念，科学构建学生工作队伍建设的制度体系，对队伍的选聘配备、待遇保障、管理考核、发展规划等进行统筹安排，最大限度地发挥制度优势，激发队伍潜力。制度确定后要制定配套执行方案，确保政策的落地、落细、落实。

5. 拓宽出口，多元发展

有序合理的流动是队伍良性发展的表现。专业化、职业化的队伍培养为学生工作人员的多样化发展打下了职业精神和职业素养的良好基础。一部分人员朝专家化方向发展，成为学生工作领域的中坚力量；另一部分人员在学生工作岗位上所历练成的精神、思想、能力、品行与综合素质将有益于他们终身职业或岗位的发展。

第四节　高校学生工作队伍的协同与深化建设

高校思想政治教育是一项既复杂又艰巨的系统工程，具有量大、点多、面广、线长等特点，对适应性、综合性、协同性、迭代性的要求比高校的其他工

---

① 参见冯刚主编《大学生思想政治教育工作概论》，北京师范大学出版社 2020 年版，第 267 页。

作体系更高。① 习近平总书记强调，"注重系统性、整体性、协同性是全面深化改革的内在要求，也是推进改革的重要方法"②。进入新时代，为满足人才培养的新要求，立足于构建同向同行、相互连接的"大思政"格局和体系的理念，协同发展是高校学生工作队伍建设的必由之路。促进学生工作队伍的协同与深化建设，不仅要在机制协同上同向发力、在政策协同上有效衔接，还要在作用发挥上同频共振、在渠道协同上优势互补，从而不断增强思想政治教育的生机与活力，培育能够担当民族复兴大任的时代新人。

一、树立理念

恩格斯说："许多人协作，许多力量融合为一个总的力量，用马克思的话来说，就产生'新力量'，这种力量和它的单个力量的总和有本质的差别。"③ 高校思想政治教育要求学生工作队伍不同的主体发挥各自的自组织能力，在一定条件下形成合作、配合、互补、同步的协同效应。然而，一些高校高度的专业化分工和僵化的科层式组织基础使得其对学生工作队伍整体性的建设重视相对不足，各个部门工作界限比较明显，不同育人主体存有"一亩三分地"的思维定式，缺乏协同配合的理念和积极有效的协同行动，直接影响了高校思想政治教育质量。因此，新时代推动高校思想政治教育的高质量发展的题中应有之义就必然包括高校学生工作队伍协同育人。

（一）高校学生工作队伍协同育人的内涵

高校学生工作队伍协同育人是指高校多个学生工作主体协同作用，形成有序的组织结构，按照统一的目标任务，保持一致步调，实现队伍建设成效最大化、育人质量最优化。

1. 坚持全员育人

队伍建设要充分考虑到系统性，进一步推进全员育人体制机制建设，形成

---

① 参见冯刚主编《大学生思想政治教育工作概论》，北京师范大学出版社 2020 年版，第 268 页。
② 习近平：《习近平谈治国理政》第二卷，外文出版社 2017 年版，第 109 页。
③ 《马克思恩格斯选集》第三卷，人民出版社 2012 年版，第 505 页。

合力育人的良好氛围，搭建合力育人组织平台，充分调动学生工作队伍中辅导员、班主任、研究生导师、心理健康教育专职教师和党政管理干部等育人主体的自觉性和积极性。从观念上内化"整体统一"思想，养成学生工作队伍的大局意识，促使其形成整体合力，起到"1＋1＞2"的现实效果。①

2. 聚焦立德树人

高校学生工作队伍的组成虽然多样，工作定位和职责各有所专精，但工作的出发点和落脚点都是落实立德树人根本任务，培育德智体美劳全面发展的社会主义建设者和接班人。只有将思想统一到为学生的成长成才服务上来，才能充分发挥团队优势和整体功能。

3. 构建协同机制

协同指向的是各种力量的整合、协调以发挥整体效应。协同机制指的是不同主体之间的协调与合作。高校学生工作队伍协同体系运作的顺畅有赖于制度和机制的完善。越是复杂的、跨界的工作领域，越是需要协同的新机制来协调。科学的机制可以使系统间的协同更加精细和顺畅。高校学生工作队伍协同育人新机制的运行调适需要持续培育协同育人发展动力，进一步优化协同育人要素配置，适时调整协同育人组织结构。

（二）高校学生工作队伍协同育人的价值

当前高校思想政治教育发展面临的阶段性困境和问题，往往是由于传统模式下条块分割的惯性造成的协同不力而导致的，需要靠增强协同来解决。

1. 有利于实现高校思想政治教育工作新要求

进入新时代，高校思想政治教育工作深深根植于中国特色社会主义的伟大实践，必须主动顺应时代的要求。"改革越深入，越要注意协同，既抓改革方案协同，也抓改革落实协同，更抓改革效果协同。"② 新时代高校学生思想政治教育已经全面步入改革攻坚的深水区，协同已成为发挥思想政治教育的集成价值、统合功能、整体施策、自我革新的重要选择和关键之举，协同创新既是

---

① 参见刘新跃、邰蕾蕾《高校学生工作队伍"整体性"建设路径探析》，载《高校辅导员学刊》2011年第5期，第16页。

② 习近平：《习近平谈治国理政》第二卷，外文出版社2017年版，第109页。

全面深化思想政治教育改革的要求，更是落实立德树人根本任务的需要。因此，为通过协同创新增强思想政治教育的生命力，高校学生工作队伍必须树立协同意识，增强各主体之间的适应性和协同性，强化整体联动，围绕共同的工作目标，以协同促发展，以协同促合力，以协同促育人。

2. 有利于高校学生工作队伍建设

当前，高校学生工作队伍还存在"散打式"行为，政出多门、"九龙治水"的现象仍比较突出。高校学生工作队伍由多个部门和群体构成，如果没有系统性管理，难免会分工不明、协作不当、忽视沟通、缺乏导向，以至于给学生工作运行带来障碍，影响工作的顺利开展。一是高校学生工作队伍目标的整体统一性不够。高校学生工作队伍的目标长远而艰巨，学生工作烦琐而复杂，步调不一甚至朝令夕改，都会导致学生工作队伍缺乏方向感和信任感，影响与学生的纽带关系。二是高校学生工作队伍的整体联系度不高。高校学生工作队伍是由多个部门和各类人员构成的系统性整体，由于工作重心各有侧重，工作领域各有专精，缺乏沟通联系，导致各主体不能及时反馈工作情况进而改进工作思路与计划，工作就会出现偏差，带来不利后果。上述问题需要通过增强学生工作队伍的协同，来真正打造一支政治过硬、信仰坚定、高质量、高水准的高校学生工作队伍。

二、优化机制

高校学生工作队伍协同育人强调的是制度化和经常化。其中，制度化是发挥契约作用、保障协同各主体利益的有效措施，通过发挥制度约束，规定各主体必须遵循的约定以实现共同的目标；经常化体现的是学生工作队伍作为整体发展的长期战略性规划。这就要求高校对整个学生工作队伍有前瞻性、统揽性、整体性、一致性的指导，从完善优化机制的角度推动队伍的协同发展和育人工作的成效。

（一）着眼整体优化保障机制

思想政治教育队伍是一个整体，思想政治教育是一个系统工程。优化学生工作队伍建设机制，要坚持整体性原则。保障机制是指为学生工作队伍的运行提供良好的内外部条件。高校学生工作队伍建设过程需要从更高层面进行系统设计，统筹兼顾，有效衔接和融入相关政策系统，从而不断优化队伍发展环境、形成队伍建设合力，切实发挥队伍协同的整体效应。在宏观政策方面，近年来，《关于加强和改进新形势下高校思想政治工作的意见》《高校思想政治工作质量提升工程实施纲要》《"三全育人"综合改革试点工作建设要求和管理办法（试行）》《普通高等学校辅导员队伍建设规定》等文件的颁布为地方和高校"一体化构建高校思想政治工作体系"和学生工作队伍建设提供了根本导向和基本遵循，对学生工作队伍的统筹规划、总体部署予以明确，确立了工作的指导思想，对各个队伍主体的工作目标任务、核心内容进行设计和明确。在中观层面，聚焦岗位职责、队伍的教育培训、管理考核和评先评优等关键环节制定相应的制度，以人、财、物等资源的配置为突破口，获取资源整合与协同合作的机会，配齐建强学生工作队伍，将学生工作队伍纳入高校人才队伍建设总规划，足额配备专职学生工作人员，搭建辅导员、班主任、研究生导师、心理健康教育专职教师和学生工作党政管理干部的联动通道，推动宏观政策的执行。在微观层面，对制度予以细化落实，规范各个程序，进一步加强制度设计的关联性，关注制度的"纵向延伸"和"横向对接"，注重把绩效考核结果应用于队伍发展的各个方面，通过政策联动，最大限度地发挥对学工队伍的规范、激励和保障作用。

（二）立足现实优化协调机制

"三全育人"是高校落实立德树人根本任务、构建高水平思想政治教育工作体系和提升人才培养能力的重要路径和长远目标，解决了高校育人协同不足的问题。完善和优化学生工作队伍建设协调机制可以从以下方面来推动。一是育人力量的协调。从组织体系来看，高校思想政治教育工作职能部门和密切相关的党群系统的组织部门、人事部门、宣传部门和保卫部门等，以及相关行政部门如财务部门、设备部门、信息部门等要结成育人共同体，职能部门和培养单位也需要联动协同开展学生思想政治教育工作。例如在高校实行学生工作例会制度，学校分管学生工作的主管领导定期组织思想政治教育职能部门、相关职能部门负责人和培养单位学生工作分管领导召开工作会议，开展理论学习、通报工作进展、部署近期工作，加强学生工作的预期性和稳定性。从新时代高校思想政治教育工作要求来看，需要学生工作队伍的各个主体都能立足本职岗位，强化育人意识，发挥育人作用。既做到育人的全员性又兼顾队伍分工的专业性，多在职能和责任的交会点、边界区补位，做到"分工不分家""补台不拆台"，实现育人力量的互通。例如，高校不少院（系）建立了学工和教务工作联动机制，辅导员、班主任（研究生导师）和教务员定期就学生学业工作的重点难点问题进行探讨交流，推动信息和资源共享，起到强化沟通、增进互信的作用。二是育人过程的协调。高校思想政治教育工作贯穿学生从入学到毕业的全过程，包括第一课堂、第二课堂等场合，学生工作队伍各个主体要在各阶段、各环节、各阵地建立共同协同机制，保证育人的持续性、衔接性和贯通性。例如在新生入学阶段，学校制定总体新生教育方案，各具体职能部门根据方案分工对培养单位进行指导和培训，各培养单位结合学科特色和单位实际制定具体入学教育安排，按照学院历史、学科发展、教学安排、党团知识、资助政策等内容分配给相应的队伍力量。

（三）针对差异优化激励机制

激励机制是指通过满足队伍整体和个体需求的方式激发内部各要素在系统运行中的能动性的机制，包括物质激励与精神激励。优化激励机制可从三个方面入手。一是完善评价考核机制。《普通高等学校辅导员队伍建设规定》对专职辅导员的考核有较明确的规定，而针对班主任、研究生导师等队伍主体的相关政策则比较宽泛，缺乏明确的考核要求和标准。为了增强学生工作队伍不同主体之间协同机制的有效运行和良性发展，应加强研究学生工作队伍协同育人的具体评价考核办法，对相关队伍成员进行全方位的深入调查研究，以培养德智体美劳全面发展的社会主义建设者和接班人为导向，制定综合、科学、合理的考评指标与评价标准，建立符合工作实际、具有一定科学性和可操作性的针对学生工作不同主体的考核体系，解决不同序列间学生思想政治教育工作量的认定和转换问题，消除学生工作队伍内部的隔膜。二是对考评结果应该真评实用，对在考评中结果优秀的学生工作者给予一定的奖励，包括工资、发展机会、职位晋升等，对于考评结果不理想或不合格的学生工作者应该给予一定的惩罚，根据程度进行批评教育或调整岗位。三是完善表彰评价机制。同步设置不同主体相对应的荣誉、奖励等，对积极探索协同育人的项目、成果给予评奖，对贡献较大的学生工作者给予奖励，进一步激发不同育人主体的协同动力。

三、创设平台

进入新时代，要善于把握思想政治教育工作要求、任务内容、方式方法、载体手段等方面的时代特征，与时俱进地设置更符合人才培养目标要求、更具实效性和可行性、能推广可借鉴的协同育人工作平台。为落实"三全育人"工作理念，同时有利于学生工作各主体协同发挥育人作用，有必要打破原有条块分割的分工限制，实现育人主体力量互通。创设协同育人新平台，要坚持"五育"并举、深入一线和聚焦日常的工作原则，并保持三者的有机统一。

（一）"五育"并举

德智体美劳教育是新时代高校教育体系的主要内容，学生工作队伍协同育人应坚持"内容为王"。创设学生工作协同育人平台，既要坚持"五育"并举，更要坚持"五育"协同。德育是基础，要教育引导学生守公德、严私德、明大德，成长为有道德的时代新人。智育是重点，坚持学理性与政治性相协同、坚持知识性与价值性相协同，把智识塑造和能力养成全面协调起来，着力培养具有科学精神和创新能力的时代新人。体育是关键，立德树人离不开提高人的自律意识、拼搏精神和顽强品格。美育和劳育也不可偏废。美育能够提高高校学生认识美、发现美、养成美的能力，滋养心灵，陶冶情操。劳育可以使学生形成崇尚劳动、热爱劳动、辛勤劳动、诚实劳动的劳动精神。"五育"协同的着力点应放在促进德育、智育、体育、美育和劳动教育有机融合，充分利用各类资源，对"五育"进行一体化设计、一体化推进，推动实现课程教学、组织管理、学校文化等教育生态的整体变革，努力构建德智体美劳全面发展的教育体系和工作平台。

（二）深入一线

学生工作者要始终深入一线，把学生放在中心位置，深入学生中去，与学生打成一片，了解学生成长之需，解答学生成长之惑。宿舍是学生工作中的最小管理单位。以创新高校治理体系为契机，在教育部的指导推动下，各高校要积极探索推行学生宿舍社区化管理机制，积极建设"一站式"学生社区，推动思政力量、管理力量、服务力量下沉到学生一线。一方面，学生工作者与学生谈心谈话，倾听学生心声，在理想信念、学术追求、学习实践、生涯规划等方面给予学生指导。通过有效搭建多部门共同办公平台实时解决单边或者多边问题，达到高效、快捷、集中地解决学生的各类诉求和需求的目的，建立起学生工作队伍乃至学校与学生之间的有效沟通反馈机制。另一方面，当代高校学生绝大部分是"00后"，作为网络"原住民"的他们是各种网络新技术、新产品的天然拥趸和忠实"粉丝"。互联网是高校学生思想政治教育另一个不可或缺的场域。借助新媒体、新技术开展网络思想政治教育应成为全体学生工作者都必须掌握的"通用技能"，同时还应将传统思想政治教育与网络思想政治教育进行同构，推动思想政治工作传统优势同信息技术的高度融合，增强时代感和吸引力。一是可以将教育教学、日常管理和生活服务等功能从线下转到线上，使信息发布、事务办理和交流互动等更加便捷，传统的会议、谈心等也可以实现网络化管理，依托网络协同平台对学生工作数据进行统计分析，学生工作队伍根据职责按需使用工作数据，为工作决策提供依据。二是可以借助新媒体平台和网络文化工作室、"易班"等平台建设，创作优秀网络作品，传播正能量。

（三）聚焦日常

高校学生工作队伍的工作领域涉及学生学习和生活的方方面面，因此，与学生成长相关的各类场景都是学生工作者进行思想引领的"课堂"和"舞台"。聚焦日常思想政治教育，推进学生工作队伍协同育人，一是要深刻把握思想政治工作规律、教书育人规律、学生成长规律，充分认识到"协同"不等于不同学生工作岗位的工作"简单相加"或"交替进行"，而是理念、方式方法、影响效果方面的交叉交融、合作联动和功能互补。二是要在日常思想政治教育工作中选准抓手。学生工作可从两个方面重点把握协同育人的结合点：①在学风建设方面，辅导员的职责和专任教师、班主任、研究生导师的教育教学任务既有分工也有联动。辅导员主要是引导学生养成良好的学习习惯、树立学习目标，帮助学生树立正确的人生观、成才观；专任教师负责专业知识讲授，深度挖掘专业课程蕴含的思想政治教育资源，使各类课程与思想政治教育理论课同向同行，形成协同效应授课；班主任帮助和引导学生掌握科学的学习方法，针对个体开展学业帮扶指导，营造健康向上的班级学习氛围。②在日常事务管理方面，辅导员和班主任、研究生导师可以加强联动。例如在评选奖助学金、遴选学生骨干和发展党员时，辅导员把握工作规则和要求，班主任和研究生导师对学生在第一课堂和其他方面的表现进行介绍，公平公正地做好评选和选拔，让价值导向渗透到评选全过程，充分发挥示范促进作用。

第九章　高校学生工作质量评估

进入新时代，面对高等教育改革发展的新形势、新任务，党和国家对高校思想政治工作提出了新目标、新要求，着力推动高校思想政治工作守正创新发展。教育评价事关教育发展方向，有什么样的评价指挥棒，就有什么样的办学导向。① 中共中央、国务院印发的《深化新时代教育评价改革总体方案》对改革党委和政府教育工作评价、改革学校评价、改革教师评价、改革学生评价和改革用人评价等方面做出了系统安排。② 2021 年 4 月，在中国共产党成立 100周年之际，中共中央、国务院印发了《关于新时代加强和改进思想政治工作的意见》，对建立科学有效的思想政治工作评价考核体系提出了具体要求，强调要建立内容全面、指标合理、方法科学的思想政治工作测评体系，并将测评结果纳入落实全面从严治党主体责任情况监督检查和巡视巡察内容，纳入党政领导班子、领导干部综合考核评价内容，把"软指标"变为"硬约束"。高校学生工作质量评估是高校思想政治工作的重要方面，也是加强和改进高校学生工作的重要手段，对高校落实立德树人根本任务具有重要的促进作用。

第一节　高校学生工作质量评估的基本导向

新时代高校学生工作是高校围绕立德树人根本任务，为提高学生的思想水平、政治觉悟、道德品质、文化素养而开展的教育、管理和服务工作。高校学生工作的目的是培养德智体美劳全面发展的社会主义建设者和接班人，让学生

---

① 参见《深化新时代教育评价改革总体方案》，人民出版社 2020 年版，第 1 页。
② 参见《深化新时代教育评价改革总体方案》，人民出版社 2020 年版，第 315 页。

成为德才兼备、全面发展、堪当民族复兴大任的时代新人。高校学生工作质量评估是指评估主体依据一定的评价标准，运用测量与统计分析，通过信息反馈，对高校学生工作的过程与效果进行实事求是的分析，并做出价值判断的活动。[①] 高校学生工作的质量和效果到底应该如何评估，各单位有不同的做法，其中最能体现其差别的关键要素和环节是评价的标准。由于标准存在差异，针对同样的教育活动，甚至同一单位的同一项教育活动，也会得出截然不同的结论。[②] 中共中央、国务院印发的《深化新时代教育评价改革总体方案》指出，新时代教育评价改革要坚持立德树人、坚持问题导向、坚持科学有效、坚持统筹兼顾、坚持中国特色等五条主要原则。[③] 新时代高校学生工作质量评估要按照《深化新时代教育评价改革总体方案》的总体要求，结合高校学生工作的具体实践，坚持正确的价值导向，以引领高校学生工作实现高质量内涵式发展。

一、政治导向

毛泽东同志曾强调："青年应该把坚定正确的政治方向放在第一位。"[④] 坚持正确的政治方向、注重政治评价是我国高校学生工作质量评估最根本的原则和依据，这既是由我国高校学生工作的定位和职能决定的，又是由意识形态领域面临的实际形势决定的。高校学生工作质量评估必须贯穿讲政治的要求，立场坚定，旗帜鲜明，始终坚持正确的政治方向。[⑤]

首先，从评估的功能定位看，新时代高校学生工作质量评估应当服从和服务于党的全面领导。习近平总书记强调，做好教育工作，加强党的领导是根本保证。只有坚持党对教育事业的全面领导，才能在更高水平实现教育战线思想上的统一、政治上的团结、行动上的一致，才能确保教育事业发展的正确方

---

① 参见冯刚、彭庆红等《新时代高校思想政治教育学原理》，人民出版社 2021 年版，第 330 页。

② 参见郭政、王海平《思想政治教育评估标准和方法探析》，载《南京政治学院学报》2001 年第 5 期，第 85 页。

③ 参见《深化新时代教育评价改革总体方案》，人民出版社 2020 年版，第 2～3 页。

④ 《毛泽东著作专题摘录》，人民出版社 1964 年版，第 722 页。

⑤ 参见冯刚、彭庆红等《新时代高校思想政治教育学原理》，人民出版社 2021 年版，第 335 页。

向，才能坚定走好中国特色社会主义教育发展道路。① 做好中国的事情关键在党，教育是国之大计、党之大计，坚持党对教育工作的全面领导是办好教育的根本。对高校学生工作质量的评估，第一位要看的就是高校学生工作是否把党的全面领导落到了实处，有没有扎实做好学生党建工作，把党的声音、要求和关怀传递给学生，引领学生听党话、跟党走，积极向党组织靠拢，树立共产主义远大理想和中国特色社会主义共同理想，认同党的路线、方针、政策，成长为社会主义建设者和接班人。

其次，从评估的核心内容看，新时代高校学生工作质量评估要对标党的教育方针。党的教育方针是党和国家有关教育事业发展的总体性指导方针和纲领性政策表述，规定了一段时期党和国家教育事业发展的根本任务、价值取向与教育目的，具有很强的方向性、针对性和强制性，是各项教育决策、各级各类教育管理以及高校具体教育活动的政策依据。② "为党育人、为国育才"是教育的使命，教育必须为社会主义现代化建设服务、为人民服务，必须与生产劳动和社会实践相结合，培养德智体美劳全面发展的社会主义建设者和接班人。新时代高校学生工作要按照中央的决策部署，全面贯彻落实党的教育方针，紧扣培养什么样的人、如何培养人和为谁培养人这个教育的根本问题，切实加强思想政治工作，实现全员育人、全程育人、全方位育人。

最后，从评估的发展路径看，新时代高校学生工作质量评估要坚持社会主义办学方向。方向决定道路，道路决定命运。新时代高校学生工作的质量评估要以习近平新时代中国特色社会主义思想为指导，评估高校学生工作在服务人民、服务中国共产党治国理政、服务巩固和发展中国特色社会主义制度、服务改革开放和社会主义现代化建设的所作所为及其成效。因而，新时代高校学生工作质量评估必须扎根中国大地，坚持以人民为中心，服务中华民族伟大复兴，才能确保质量评估的正确方向和方法路径。

二、育人导向

高校办学要始终牢记为党育人的初心，坚定为国育才的立场，以树人为核

---

① 参见本书编写组《习近平总书记教育重要论述讲义》，高等教育出版社 2020 年版，第 18 页。
② 参见本书编写组《习近平总书记教育重要论述讲义》，高等教育出版社 2020 年版，第 24 页。

心，以立德为根本，培育和践行社会主义核心价值观，努力培养担当民族复兴大任的时代新人，培养德智体美劳全面发展的社会主义建设者和接班人。①

在突出育人导向方面，高校学生工作质量评估以促进培养时代新人为目标，以推动落实立德树人为根本任务，以推动深化"五育"并举为基本内容。高校学生工作是高校思想政治工作的重要组成部分，思想政治工作从根本上说是做人的工作，因此，高校学生工作必须围绕学生、服务学生、关照学生，培养担当民族复兴大任的时代新人。高校学生工作质量评估可以通过设定相应的指标或观测点，评价学生担当民族复兴大任的意愿、能力和行动等方面的状况，促进高校人才培养与国家富强、民族振兴、人民幸福的有机结合，培养引领社会发展的高素质人才。高校的根本任务是立德树人，高校学生工作质量评估也应以推动落实立德树人根本任务为依归。一方面，要对高校落实立德树人根本任务的工作体系、制度机制、方法路径、具体措施等进行评估评价；另一方面，要对立德树人的工作成效进行测评，以此深入了解高校学生工作在推动学生明大德、守公德、严私德方面取得的成效。在此方面，培育和弘扬社会主义核心价值观应该成为重要的评估内容。国家富强和民族复兴需要强大的精神力量和价值支撑，将社会主义核心价值观融入教育教学全过程、各方面，是新时代中国特色社会主义教育的本质要求，也是从价值观角度回答培养什么人、怎样培养人、为谁培养人这个根本问题。② 社会主义核心价值观是当代中国精神的集中体现，凝结着全体人民共同的价值追求，明确回答了我国要建设什么样的国家、建设什么样的社会和培育什么样的公民的重大问题，是立国之基、民族之魂。同时，推动广大高校学生深入践行社会主义核心价值观，是落实立德树人根本任务的题中应有之义。在育人导向方面，高校最终应该培养出德智体美劳全面发展的社会主义建设者和接班人，高校学生工作应以此为目标守正创新改革发展。为此，高校学生工作的质量评估应特别注重全面准确地测评学生工作在"五育"并举方面的举措及其成效，既要对全体青年学生德智体美劳的基本面有所评价，也要对"五育"的每个方面深入剖析，还要对典型学生进行重点评价，如此才能真正深入评估高校学生工作的质量状况。

---

① 参见本书编写组《习近平总书记教育重要论述讲义》，高等教育出版社 2020 年版，第 44 页。
② 参见本书编写组《习近平总书记教育重要论述讲义》，高等教育出版社 2020 年版，第 50 页。

三、问题导向

高校学生工作应该以学生成长为中心，把解决学生的思想问题和解决实际问题有机结合起来。与此相应，高校学生工作质量评估也应以问题为导向，评价高校学生工作解决学生思想问题和实际问题的成效以及在促进学生成长和学校发展等方面的情况。问题导向要以研究真问题、真研究问题为基本遵循，要科学分析学生个体和群体中存在的实际问题，认真评估学生存在问题的解决程度、当前还存在的困难和矛盾以及下一步应采取的措施。高校学生工作质量评估的问题导向是评估工作的关键点和重要内容，目的是提升高校学生工作的针对性和实效性。

高校学生处于人生的"拔节孕穗期"，精力比较充沛，思想比较活跃，好奇心比较强，但他们的社会阅历还不多，能够调配的资源也不充分，应对复杂问题的能力仍有待加强。在这种情况下，广大学生存在一定的思想困惑和实际困难是很正常的事情。开展高校学生工作质量评估，要深入学生群体，了解他们的所思所想所行。高校学生中存在的问题既包括个性化问题，也包括普遍性问题。其中，个性化的问题需要采取深入细致的思想工作和有针对性的帮扶措施才能予以有效解决，而普遍性问题则需要通过建立健全学生工作的制度机制进行有效应对。当然，高校学生的个性化问题和群体性问题之间并没有必然的界限，在特定的情况下，学生的个性化问题也会演化为群体性事件，这是在实际工作中经常碰到的情形。因而，高校学生工作质量评估要注意处理好学生的个性化问题和群体性问题之间的关系，既要从学生的个性化问题中分析其深层次的原因，也要从学生的群体性问题中看出问题演进的趋势，这是高校学生工作质量评估的难点之所在。

问题导向实际上也是需求导向，高校学生工作质量评估要重点把握好两大方面的现实需求：一是党和国家、社会、学校层面的现实发展需求，二是教育对象即学生本身的时代性、个性化发展需求。[①] 因此，高校学生工作质量评估

---

① 参见张哲、隋立民《决策导向评价模式在大学生思想政治教育评估中的应用》，载《高校辅导员》2015 年第 4 期，第 18 页。

在关注学生需求或问题的同时，也要有对标对表的问题意识，评估内容、评估指标和评估结果要反映出日常学生工作在落实党和国家路线、方针、政策以及上级重要文件精神的举措和成效，分析工作还存在哪些问题、应如何改进。此外，还要注重评估高校为解决学生问题而建立并实施的制度和机制。制度机制是解决问题的组织化、流程化方案，是经过实践证明的行之有效的经验之总结。高校解决和处置学生问题的制度或机制，有的是根据学校实际情况创造性地形成的，有的是按照上级文件精神结合学校实际创立的，有的是借鉴兄弟院校的做法而制定的。无论制度机制创立的方法或过程如何，其目标都是一致的，都是为了解决所在高校的实际问题。由此可见，在高校学生工作质量评估中，制度机制的科学性、针对性、有效性应该成为评估的重点，同时也是评估的难点。需要注意的是，在制度机制的落实和运行中，高校学生工作质量评价又应突出"一线规则"。也就是，制度在基层院（系）的落细落小、落地落实是重中之重，机制在运行中要围绕学生、服务学生、关照学生，学校党政领导、机关部处领导和工作人员深入基层一线服务师生，等等，都应该列入高校学生工作质量评估的指标范畴，以立德树人的实际成效彰显学生工作的质量。

四、协同导向

立德树人、人才培养是一个系统工程，需要调动校内外各方面的力量。新时代高校学生工作作为学生教育、管理和服务的重要方面，是"三全育人"的重要组成部分，其工作内容的综合性非常强，依靠单一的学工部门和辅导员队伍已经不足以全面支撑学生的成长和发展，而是需要在党组织坚强有力的领导下，以协同育人为导向，提升工作的覆盖面和实效性。与此相应，高校学生工作质量评估应坚持协同导向，对学生工作中的部门协同、校院协同、师生协同、校地协同以及家校协同等方面开展深入的评估。

在部门协同方面，主要是考察学校职能部门和机关部处对学生工作的支持支撑情况，包括职能部门和机关部处负责人在立德树人、服务人才培养方面的思想意识和实际作为，特别是要考察各职能部门和机关部处在学生教育、管理和服务的制度和机制方面的情况。

在校院协同方面，重点应评价学校党委和院（系）党组织有没有把学生工作列入重要的议事日程、列入党委会及党政联席会的议题讨论，学校职能部门和机关部处对基层院（系）学生工作的指导、支持和检查、督导等情况，院（系）学生工作相关制度的落实、跟进情况，等等。

在师生协同方面，一方面要考察师生员工对学生工作以及学生的认知、情感、态度和行为，是否真正树立起了把立德树人作为根本任务的意识，是否立足本职岗位为学生成长成才提供支持和帮助，是否与学生建立起良好的互动机制和互动关系等；另一方面要评价学生在自我教育、自我管理和自我服务中的积极性、主动性和创造性，了解学生是否把学校要求、教师指导、专业提升与个人未来发展、服务国家及社会有机结合起来，把个人"小我"融入集体、国家和社会的"大我"中，不断提高自己的思想水平、道德品质、政治觉悟和文化素养，努力成长为德才兼备、全面发展的人才。师生协同既有课堂上的协同，也有课下的协同，就学生工作而言，课堂上的协同主要是指除了专业教育之外的专题讲座、主题班会、专题团日、形势与政策课程等，课下的协同主要是第二课堂活动以及心理疏导、实习实践、学业辅导、就业辅导等工作，这些都应纳入师生协同予以考量。

校地协同是指高校与地方政府、高校周边社区的互动关系，是否为学生培养提供足够支撑。校地协同主要是育人资源的问题，主要研究分析高校在争取地方政府和高校周边社区为学生成长发展服务方面的能力和水平，以及地方政府和高校周边社区为学生培养提供支持的意愿、能力和行动。同时，学生成长发展既需要一定的资源，还需要有良好的环境。安全、稳定、文明、祥和的校园氛围和社会环境是育人成才的重要条件，地方政府和高校周边社区是学生培养的重要依靠力量，应该纳入新时代高校学生工作质量评估的重要方面。

家校协同是学生工作的重要内容，也是当前高校学生工作的难点之一。通常而言，高校学生工作中的家校协同主要有两种方式：一是常态化的家校协同，就是高校各院（系）定期通过邮件、电话、电信、微信群等方式，向学生家长报告情况；二是特殊情况发生时的家校联动，由于发生突发事件，需要学生家长参与事件处置，以便为学生提供支撑支持，帮助学生渡过难关。家校协同需要辅导员、班主任等学生工作人员在平时就要做好基础工作，建立健全家校联动的制度机制。同时，家校联动也要注意做好与学生的沟通，取得学生的支持和理解，以免学生误认为是老师在向家长"告密"。

协同导向也意味着新时代高校学生工作者应该担负起学生健康成长的资源整合者角色，要把有利于学生发展的各类资源有机整合起来，在学生发展的各阶段、各环节、各方面都有资源和专业力量的支撑，使之围绕学生、服务学生、关照学生，优化学生的校园学习生活体验，促使学生树立正确的价值追求，涵养理性平和的心态，成为德智体美劳全面发展的优秀人才。高校学生工作质量评估应该在此方面下功夫，以形成正确的工作导向。

五、效果导向

效果是指在一定条件下，行为对其作用对象产生的结果。人的行为总是与一定的动机联系在一起的，因此动机与效果是密不可分的。在开展高校学生工作质量评估中，政治导向、育人导向和问题导向等方面已经对"动机"进行了不同维度的评价，效果导向的评价更侧重于从客观层面评价学生工作的结果。同时，结果与过程是一体两面的，与此相关的是，学生工作的过程评估也应作为高校学生工作质量评估效果导向方面的重要内容。简言之，效果导向的评估就是要系统评价高校学生工作是否"做正确的事"以及"正确地做事"。立德树人是教育的根本任务，高校学生工作是为人才培养服务的，目的是培养德智体美劳全面发展的社会主义建设者和接班人。因此，综合考查学生在德智体美劳等方面的发展状况应该成为高校学生工作质量评估的重中之重，这也是效果导向的重要内容。具体来讲，高校学生工作将把学生引向哪里，引领学生成长为什么样的人，用什么样的方式方法对学生进行教育引导，等等，这些问题既包括学生工作的结果，也涵盖学生工作的过程及其方式，是学生工作质量评估中效果导向的具体内涵之所在。

如上所述，效果是由某种力量、做法或因素产生的结果，而这种结果多指好的方面。从高校学生工作质量评估角度，高校学生工作的效果最终应体现在学生的成长成才上。也就是说，学生发展是学生工作效果的内核，促进德智体美劳全面发展是高校学生工作的根本任务。为此，新时代高校学生工作要坚持创新、协调、绿色、开放、共享的新发展理念，不断推动学生工作高质量内涵式发展。与此同时，开展高校学生工作质量评估，不仅要把学生发展作为质量评估的重要内容，还要把学生工作如何促进学生高质量发展作为评估的重要方面。新发展理念不仅破解了发展难题的策略和原则，也是推动发展的动力和支撑。新时代高校学生工作在开展日常学生教育、管理和服务工作时，应把创新、协调、绿色、开放、共享这五个方面贯通起来，形成"五位一体"的发展格局，培养德才兼备、全面发展的时代新人。一方面，要通过多途径、多形式、多视角的宣传教育，让新发展理念深入高校学生群体，使之入脑入心，成为学生的思想自觉和行动自觉；另一方面，高校学生工作本身既要把创新、协调、绿色、开放、共享作为工作内容予以贯彻落实，也要把创新、协调、绿色、开放、共享作为工作方法融入日常具体的教育、管理和服务活动中，开创出学生工作的新发展格局。由此可见，高校学生工作质量评估的效果导向，包含了高校学生工作促进学生高质量发展和高校学生工作自身高质量发展的双重内涵。其中，高校学生工作自身的高质量发展是促进学生高质量发展的前提条件，促进学生高质量发展是学生工作自身高质量发展的目标和检验标准。

此外，效果导向的高校学生工作质量评估还要考虑到学校和学生的差异性，评估内容和结果能够反映出学校和学生的特色、优势和亮点。意即高校学生工作质量评估既要有反映党和国家人才培养目标的共性指标，也要注重结合高校的人才培养特色开展分类型、显个性的深度评价，鼓励学校出特色、强优势，促进学生特色发展、优势发展，这样才能更好地推动各级各类高校因地制宜、结合实际做好学生工作，鼓励学生工作者因材施教，推动学生成长成才。与时代进步、高校发展和学生成长相对应，效果导向的高校学生工作评估也意味着效果并不是一成不变的，而是会随着时间的推移和实践的深入不断变化的。因此，高校学生工作评估也应与时俱进地动态调整、持续跟进，以便更好地服务于高校人才培养工作。

第二节　高校学生工作质量评估的主要内容

高校学生工作质量评估在坚持正确导向的基础上，要准确把握质量评估的内涵，以宏观、中观、微观一体贯通为目标，深入开展高校学生工作的质量评价，为高校学生工作坚持党的全面领导、贯彻党的教育方针、落实立德树人根本任务注入强大动能，推动高校学生工作守正创新、向前发展，努力培养堪当民族复兴大任的时代新人。

一、宏观方面：以方向把握为前提

高校学生工作质量评估不能只是基于学生工作业务谈学生工作质量，而要有宏阔的视野和高远的追求，要把高校学生工作质量评估置于党和国家事业发展的高度以及民族复兴伟业的宏观视角进行审视。党和政府是国家各项工作的领导者，高校学生工作必须与党和国家的大政方针相一致。[①] 中国高校的学生工作质量评估，在宏观层面必须把党的全面领导、立德树人根本任务、社会主义办学方向、服务于中华民族伟大复兴等因素统合起来，方能真正把握中国高校学生工作的根本特征和精髓要义，真正体现高校学生工作质量评估的效度。

（一）坚持党的全面领导

坚持党对学生工作的全面领导，就是要在高校党委的领导下建立健全学生日常教育、管理和服务的制度机制，全面贯彻党的教育方针。高校学生工作质量评估是在党的全面领导下开展的，同时也要就党对学生工作的全面领导进行评价评估。首先，要落实好党委领导下的校长负责制，紧扣培养什么人、怎样培养人、为谁培养人这个教育的根本问题，定期在党委常委会和校长办公会专题研讨学生工作，形成党委和行政统筹协调、分工负责、共同推动学生工作发展的"大思政"工作格局，以人才培养为中心工作，推动全校上下形成围绕学生、服务学生、关照学生的良好氛围，培养德才兼备、全面发展的卓越人才。其次，要确保把全面从严治党落实到日常学生工作中，牢牢把握学生工作的领导权、话语权和主动权，增强学生工作队伍和全体学生的政治判断力、政治领悟力和政治执行力，自觉贯彻落实党的路线、方针、政策和习近平总书记关于教育的重要论述，用实际行动拥护"两个确立"，增强"四个意识"，坚定"四个自信"，做到"两个维护"，为高校人才培养营造风清气正的政治生态，维护学生的合法权益和身心健康，确保高校学生群体的安全稳定。最后，要做好学生党员发展和学生党员教育管理工作。坚持党对学生工作的全面领

---

① 参见冯刚、彭庆红等《新时代高校思想政治教育学原理》，人民出版社 2021 年版，第 318 页。

导，需要不断强化党对学生的影响力和感召力。落实在具体学生工作中，就是要教育引导广大学生听党话、感党恩、跟党走，引领学生积极向党组织靠拢。要通过深入细致的教育、管理和服务，做好在高校学生中发展党员的工作，把学生当中符合条件的优秀分子及时吸纳到党组织中，以保证党的事业后续有人、源源不断。同时，要加强对学生党员的教育、培养和实践锻炼，让学生党员在党组织严爱相济的关心关爱中锤炼品行、增长才干、健康成长。

（二）坚持立德树人根本任务

教育的本质是培养人，而育人的根本在于立德。把立德树人作为根本任务，这是党对如何培养人这一教育本质的新认识。新时代高校学生工作应围绕立德树人根本任务开展工作，培养德才兼备、全面发展的时代新人。高校学生工作评估要深入评价高校学生工作在发挥立德树人作用方面的制度、机制、举措以及成效，既要把学生工作人员纳入评估的范畴，也要把学生的发展成长融入其中，既要见事，也要见人。一是要注重评价学生的理想信念教育。理想信念是推动学生可持续发展的"精神之钙"，是高校学生在人生路上攻坚克难的动力之源。高校学生工作要教育引导学生树立坚定的理想信念，引领学生把"小我"融入"大我"，努力为国家富强、民族复兴、人民幸福做出自己的贡献。二是要加强对学生道德教育的评估，深入评价高校学生工作在引导学生树立正确的世界观、人生观、价值观方面采取的措施和取得的成效，引领学生明大德、守公德、严私德。因为高校学生只有树立起正确的世界观、人生观、价值观，才能把握"人生之舵"的总开关，才能行稳致远、走向未来。三是要对社会主义核心价值观融入学校教育全过程的状况开展评估。社会主义核心价值观包含了国家、社会和个人三个层面的基本价值取向，是党和国家为适应时代需求而提出的重要价值导向，有利于凝聚各方共识、消解价值冲突，对人与人之间友好相处，对处理个人与集体、个人与社会、个人与国家的关系具有重要的指导作用。高校学生作为思想观念和价值观念正在形成、发展和定型的群体，作为引领未来发展的人群，其价值取向是非常重要的。因而，高校学生工作质量评估要重视对学生树牢社会主义核心价值观方面的情况开展扎实评估。四是要将中华民族优良传统文化教育纳入高校学生工作评估的范畴。文化自信是一个国家最深层次的自信，加强高校学生的中华优秀传统文化教育，通过文化育人、以文化人，可以提升学生的自信心和自豪感，进一步增强做中国人的志气、骨气和底气。五是高校学生工作评估要统筹考虑美育和劳动教育，对学生的审美和人文素养、劳动观念和实践能力进行评估，以促进高校学生的素质教育，推动学生全面发展。

（三）坚持社会主义办学方向

办好教育，方向是第一位的。我国的教育是社会主义教育，这是由国家性质决定的。《中华人民共和国宪法》明确规定，中华人民共和国是工人阶级领导的、以工农联盟为基础的人民民主专政的社会主义国家，国家发展社会主义的教育事业。这是我们坚持社会主义办学方向的根本遵循。[①] 在办学方向上站稳立场，是高校学生工作必须旗帜鲜明地坚持的。高校学生工作质量评估要把坚持社会主义办学方向作为评价学生工作质量的首要方面，深入考察高校学生工作在办学方向上是否站对立场、站稳立场、站好立场，是否真正符合为党育人、为国育才的初心使命，工作的制度机制和举措是否有利于保证中国特色社会主义事业后继有人。一是要评估学生工作在培养德智体美劳全面发展的社会主义建设者和接班人方面的所作所为。这事关"培养什么人"这个教育的首要问题。作为社会主义高校的学生工作者，要理直气壮地讲政治，理所当然地坚持社会主义办学方面。在工作内容方面要深化"五育"并举，推动落实以德铸魂、以智启人、以体强身、以美润心、以劳拓能，促进学生全面发展，成长为担当民族复兴大任的时代新人。二是要评估高校学生工作贯彻落实意识形态工作责任制的情况。意识形态工作是一项极端重要的工作，高校学生工作要牢牢把握党对意识形态工作的领导权、主导权和话语权，坚持以马克思主义为指导，用习近平新时代中国特色社会主义思想铸魂育人，坚持用马克思主义中国化的最新成果武装学生头脑，并转化为学生的思想自觉、政治自觉和行动自觉。三是评估学生工作队伍建设情况，把打造政治强、业务精、纪律严、作风正的学生工作队伍作为做好工作的基本依靠。高校学生工作队伍作为高校学生工作的组织者、管理者和服务者，对引领学生的成长发展具有重要的作用。坚持社会主义办学方向，需要有一支听党指挥、能打胜仗、作风优良的工作队

[①]　参见本书编写组《习近平总书记教育重要论述讲义》，高等教育出版社 2020 年版，第 91 页。

伍，高校学生工作质量评估必须把学生工作队伍建设作为重要内容，评估队伍建设的措施、成效及其问题，为推动学生工作朝着正确的方向发展提供强大的人才支撑。

（四）坚持服务中华民族伟大复兴

"坚持把服务中华民族伟大复兴作为教育的重要使命"① 是党在新时代对教育事业创新发展做出的重要部署。古今中外，每个国家都是按照自己的政治要求来培养人的。高校学生工作要始终坚持党的全面领导，为党育人、为国育才，落实好立德树人根本任务，回答好培养什么人、怎样培养人和为谁培养人这个教育根本问题，教育引导学生为实现中华民族伟大复兴的中国梦而努力奋斗。在此方面，高校学生工作质量评估应深入评价学生"四个正确认识"的培养工作，以及落实"四个服务"的能力和水平。首先，在学生"四个正确认识"的培养评价方面，要考查学生工作在教育引导学生正确认识世界和中国发展大势、中国特色和国际比较、时代责任和历史使命、远大抱负和脚踏实地等方面的举措和成效。既要对学生工作队伍的工作进行评估，也要对制度机制和举措进行评估，还要对学生的思想认识和实际行动进行评估，以深入了解学生工作的成效。其次，学生工作在落实"四个服务"方面，重点是评估高校学生工作立足学校实际、学生特点和专业特色，如何有效地把日常学生教育管理服务和学生的实习实践、创新创业、就业发展等工作，与为人民服务、为中国共产党治国理政服务、为巩固和发展中国特色社会主义制度服务、为改革开放和社会主义现代化建设服务有机结合起来，扎根中国大地，培养一流人才，服务国家战略和区域经济社会发展。

二、中观方面：以制度机制为基础

如果说高校学生工作质量宏观方面的评估是以党和国家战略全局为坐标系，那么中观方面的评估则是以高校学生工作的制度机制为基础，综合评价高

---

① 《习近平在全国教育大会上强调　坚持中国特色社会主义发展道路　培养德智体美劳全面发展的社会主义建设者和接班人》，载《人民日报》2018 年 9 月 11 日。

校学生工作在落实党和国家人才培养政策的情况。高校是学生教育管理的实施者和执行者，按照政策要求开展管理活动，落实党的决策和意志。① 高校要把立德树人的成效这一根本标准落实到办学的体制机制上来，以人才培养质量为本，把责任落实下去，把机制完善起来，推进育人方式、办学模式、管理体制、保障机制改革，建立促进学生身心健康、全面发展的长效机制，确实推动学生工作进入提质增效的轨道。② 高校学生工作的中观层面，是联结宏观政策和微观实操的高校学生工作制度机制。从当前高校学生工作的政策要求和实际情况来看，高校学生工作的制度机制要聚焦"一线规则""三全育人""五育"并举、"七支队伍"和"十大育人体系"等方面，高校学生工作质量评估的中观方面也要在这些方面下功夫。

（一）对落实"一线规则"的制度机制进行评估

"一线规则"是党的群众路线在学生工作中的具体落实，是思想政治教育把解决思想问题与解决实际问题相结合的具体应用。学生工作只有通过日常学生教育、管理和服务深入学生群体、回应学生关切，才能取得学生的认同、信任和支持，在此基础上，学生工作才能取得良好的成效。因此，高校学生工作质量评估要对落实"一线规则"的制度机制和具体措施进行客观评价。具体而言，就是要建立健全领导在一线落地、力量向一线投放、师生在一线互动、资源向一线倾斜、问题在一线解决、经验在一线植根、干部从一线提拔等工作的规章制度和运行机制，通过制度机制保障把学校各个层面的人力、物力、财力等资源投向学生培养的主战场和主阵地，为高校人才培养以及学生教育、管理和服务提供强大的支撑。需要注意的是，在对落实"一线规则"制度机制评估时，要特别重视对学生的安全感、获得感和成就感的评价。事实上，"一线规则"是高校学生工作围绕学生、服务学生、关照学生的具体落实。"围绕学生"就是要以学生成长成才为目标，以立德树人为根本任务，各方力量、各种资源、各个场所都围绕学生发展进行配置和建设，把工作的出发点和落脚点都聚焦到学生身上。"服务学生"就是要主动把学生的成长需求和现实需要

---

① 参见冯刚、彭庆红等《新时代高校思想政治教育学原理》，人民出版社 2021 年版，第 318 页。
② 参见本书编写组《习近平总书记教育重要论述讲义》，高等教育出版社 2020 年版，第 48 页。

有机结合起来，应学生之所需，急学生之所急，因材施教、因势利导，尊重学生的选择权和自主性。"关照学生"就是要提供有温度的学生教育、管理和服务，把解决学生的思想问题和解决学生的具体问题结合起来，为学生疏通堵点、消解痛点，把党和政府的关怀落实到学生身上。

（二）对深化"三全育人"的制度机制进行评估

"三全育人"综合改革是一体化构建内容完善、标准健全、运行科学、保障有力、成效显著的高校思想政治工作体系的重要举措，以形成全员、全程、全方位育人格局，切实提高工作的亲和力和针对性。高校学生工作质量评估并不只是辅导员工作评估，新时代高校学生工作的最鲜明特点是以立德树人为根本，以"三全育人"为牵引，在党的全面领导下，统筹协调各领域、各环节、各方面的育人资源和育人力量，推动实现知识教育与价值塑造、能力培养有机结合，努力培养德智体美劳全面发展的社会主义建设者和接班人。因此，高校学生工作质量评估要对深化"三全育人"进行全面评估，旨在评价高校破解学生思想政治工作不平衡、不充分问题的成效，检验高校学生工作是否把重音和目标落在育人效果上，考察高校学生工作在完善育人体系、丰富育人内涵、扩展育人渠道、创新育人载体、改善育人环境、提升育人能力等方面的方法举措。具体而言，应该把高校"三全育人"的规章制度、组织领导、人员配置、项目设计、经费投入、时序安排、阵地建设、关键指标、标志性成果等列入高校学生工作质量评估的内容，推动高校立德树人落实到每一名学生身上，落实到每一个教职员工肩上，落实到每一个时间节点上，落实到每一个场域上，避免育人的盲区和断点，推动每一位学生实现高质量发展。

（三）对推动"五育"并举的制度机制进行评估

"五育"并举，培养德智体美劳全面发展的社会主义建设者和接班人，既是由我国是中国共产党领导的社会主义国家这一属性决定的，也是适应世界发展需求、服务中华民族伟大复兴的需要，有利于培养高素质人才，满足人民对高质量教育的需求。高校学生工作质量评估应把学校推动"五育"并举的制度机制及其工作实效纳入评估的内容，对"五育"并举的整体方面及每个部分都进行深入测评。在德育方面，要对学生的理想信念、价值追求、品德修为等方面的教育进行评价，考评高校学生工作在引领学生明大德、守公德、严私德等方面的制度机制及成效，特别是要把学生听党话、跟党走、积极向党组织靠拢的成效作为学生德育工作的重点内容进行评价评估。在智育方面，重点要考察高校学生工作在教育引导学生珍惜学习时光、心无旁骛求知问学、增长见识、丰富学识等方面的制度机制及其成效，要把助学、促学、奖学、优学等方面作为重点内容进行评价评估。在体育方面，重点要考察高校学生工作在引导学生树立健康第一的理念、增强学生体质、促进身心健康等方面的制度机制，要把体质健康测试、心理健康教育和心理疏导等工作作为重要内容进行考察。在美育方面，要把高校学生工作坚持以美育人、以文化人的制度机制及成效作为评估内容，重点考察高校学生工作在提高学生审美和人文素养等方面的举措和实效。在劳动教育方面，要把学生工作弘扬劳动精神，教育引导学生崇尚劳动、尊重劳动、积极劳动、创造性劳动等作为评价评估的内容，重点考察高校学生工作在推动学生结合学科专业开展生产性劳动、服务性劳动、实习实践等方面的工作及其实效。

（四）对加强"七支队伍"建设的制度机制进行评估

习近平总书记在全国高校思想政治工作会议上指出："要拓展选拔视野，抓好教育培训，强化实践锻炼，健全激励机制，整体推进高校党政干部和共青团干部、思想政治理论课教师和哲学社会科学课教师、辅导员班主任和心理咨询教师等队伍建设，保证这支队伍后继有人、源源不断。"[1] 从党中央对高校思想政治工作队伍建设的要求来看，高校党政干部、共青团干部、思想政治理论课教师、哲学社会科学课教师、辅导员、班主任、心理咨询教师这七支队伍应纳入思想政治工作队伍的范畴进行建设，以形成"大思政"工作格局。新时代高校学生工作质量评估要充分体现党中央对高校思想政治工作队伍建设的要求，把队伍建设放在突出的位置，作为基础性工程来抓。一是要对高校如何建设这"七支队伍"的状况进行深入了解，从数量、质量和运行机制等方面摸清队伍建设的底数，确保高校学生的思想政治工作有专人做、有队伍管，这

---

[1] 《习近平在全国高校思想政治工作会议上强调　把思想政治工作贯穿教育教学全过程 开创我国高等教育事业发展新局面》，载《人民日报》2016 年 12 月 9 日。

是底线要求。二是要对高校如何发挥这"七支队伍"的作用进行评估，就是要厘清思想政治工作队伍的工作职责及其落实机制，确保各支队伍都能守好一段渠、种好责任田，在学生的思想政治工作方面有跟进、有落实、有实效。三是要对高校思想政治工作的这"七支队伍"的合力进行评价，即考察这"七支队伍"如何拧成一股绳，共同服务学生的成长成才，有什么样的制度和机制能够让这"七支队伍"有效凝聚起来，在分工负责的基础上又能群策群力、通力合作，形成共同推动学生发展的良好局面。

（五）对建构"十大育人体系"的制度机制进行评估

为贯彻落实习近平新时代中国特色社会主义思想，健全立德树人体制机制，把立德树人融入思想道德、文化知识、社会实践教育各环节，贯通学科体系、教学体系、教材体系、管理体系，2017 年，教育部党组印发了《高校思想政治工作质量提升工程实施纲要》，提出要构建课程育人、科研育人、实践育人、文化育人、网络育人、心理育人、管理育人、服务育人、资助育人、组织育人这十大育人体系。2020 年，教育部、中共中央组织部、中共中央宣传部等八部门又联合发布了《教育部等八部门关于加快构建高校思想政治工作体系的意见》，就进一步加快构建目标明确、内容完善、标准健全、运行科学、保障有力、成效显著的高校思想政治工作体系提出具体要求。"十大育人体系"涵盖了高校学生工作的方方面面，目的是全面提升高校思想政治工作质量，这也是高校学生工作质量评估的应有之义。以"十大育人体系"建设的核心内涵为基础，在实施高校学生工作质量评估时，应考察高校"十大育人体系"在落实工作目标、内容、标准、运行、保障等方面的制度机制和方法举措，是否牢牢抓住了以立德树人为根本、以理想信念为核心、以培育和践行社会主义核心价值观为主线、以建立完善全员全程全方位育人体制机制为关键等重点，为培养担当民族复兴大任的时代青年奠定良好的制度基础和育人环境。

三、微观方面：以学生成长为中心

高校学生工作评估的出发点和落脚点都是学生，都是为了落实立德树人根本任务，都是为了学生的成长成才。因此，高校学生工作评估除了在宏观方向着力、中观方面贯通，还需要在微观层面落地，要坚持以学生成长为中心开展高校学生工作评估，通过学生群体和个人的发展来检验学生工作的质量。

（一）评估学生发展的整体成效

高校要努力培养担当民族复兴大任的时代新人，培养德智体美劳全面发展的社会主义建设者和接班人。德才兼备、全面发展是党和国家对高校学生成长的总体要求和期待，也是学生个人成长应努力的方向和目标。高校学生工作质量评估落实到学生成长上，首先是评估学生工作的基本面及其推动学生发展的整体成效。从社会主义高校人才培养目标的角度，应着重从德智体美劳五个维度来评价学生工作的质量状况。在德育方面，学生工作质量评价可以把"学生入党申请率"作为核心指标。因为引领学生听党话、跟党走、积极向党组织靠拢是学生工作在政治方面的首要任务，而学生积极申请入党说明了该学生在思想上、政治上、行动上对自己的"德"做出了与祖国和人民同行的价值抉择。在智育方面，学生工作质量评价可以把"提升学生学习积极性"和"降低学生挂科率"作为核心指标。尽管学生学习成绩的好坏由多方面因素决定，但高校学生工作队伍所做的主要工作是教育引导学生端正学习态度、营造学习氛围、促进学生互帮互学等，因而把"提升学生学习积极性"和"降低学生挂科率"作为评估指标是合适的。在体育方面，可以把"学生体质健康参测率"和"体质健康测试达标率"作为评估的核心指标。意即，高校学生工作应该推动学生立足日常积极参加体育锻炼，促成学生养成健康生活、经常锻炼的好习惯。在美育方面，可以把学生"美育活动参与率"作为核心指标。在劳动教育方面，可以把学生"参加劳动教育的比例"和"参加志愿服务情况"作为核心指标。总之，要通过设定相应的核心指标，来评估高校学生工作在推动学生德智体美劳全面发展方面所取得的成效。当然，学生发展的内涵是丰富的，不同高校的情况并不相同。而且，学生的发展还包括升学深造、职业发展等方面，这些也应该在学生发展的整体成效中有所体现。

（二）评估学生对工作的认同程度

民心是最大的政治。高校学生工作归根结底是做人的工作，必须围绕学生、服务学生、关照学生，要做到学生的心坎上，取得学生发自内心的信任和认同。高校学生工作的质量不能只由学生工作队伍自身说了算，也不能只由第三方评估说了算，而应把学生的认可、认同放在突出位置。认同既包含认知方面的内涵，也包含情感方面的内容，还包含意志方面的意涵和行动方面的表达，是知情意行的综合体现。高校学生工作质量评估在评价学生对学生工作的认同度时，需要用科学的方法进行测量和研究。就具体内容而言，评估学生对高校学生工作的认同程度，应包含学生对学生工作的工作理念、工作内容、工作措施、工作方法、工作过程、工作结果等方面的认识和评价。其中，工作理念方面主要回应高校学生工作是否以学生成长为中心，围绕学生、服务学生、关照学生；工作内容方面要评价学生工作是否结合学生实际，推动学生实现德智体美劳全面发展；在工作措施方面，主要应评估学生工作是否深入学生群体，实现师生良性互动，形成促使学生自我教育、自我管理、自我服务、自我监督、自我提升的工作机制；在工作方法上，重点要评价学生工作是否把解决学生的思想问题与解决学生的实际问题有机结合起来；工作过程方面，要突出全程育人，形成学生发展全生命周期的工作方案，有计划、有步骤、有跟进、有督促，循序渐进地推动学生向前发展；在工作结果方面，应体现学生对工作的满意程度。除此之外，还要从政治认同的高度了解学生在"两个确立""两个维护""四个意识"和"四个自信"等方面的表现，在更高层面上评估高校学生工作对学生知情意行的影响。

（三）评估学生发展的代表性成果

当前在"破五唯"的评价导向下，各高校纷纷根据教育评价改革总体方案的要求，结合学校自身实际实施了不少具有创新性的做法。在此过程中，把代表性成果作为评价评估的重要内容已经得到了普遍认可。所谓的代表性成果，就是能够代表个人或组织能力和水平的若干件产品或工作成果。评估专家通过对这些产品或工作成果的质量评价，来判断产品生产者或工作成果出品者的能力和水平。代表性成果需要有一定的数量，但重点还是质量。在高校学生工作质量评估中引入代表性成果，至少应该包含在校生典型代表、毕业生典型代表和学生获得的省级以上奖励情况等三个方面。其中，在校生典型代表是指还在学校就读的优秀学生代表，这些学生可以是在德智体美劳某一方面表现突出，能够作为学校或院（系）优秀学生代表的人物，也可以是综合素质高、全面发展的优秀学生代表。在这里，无论是"单项冠军"还是"全能选手"，关键是要能反映出人才培养和学生工作的水平。毕业生典型代表是指已经毕业的优秀校友，在质量评估中一般会对统计的年限做出规定，大多把毕业五年及五年以内作为评估时限。应着重把在高校就业的毕业生典型代表、在基层就业的毕业生代表、在国家战略领域就业的毕业生典型代表、在国际组织就业的毕业生典型代表等纳入评估范畴。学生获得的省级以上奖励情况是为了评价拔尖学生的培养状况。当然，获奖并不足以代表学生成长和学生工作的全部，而是作为一个评价内容，从侧面反映出学生所在培养单位的学风教风情况以及学生追求卓越的精神风貌。

（四）评估学生不良事件的发生情况

高校学生工作质量评估不能"报喜不报忧"，而应全面评价学生工作的方方面面，这其中也包括科学评估学生不良事件的发生情况。由于各种各样的原因，高校总会有一些学生突发事件或不良状况发生。在开展高校学生工作质量评估时，应把学生非正常死亡情况、学生违规违纪情况、学生意识形态事件、学生网络舆情事件等作为重要内容并深挖问题发生的根源。学生非正常死亡是高校学生工作中最令人痛心、最应该引起高度重视的问题，把学生非正常死亡情况纳入高校学生工作质量评估，目的是查找学生工作中存在的深层次问题，并以此为镜鉴，以问题为导向，做好后续的学生教育、管理和服务工作。学生违规违纪不仅反映出学生规则意识的薄弱，也凸显了学生工作中存在的弱项、短板，因此也是检讨高校学生工作做得是否到位的重要一环。学生意识形态事件和网络舆情事件的发生，既有学生自身的原因，也与学校教育引导不及时、不到位有关，还与复杂的外部环境相连。特别是那些影响范围广的学生意识形态事件、网络舆情事件常常存在处置不当的问题，突出反映了学生工作中存在的严重问题，应该纳入高校学生工作质量评估的范畴进行考量。

第三节　高校学生工作质量评估的方法路径

高校学生工作质量评估应准确把握以动态发展为基础的理论维度，以操作便捷为原则的实践维度，以绩效最优为依托的价值维度。[①] 也就是说，高校学生工作质量评估既要把握评估的方法论原则，也要注重具体评估方法的科学性，还要考量评估实操的现实可能性。

一、高校学生工作质量评估的方法论原则

方法论原则是确定研究的基本方向、影响研究性质的基本观念和定律。方法论原则通常包括哲学世界观和方法论、逻辑思维方法原则和所属学科的一般化理论。[②] 高校学生工作属于教育范畴，是高校思想政治教育的有机组成部分，是在马克思主义理论的指导下，围绕立德树人根本任务而开展的学生教育管理服务工作。因此，高校学生工作质量评估要遵循思想政治工作规律、遵循教书育人规律、遵循学生成长规律，同时又要因地制宜、因事而化、因时而进、因势而新，让质量评估起到推动教育工作、促进学生发展的效能。

（一）高校学生工作质量评估要遵循规律

规律是事物之间的内在的本质联系。规律是客观存在的，是不以人们的意志为转移的，但人们能够通过实践认识规律、利用规律。高校学生工作的重点是学生的教育、管理和服务。其中，教育主要是思想政治教育和教书育人，管理包含了学生日常行为规范管理、党团和班级活动管理、学生事务管理等，服务是为满足学生成长成才需要而提供的支持和保障。对高校学生工作所开展的学生教育、管理和服务进行质量评估，应遵循思想政治教育规律、教育教学规

---

① 参见刘倩《思想政治教育评估指标体系研究的困境与出路》，载《思想教育研究》2013 年第 4 期，第 19～20 页。

② 参见郑杭生《社会学概论新修》（精编本），中国人民大学出版社 2015 年版，第 38 页。

律、学生成长规律。其中，思想政治教育的基本规律可以概括为：思想政治教育必须适应人的思想政治品德形成和发展的需要；服从和服务于一定社会与人的发展需要的规律。思想政治教育的基本规律是与思想政治教育的基本矛盾紧密结合在一起的，是思想政治教育基本矛盾的各要素间客观的、稳固的、必然的联系。这里要特别注重三个方面的问题：一是社会发展对社会成员思想政治素质的需求；二是思想政治教育活动与受教育者思想政治素质发展的现实状况；三是思想政治教育的目标要求。① 具体而言，在高校学生工作质量评估中，要注意把党和国家的要求、社会对学生成长发展的需求以及学生自身成长成才的诉求有机结合起来，以人才培养目标为参照，以学生发展实际为基点，深入研究学生工作质量情况。在遵循教育教学规律方面，重点是考查学生工作队伍与学生之间的互动关系，要对学生工作队伍是否发挥教育的主导功能、学生是否发挥教育的主体作用进行考评，要对教师与学生、直接经验与间接经验、知识与能力、课程思政与思政课程等各方面工作进行有针对性的评估评价。遵循学生成长规律，指的是学生工作过程中要注重因材施教，根据不同年级、不同阶段、不同类型的学生采取有针对性的教育、管理和服务措施，以推动学生工作高质量内涵式发展，引领学生德智体美劳全面发展，使其成为社会主义合格建设者和叫靠接班人。

（二）高校学生工作质量评估要因地制宜

由于办学层次和办学类型的差异，高校学生工作质量要结合各高校的实际情况进行评估。在整个国家层面上，高校学生工作质量评估之所以难以做到精细精准，乃是因为不同高校无论是地域分布还是办学情况都有很大的差异。因此，对高校学生工作质量进行评估，在遵循规律的基础上，在坚持正确办学方向的前提下，各高校要注意结合办学目标和自身办学实际来开展评估，倡导各高校结合专业学科做好学生工作质量评价。在此过程中，首先要注重把党的教育方针、党中央有关教育的决策部署与学校实际结合起来，形成具有自身特色的学生工作理念。其次，要评估所在高校的学生工作体系，是否结合学校所处的地域和学科专业形成了具有自身特色的工作制度、机制和工作内容并取得了

---

① 参见骆郁廷《思想政治教育原理与方法》，北京师范大学出版社 2019 年版，第 142～144 页。

良好的育人效果。最后，要评估所在高校结合学校实际和区域经济社会发展所开展的学生工作项目。教育必须与生产劳动相结合，高校学生工作应结合学校和地方实际开展教育、管理和服务工作，推动学生结合实际开展实习实践活动，教育引导学生立志做大事，努力为人民服务、为中国共产党治国理政服务、为巩固和发展中国特色社会主义制度服务、为改革开放和社会主义现代化建设服务。

（三）高校学生工作质量评估要因事而化

高校学生工作要把解决学生的思想问题和解决学生的具体问题结合起来，如此才能得到学生的认同和信任。因此，高校学生工作质量评估也要注意结合具体学生工作实际，因事而化开展评估工作。一是要评估高校学生工作在面对国内外重大时事时所采取的措施及其成效。当今社会是一个开放的信息社会，世界处于百年未有之大变局中，无论是国外还是国内发生的时事，都能够在极短的时间内传遍全球。新时代高校学生作为互联网的"原住民"，他们对各种信息具有很强的获取能力，因而也容易受到各类意识形态的影响。高校学生往往特别关注国内外政治、经济和社会发展的重大时事，高校学生工作应该有针对性地开展，以便促进学生正确认识世界和中国发展大势，正确认识中国特色和国际比较，正确认识时代责任和历史使命，正确认识远大抱负和脚踏实地。二是要评估高校学生工作解决学生实际问题的措施和成效。新时代高校学生身处激烈变迁的复杂环境当中，发展的不确定性加剧了青年一代的焦虑和不安。高校学生对自身、对学习、对人际、对情感、对社会、对未来等，多多少少会产生一些困惑，有时甚至是迷茫，他们在这种时候特别需要得到心理疏导、情感支持和发展指导。高校学生工作应该在解决学生的成长发展问题方面有所作为，这是学生工作的切入点和着力点，也是高校学生工作质量评估的重要内容。

（四）高校学生工作质量评估要因时而进

高校学生工作质量评估无论是在内容上还是方法上，都会因时代变迁、经济社会发展、技术革新、方法创新等情况而有所不同。因时而进是高校学生工作的题中应有之义，也是高校学生工作质量评估的必然要求。在这里，时代变迁、经济社会发展、技术革新和方法创新等，是不以人的意志为转移的。高校学生工作的质量评估要对高校学生工作各方面情况是否与时代及社会的需求相适应进行深入分析，要重点做好用人单位的意见反馈和学生的成长发展需求及其供给评估。首先，从社会运行的角度看，高校学生工作质量不能"王婆卖瓜"自说自话，最终应该以毕业生质量作为成果进行检验，需要通过用人单位的反馈意见进行自查。用人单位对毕业生质量的反馈是"用户端"意见，而"用户需求"是经济社会发展的"晴雨表"，也是高校毕业生质量的"试金石"。需要注意的是，毕业生质量评价虽然具有一定的滞后性，但高校学生工作的运行本身具有相对稳定性，毕业生质量评价可以较好地反映出高校学生工作质量水平。其次，学生的成长发展需求及其供给评估是直接反映学生工作质量的另一个方面。学生的成长发展需求既有对更好的物质和文化生活的期待，也包含了新时代青年对自由、平等、公正、法治、环保等方面的追求，具有强烈的时代特征，在日常学生工作中应及时予以适当的回应。高校学生工作能不能及时满足高校学生对以上方面的期待和追求，将在很大程度上影响学生对学生工作的信心和信赖，因而也直接影响着高校学生工作的质量和效能。

（五）高校学生工作质量评估要因势而新

高校学生工作质量评估要因势而新，就是要结合新形势、新要求、新目标确定评估的内容、指标、路径和方法。具体而言，要对新形势下的高校学生工作制度机制创新、工作内容创新、工作举措创新、工作成果创新等进行评估。

在高校学生工作制度机制创新方面，重点要评估高校学生工作根据新形势、新阶段的要求，有针对性地制定规章制度的情况。高校学生工作的规章制度应随着经济社会的发展进行废改立，但如何进行废改立需要有依据、有流程。因此，开展新时代高校学生工作制度创新评估，关键是对标新时代党的教育方针、中央文件精神和教育部相关工作部署，深入检查评估高校学生工作制度体系是否与坚持党对高校的全面领导相契合，是否与全面从严治党的要求相适应，制度内容是否适应新时代对高等教育的发展要求，制度落实是否结合学校实际和学生需求，制度效能是否得以彰显，等等。此外，还要考查高校学生工作的运行机制，特别是组织领导机制、工作运行机制、条件保障机制等。在工作内容和举措的创新方面，要考察高校学生工作为促进学生成长发展所开展的工作或实施的项目。这些工作和项目应该基于为党育人、为国育才的总要求，应符合学生成长发展的需求，应结合学校自身的实际。在工作成果创新的评估方面，要突出育人成效，要把学生的校园生活体验和成长发展情况作为评估的重点内容，真正把立德树人根本任务落到实处，努力培养德智体美劳全面发展的社会主义建设者和接班人，培养担当民族复兴大任的时代新人。

二、高校学生工作质量评估的主要方法

科学的评价方法是评估有效实施的前提和保障。概而言之，思想政治教育评估方法可以分为定性评估和定量评估两大方面，具体包括综合评价法、目标管理法、系统分析法、比较分析法、矛盾分析法、量化分析法、360°评估法、个体评估法、群体评估法、综合评估法、动机与效果统一法、实地调查法、模糊综合评判法、网络评估法等。[1] 从思想的产生过程来看，思想具有动态性和共生性。思想的动态性特点决定了没有任何一种方法能够准确对其进行定量的评估，而共生性特点又决定了其影响因素诸多，难以全部予以考量。[2] 因此，高校学生工作质量评估要根据评估的目的采取相应的方法。在宏观方面，应以方向把握为前提开展诊断评估；在中观方面，应以制度落实为基础开展过程评估；在微观方面，应以学生成长为中心开展结果评估。在具体评估中，又可以综合采用所需的方法和技术，对高校学生工作质量进行全面客观的评估。

（一）以方向把握为前提的诊断评估

以方向把握为前提的高校学生工作质量诊断评估，指的是对高校学生工作方向性、根本性或原则性问题进行评估，以诊断高校学生工作的开展是否符合党和政府的要求，是否符合新时代经济社会发展的需求，是否符合人民群众对高质量高校教育的期待。方向性问题是高校学生工作的根本问题，事关培养什么样的人、怎样培养人和为谁培养人，事关学生"四个正确认识"的教育引

---

① 参见陈立国《略论改革开放 40 年来思想政治教育评估》，载《改革与开放》2019 年第 20 期，第 27 页。

② 参见鲁烨《大学生思想政治教育评估理念论析——基于社会价值与个人价值同构的论域》，载《江苏高教》2015 年第 2 期，第 120 页。

导，事关高等教育落实为人民服务、为中国共产党治国理政服务、为巩固和发展中国特色社会主义制度服务、为改革开放和社会主义现代化建设服务的使命职责。以方向把握为前提做好诊断评估，可以综合采用比较分析法、问卷调查法、访谈法、实地观察法等，全面深入地对高校学生工作的工作目标和前进方向进行评估。

一是通过比较分析法了解高校学生工作落实党和政府大政方针的情况。用比较分析法观测高校学生工作落实党和政府大政方针的情况，既要从纵向角度进行对标，也要从横向维度进行比较，还可以从历史发展视角进行比较。所谓纵向角度进行对标，就是从行政运作体系的角度对高校学生工作的质量进行评估，评价高校学生工作有没有全面落实党和国家关于高校学生培养的大政方针，党和国家领导人关于教育的重要论述有没有落实到位，中央及教育主管部门的文件要求和通知精神有没有原原本本地得到贯彻。横向比较可以是考察不同高校的学生工作有什么差异，也可以对同一高校不同院（系）的学生工作情况进行比较。通过不同高校的学生工作开展情况和同一高校不同院（系）学生工作开展情况的比较，可以清楚地反映出不同高校及不同院（系）的学生工作质量情况。历史比较则是对同一高校或同一院（系）不同发展阶段的学生工作情况进行对比，以此反映学生工作的变迁与调整，在历史比较中把握学生工作的质量状况。

二是通过问卷调查法和访谈法摸清学生工作的基本面。问卷调查法是向研究对象系统询问社会背景、态度和行为，以发现社会现象和过程的影响或影响因素。问卷调查法包括全面调查和抽样调查。问卷中的问题根据回答形式的不同，大致分为封闭式问题和开放式问题。① 访谈法则是通过选取有代表性的师生，以事先准备好的有关高校学生工作质量情况访谈提纲为基础，深入了解师生对学生工作质量的意见和评价，并对收集到的师生意见信息进行综合分析研判，进而对高校学生工作质量情况做出评判。在高校学生工作质量评估中，问卷调查法和访谈法可以实现效果互补。因为问卷调查法可以通过全面调查或抽样调查的方式，实现对学生工作质量的基本面的评判，而访谈法通过面对面与师生直接接触，可以更为直观地了解高校学生工作质量的现实情况。

---

① 参见郑杭生《社会学概论新修》（第五版），中国人民大学出版社 2019 年版，第 98～99 页。

三是通过实地观察法深入评估学生工作基层落地的情况。观察法包括参与观察和非参与观察两种方式。其中，参与观察法是指观察者进入观察对象的生活或工作场所，参与他们的生活和工作，在参与过程中观察研究对象的各种行为及其变化情况。参与观察法常常在探寻研究对象的深层思想意识和内部相互关系方面具有较大的优势，能让研究者在理解被研究者的社会情境的基础上，认识他们的思想意识发展轨迹。① 非参与观察法则不参与研究对象的生活和工作，单纯以旁观者角度对研究对象的生活和工作及其行为变化等进行考察。在高校学生工作质量评估中，既可以采用参与观察法，也可以采用非参与观察法，或者两种方法兼顾使用，通过扎根师生的工作、学习和生活，能够对高校学生工作质量有更为深度的认知，从而掌握高校学生工作在基层的落实情况。

（二）以制度落实为基础的过程评估

《深化新时代教育评价改革总体方案》提出，要树立科学成才观念，"坚持以德为先、能力为重、全面发展，坚持面向人人、因此施教、知行合一，坚决改变用分数给学生贴标签的做法，创新德智体美劳过程性评价办法"②。规章制度是保障高校学生工作运行有序、保障有力、行稳致远的重要支撑，是高校学生工作高质量发展的重要中介变量，也是高校学生工作质量过程性评价的"牛鼻子"。高校学生工作规章制度是"制度文本"和"制度落实"的统称，既包括文本，也包括机制及其相应的实践活动，还包括制度创新和制度变迁，以此达成促进学生成长和立德树人之目标。

一是以文本分析为手段评估高校学生工作规章制度的质量水平。思想政治教育文本包含了思想政治教育学科中的"静态文本"和"动态文本"。③ 与此相应，高校学生工作文本也包含了"静态文本"和"动态文本"两大部分，其中，静态文本是指高校学生工作规章制度本身，动态文本是指高校学生工作制度对其成员施加有目的、有计划、有组织的影响后形成的运行机制、经验总结、文化氛围等。同时，因制度和机制运行所推动形成的高校学生工作实践活

---

① 参见郑杭生《社会学概论新修》（第五版），中国人民大学出版社 2019 年版，第 100 页。
② 《深化新时代教育评价改革总体方案》，人民出版社 2020 年版，第 11 页。
③ 参见冯刚《思想政治教育学学科发展新论域》，中山大学出版社 2022 年版，第 139 页。

动，也是动态文本的有机组成部分。规章制度及其落实是高校学生工作质量评估的重要组成部分，但对规章制度的评估不能只是文本和内容分析，还需要对规章制度的运行机制进行评估。在此基础上，还要评估与规章制度和运行机制相适应的高校学生工作项目、活动和文化建设情况。如此，才能形成高校学生工作规章制度质量水平的系统性评价。

二是以追踪研究为方法评估高校学生工作规章制度的发展变迁。追踪研究是指在多个不同的时间节点对同一组对象进行调查并收集资料，然后通过对所得资料的统计分析来探索社会现象随时间变迁而发生的变化，以及不同现象之间的因果关系的一种研究方式。追踪研究首先要确立一个基准的时间点，以此为起点随时间延续进行拓展。高校学生工作规章制度应该随着时代变化和经济社会发展的要求，与时俱进地得以建立健全。对高校学生工作的规章制度进行追踪研究，通过对特定时间维度的高校学生工作规章制度的目标、体系和内容等方面进行纵向的分析比较，既可以看出高校学生工作具体内容的变化，也可以分析出高校学生工作为适应时代发展要求而做出的努力，进而反映出高校学生工作的质量水平。

三是以满意度评价为载体评估高校学生工作规章制度的运行质量。规章制度的生命力在于落实，在于形成制度成果和实践成果。高校学生工作的制度成果和实践成果应该由师生来检验，要有利于落实立德树人根本任务，要能扎扎实实地服务师生，促进学生成长。满意度评估是借助服务对象对项目提供的服务是否符合或满足自己的愿望和心意的反应为途径，对该项目的直接效果加以评价的一种研究方法。满意度评估包括借助标准化指数及量表的评估方法、通过自建指数及量表的评估方法以及使用定性资料的评估方法。[1] 对高校学生工作规章制度的运行进行满意度评价，需要结合党的教育方针以及高校人才培养目标建立指标体系，通过定量和定性相结合的方式开展，以深入了解师生对学生工作规章制度运行效果的真实感知。

（三）以学生成长为中心的结果评估

《深化新时代教育评价改革总体方案》指出，要"坚持把立德树人成效作

---

[1]　参见方巍等《社会项目评估》，上海人民出版社 2020 年版，第 186～192 页。

为根本标准"，"坚决克服重智育轻德育、重分数轻素质等片面办学行为，促进学生身心健康、全面发展"。① 因此，高校学生工作质量评估要以学生成长为中心，把立德树人成效作为检验学生工作质量的根本标准。高校学生工作质量评估可以综合采用个案分析法、统计分析法、问卷调查法、大数据分析等方法，以学生德智体美劳全面发展为重点进行结果评估。

在高校学生的德育评价方面，可以学生入党申请率、学生党员比例等为核心指标，建立健全学生思想政治表现的指标体系，以统计分析为基本方法，对高校学生工作在德育方面的质量进行评价。学生入党申请率反映的是学生在经过高校思想政治教育后积极向党组织靠拢的整体状况，学生党员比例体现的是具有坚定的马克思主义信仰、共产主义和社会主义信念学生的情况，因此以学生入党申请率和学生党员比例为核心的学生思想政治表现指标体系，可以较好地反映高校学生工作在德育方面的情况。在学生智育方面，可以学生挂科率、本科生升学深造比例等为核心指标，建立健全学生学业发展的指标体系。其中，学生挂科率反映的是学生学业困难及学业帮扶工作情况，本科生升学深造比例体现的是学生学业进步、不断追求卓越的表现情况。在学生体育方面，可以学生体质健康测试达标率和优良率为核心指标对学生健康状况进行评估。体质健康测试达标率是从基本面上反映学生的身体素质，体质健康测试优良率则体现了身体素质优良学生的总体情况。在学生美育方面，可以全体学生每学期参与美育活动的比例以及掌握一项及以上艺术专长的学生比例为核心指标进行综合评估。在学生劳动教育方面，可以全体学生参与日常劳动实践、志愿服务活动以及结合专业知识进行生产实践的学生比例作为核心指标进行统计分析。

在做好在校学生德智体美劳全面发展状况评估的基础上，还要注意结合高校学科专业特点，以个案分析为方法，对在校生和毕业生的典型个案进行深入剖析，以便精准而又有深度地评估高校学生工作质量。当然，典型个案不只指一个，也可以是多个，以便反映高校学生工作在推动学生全面发展方面的成效。此外，以学生成长为中心的结果评估还要做好毕业生就业质量评价，可以通过引入有资质的第三方对高校毕业生就业质量进行全面深入的评估，以便在不同维度反映高校学生工作的质量和水平。

---

① 参见《深化新时代教育评价改革总体方案》，人民出版社 2020 年版，第 5 页。

三、高校学生工作质量评估的实施路径

高校学生工作质量评估，在厘清为什么评估、评估什么、如何评估等问题的基础上，还需要对谁来评估、怎样实施评估、结果如何反馈等方面的事项进行安排，才能将质量评估落到实处，起到促进立德树人和人才培养的目的。

（一）明确评估主客体

在高校思想政治工作质量评价中，评价主体是指依据一定社会发展的要求，对由一定思想政治教育者组织的思想政治教育实施活动的效果施加有目的、有计划、有组织的评价的个体或群体；思想政治工作质量评价客体，则是思想政治教育工作质量评价的对象，是评价影响的接受者和评价效果最主要的体现者。① 与此相类似，高校学生工作质量评估的主体是对由特定高校学生工作者组织的学生工作活动的效果施加有目的、有计划、有组织评估的个体或群体；高校学生工作质量评估的客体是高校学生工作质量评估的对象，是评估的接受者和评估效果最主要的体现者。

具体而言，由于高校学生工作质量评估包括宏观方向层面的诊断评估、中观制度运行层面的过程评估以及微观学生成才层面的结果评估，评估的实施主体会因目标不同、维度不同、取向不同而有所差异。首先，目前高校所接受的最高层级评估是中央直管高校的中央巡视。对中央直管高校来说，中央巡视是对高校全方位的检视，其实质是政治巡视，高校的办学方向、立德树人是重中之重的巡视内容，可以对高校学生工作质量进行全方位、有深度的评估，巡视的实施主体是中央巡视组，客体是中央直管高校党委。根据不同的管理层级，部属高校由中央部委委派巡视组，地方高校由省级纪委监察部门委派巡视组，这些巡视同属于政治巡视，目的是压实高校党委管党治党主体责任，为培养德智体美劳全面发展的社会主义建设者和接班人营造风清气正的良好政治生态。政治巡视可以从宏观、中观、微观等多层面对高校学生工作进行深入评估，为高校学生工作的高质量发展引领导航。其次，教育主管部门所开展的学生思想

---

① 参见冯刚等《高校思想政治教育工作质量评价研究》，人民出版社2020年版，第187～189页。

状况动态调查、学科评估、毕业生质量评价、学生资助绩效评估等工作，涉及高校学生工作的某一领域或多个领域，评估主体是教育部或地方教育主管部门，客体是各相关高校。最后，有些高校、专业组织、社会机构、专家学者等，还会就高校学生工作的某一方面或多个层面开展评估评价，这时的评估主体是高校、专业组织、社会机构、专家学者等，评估客体则根据评估评价的目标任务而有所不同。总之，高校学生工作质量评估的主体既包括专职评价者，也包括兼职评价者，还包括那些在特定时间和空间对特定学生工作实践活动开展某类工作质量评估的人；而高校学生工作质量评估客体不仅具体指向评估对象学生工作活动过程的构成要素，而且理应涵盖被评估对象进行学生工作活动的整个过程。[①]

（二）分层分类实施

高校学生工作质量评估涵盖了宏观、中观和微观三大层面的内容，通过一次性的评估就能全面覆盖这三大方面的所有内容是不现实也是不必要的。因此，从评估的可操作性和精准性出发，高校学生工作质量评估应分层分类实施。高校学生工作质量评估的实施，按时间可分为定期评估和不定期评估，按主体可分为自我评估和他人评估，按工作进程可分为需求评估、过程评估和结果评估。[②] 要注意构建政府、高校、社会等多元参与的评价体系，建立健全教育督导部门统一负责的评估监测机制，大力发挥专业机构和社会组织的作用。同时，要创新评价工具，利用人工智能、大数据等现代信息技术，探索各年级学生工作质量的全过程纵向评价、德智体美劳全要素横向评价。[③]

首先，要做好学生工作质量评估的时间规划。进入新时代，上级主管部门针对高校的各类名目繁多的检查、评先评优、考核等项目得到有效治理，只保留了一些必不可少的检查督导项目和工作机制。从工作全流程角度看，工作质量评估是做好工作必不可少的环节。各高校党委特别是学生工作主管部门，不能因为上级部门没有组织检查、评比就不注意做好工作质量评估，而应该结合

---

① 参见冯刚等《高校思想政治教育工作质量评价研究》，人民出版社 2020 年版，第187～190 页。

② 参见张岩《论高校思想政治教育评估的有效性及实践》，载《教育与职业》2011 年第27 期，第67 页。

③ 参见《深化新时代教育评价改革总体方案》，人民出版社 2020 年版，第16 页。

学校发展需求统筹开展学生工作质量评估工作。例如，可以对五年一轮的政治巡视、五年一次的学科评估、一年一轮的学生思想状况调查、一年一度的毕业生就业质量报告等进行统筹安排，形成学生工作质量评估的分层分类进阶运行机制。

其次，要把自我评估与他人评估有机结合起来。自我评估指的是以高校、院（系）或学生工作人员为评估主体，对高校学生工作质量开展评估。自我评估中的"自我"强调的是高校学生工作主体责任者的内生动力，是立足学生工作高质量发展，为更好地落实立德树人根本任务，依托自身力量，对所在领域内的学生工作运行开展质量评价的一种质量内控管理方式。自我评估通过发挥自身的积极性和主动性，实现自我监督、自我管理、自我纠错、自我发展之功能，这是展现学生工作主体性的重要表现。其中，高校常态化开展的辅导员工作评价、学生工作年终总结、学生工作评优评先等，也是学生工作质量自我评估的有效形式。他人评估是指由高校学生工作主体之外的机构或人员开展的学生工作质量评估，这里的他人既包括教育主管部门、研究机构、社会组织，也包括专家学者或对高校学生工作感兴趣的个人，等等。他人评估一般都具有较强的目标导向或问题导向，目的是了解学生工作的整体开展情况或学生工作中的某一领域方面的问题，以便为决策提供参考或推动学生工作重点难点问题提供解决方案。例如，各高校委托第三方开展的毕业生就业质量评估就属于他人评估的范畴。

（三）评估结果反馈

《深化新时代教育评价改革总体方案》对教育评价结果反馈有明确要求，强调要"完善评价结果运用，综合发挥导向、鉴定、诊断、调控和改进作用"[1]。高校学生工作质量评估的目的是厘清工作情况、总结经验、查找短板、推动发展，为落实立德树人根本任务和促进学生成长成才提供一手资讯和决策支撑。为此，高校学生工作质量评估要重视评估质量的反馈环节的工作，以形成质量评估的完整闭环。

高校学生工作质量评估的结果反馈是评估形成闭环的重要环节，要重点做

---

① 《深化新时代教育评价改革总体方案》，人民出版社 2020 年版，第 16 页。

好四个方面的工作。一是要形成评估报告。评估报告是质量评价不可或缺的组成部分，是质量评价结果的文本呈现。评估报告应该全面完整地描述质量评价情况，既要对评估对象的总体情况进行概括性介绍，也要对评估对象的工作措施、工作成效及特色亮点进行客观描述，更要精准地指出评估对象存在的问题，还要通过科学分析、研判提出下一步如何改进的意见建议。也就是说，高校学生工作质量评估报告要全面、客观、科学、精准，为高校学生工作持续向前发展提供决策参考。二是要确定反馈形式。常见的质量评估反馈方式有媒体发布、论文发表、会议反馈等。其中，媒体发布是通过报纸、网络、电视等大众媒体或新媒体方式，把研究报告全文或重点内容公之于众。例如，当前各高校毕业生就业质量报告就是通过媒体发布方式向社会公开的。论文发表是专家学者通过开展高校学生工作质量评估项目，形成学术论文后在专业期刊公开发表的一种方式。通常情况下，为保证研究的客观性和价值中立，学术研究要遵循研究伦理，在论文发表时一般不会直接披露具体评估对象的名单，以免对评估对象形成某种程度的伤害。会议反馈是通过举办报告会、座谈会、专题反馈会等方式，对高校学生工作质量情况进行反馈，以便评估客体所在单位成员更好地了解学生工作质量状况。三是要明确反馈范围。高校学生工作质量评估不可避免地会涉及意识形态等方面的敏感话题，明确评估结果的知悉对象是重要且必要的。根据党政工作要求，不涉密也不涉及敏感话题的质量评估内容，在征得主管部门或评估主体、评估客体所在单位负责人的同意后，才能通过媒体发布、论文发表等形式予以公开。即使通过会议进行评估结果反馈，参会对象往往也是特定范围人员，应根据实际情况予以确定。四是开展整改工作。高校学生工作质量评估报告发布后，接受评估的单位在全面消化质量评估内容的基础上，要重点针对存在的问题，结合评估报告提出的意见建议制定整改方案和整改台账，明确整改内容、整改的责任人、整改时间节点等，有计划有步骤地开展整改工作。在整个过程中，还要经常对整改工作"回头看"，检查督促整改工作情况，以便真正推动高校学生工作的高质量内涵式发展。

第十章　高校学生工作深化发展

高校学生工作是基于国家教育方针和人才培养目标而组织实施的，符合学生成长成才规律，促进学生智力、能力、情感及价值观等方面综合提升、全面发展的工作。高校学生工作承担着学生思想政治教育、心理健康教育、价值观教育及基本素质培养等多重任务，与高校的教学、科研、管理及服务等密切关联，是高校教育管理工作的出发点和落脚点。深化高校学生工作的发展路径，对于做好高校教育管理、落实立德树人根本任务具有非常重要的意义。

第一节　高校学生工作与"一线规则"

高校学生工作要以立德树人为根本任务，坚持育人导向，从学生成长和发展的规律出发，充分考虑当前教育实际，立足一线实情、扎根一线师生、注重一线实效地推动高校学生工作内涵式发展。

一、高校学生工作决策要立足一线实情

高校学生工作是服务高校学生成长成才的重要内容，在落实立德树人根本任务中发挥着极其重要的作用。高校学生工作决策要抓好学生工作的各个环节，尤其是要立足一线实情。首先，党委学生工作部作为学生工作管理的职能部门，在学校党委的坚强指导下，以习近平新时代中国特色社会主义思想为指导，围绕立德树人根本任务，把握新阶段、贯彻新理念、构建新格局，坚持高起点谋划、高标准推进、高质量落实，持续强化学生工作内涵建设，努力构建"三全育人""五育"并举的高校学生思想政治工作体系，对全校学生工作进

行宏观决策和协调管理。其次，院（系）作为学生工作的主体和具体实施单位，需要根据高校学生工作的总体部署，结合院（系）学科特点和人才培养目标，立足学生成长成才各个环节，全面开展本院（系）学生工作。目前，院（系）学生工作主要内容包括思想政治教育、党团组织及班级建设、校园文化活动和社会实践、学生奖励（资助）和勤工助学、日常行为规范和纪律、学生宿舍管理、学生心理健康教育、学生学业发展规划等八个方面。学生工作涉及学生学习和生活的各个方面，学生工作质量直接影响学生的学习和生活，是学生个人成长、全面发展的关键因素。由于学生工作扎根于学生具体的学习、生活当中，因学生个体的差异性所导致的工作局面往往不一样，从而学生工作具有一线特征。

（一）工作内容在一线

学生工作的内容涉及学生学习生活的各个方面，其复杂多变的情况和危机突发问题等，坐在办公室或者看报告是无法全面了解的。学生工作应该坚持一线工作法，深入教室、宿舍和学生活动场所，身临其境地掌握第一手材料，才能使工作更加贴近实际，才能取得更加显著的效果。未深入一线了解实际情况而推进学生工作的做法是鲁莽的、不切实际的。

（二）工作灵感在一线

好的灵感和工作方法来自对一线现实的思考、研究和审视，走进工作实际、融入工作实践才能产生真正的工作灵感。学生群体的差异性对学生工作提出了不同的需求，为了确保学生工作取得良好的效果，需要针对不同的个体展开有针对性的学生工作服务。新时代高校学生具有很强的主观能动性，他们的一些想法往往富有创意，学生工作中的不少思路就是来自学生自身的实践活动。通过深入一线和学生互动，能更好地启发学生工作灵感。

（三）工作落实在一线

高校学生作为高校学生工作的客体和服务对象，对学生工作的开展路径和工作成效提出了要求。高校学生工作早已告别了单纯听汇报的方式，更强调根据现场情况确定工作思路和工作方法，根据一线要求进行组织实施和落实，深入课堂、学生宿舍、学生活动、实践基地等场所了解学生的学习和生活情况，若遇到突发问题，则更需要实地了解情况，深入一线才能确保学生工作得到有效落实。

（四）自身提高在一线

为了适应社会发展变化和高等教育改革发展的内在要求，构建一支高素质的学生工作队伍，要求一线学生工作者坚定理想信念，提升政治理论水平，积极探索和创新学生思想政治教育工作机制，树立与时俱进、开拓创新、求真务实、脚踏实地的思想作风，始终保持奋发有为、昂扬奋进的精神面貌。学生工作者要不断提升工作能力，积极探索"模块化"管理和服务模式，深入其分管"模块"领域进行思考、研究、开拓和创新，形成学生工作学习型团队；学生工作者要在一线工作中不断学习、不断探索，提升个人业务素质和综合能力，进而提升学生工作的管理和服务水平。

二、高校学生工作开展要扎根一线师生

学生是学校的主体，全校教职员工都负有教育学生的责任。2020 年，教育部、中央组织部、中央宣传部、中央政法委、中央网信办、财政部、人力资源社会保障部、共青团中央等联合印发了《教育部等八部门关于加快构建高校思想政治工作体系的意见》（以下简称《意见》），指出高校要"以习近平新时代中国特色社会主义思想为指导，全面贯彻党的教育方针，坚持和加强党的全面领导，坚持社会主义办学方向，以立德树人为根本，以理想信念教育为核心，以培育和践行社会主义核心价值观为主线，以建立完善全员、全程、全方位育人体制机制为关键，全面提升高校思想政治工作质量"。《意见》中提到要充分发挥科研育人、实践育人、网络育人、管理服务育人、制度育人、资助育人等功能，进一步巩固了学生培养在高校工作中的中心地位，进一步强调了各个环节的育人职责。按照《意见》要求，高校需进一步梳理各岗位的育人元素、理顺全员育人的工作机制，促进"三全育人"工作体系的逐步完善。

（一）始终坚持学生的主体地位

新时期高校学生工作要求必须将学生的需求和发展放在首位，以学生为中心，即坚持学生的主体地位，重点在提高学生学习能力、实现个体全面发展的同时，注重完善学生的个人品德修养，促进学生的全面健康发展。长期以来，高校学生工作强调要以人为本，以学生为本，对学生负责，但实际执行时的工作方式多是自上而下，从学生工作管理的角度来看，并未从学生需求端出发，对学生关怀不够，学生的主体地位难以很好地体现出来。将学生作为学生工作的中心，客观上就是要求学生工作队伍要以学生为中心，坚持学生的主体地位，这也与科学发展观的"以人为本"不谋而合。

就高校学生工作而言，服务是其最基本的工作特征，加强服务建设已经逐步成为高等教育中学生工作贯彻落实立德树人根本目标的重要途径。高校学生工作要积极适应高等教育的新变化、新发展、新要求，在工作理念、工作内容及工作方式等方面加以创新，从"管理本位"向"以学生为本""为学生发展服务"转变，促进构建适应新时代高等教育发展要求的新型学生工作服务体系。同时，高校学生工作开展要树立全流程、全周期意识，注重把握教育管理和学生成长的规律性，在关注活动覆盖面、学生自主参与的同时，做好统筹规划、系统设计，将思想政治教育贯穿教育教学的各个环节，努力做到迭代性优化、系统性提升，逐步形成工作闭环。

就宏观工作角度而言，高校的学生工作应加大服务力度，健全相应的管理体系，规范并整合学生工作日常管理的流程，开展行政管理服务工作，给学生营造出全方位轻松愉快的学习和生活氛围，促使学生在快乐中有效地发展与成长。高校应在思想教育工作、学习与生活管理工作、心理健康教学工作以及学生事务管理工作中制定完善的高校教育机制，组建专业化的高校学生工作团队，提升学生工作的服务水平，尤其是和高校教学单位进行合作与协调，强化学生学习指导，进一步把学术工作与学生工作结合起来。

就微观工作角度而言，随着高等教育的发展，学生接受教育的主体意识日益增强，高等教育日趋强调学生的个体需求和发展，高校需将"供给者本位"转向"需求者本位"。高校需要将以学生为主体的教育思想渗透在学生日常学习与生活管理以及思想政治教育等工作的各个层面，结合学生个体性发展趋势与学生身心健康发展的需求，设计出科学合理的教育计划，赋予高校学生工作个性化特征，从而锻炼学生的科学精神，提高学生自身的思维能力与创新能力，培养综合能力强的高素质人才。随着高校学生规模扩大，学生在思想状况、家庭背景、兴趣爱好、职业选择等方面的多样化特征不断凸显。学生群体多样化所带来的价值观念多样化、需求多元化给学生工作提出了新的要求，学生工作也就必须适时、充分了解学生思想和行为特征基础，提供多样化的教育服务，从而满足教育需求。在学生工作领域要摒弃简单的经验"管理"模式和传统的、经验式的发展观念，加强学生思想政治建设，从学生的满意度出发，注重保障学生基本权益，解决学生成长成才环节的实际问题，把推动学生工作的内涵式发展作为战略方向。

（二）着力构建平等的师生关系

高校坚持社会主义办学方向，落实立德树人根本任务，培育和践行社会主义核心价值观，客观上要求把加强学生工作队伍建设放在先导性和基础性地位。建设一支政治立场坚定、综合素质全面、爱岗敬业奉献的学生工作队伍，既是高校一流师资队伍建设的重要组成部分，也是加强和改进高校学生思想政治教育的重要前提。当前国内高校普遍建立了以党政专职辅导员、兼职辅导员、青年教师辅导员、班主任、学业导师、党委副书记等为一体的学生工作队伍，从学生思想政治建设、学生事务、学业规划等方面着手，全方位服务学生的学习科研和生活成长。

良好的师生关系是促进学生成长成才的重要影响因素之一。《意见》指出，"三全育人"格局下教师的角色将变得更为多元，他们不仅是教育者、组织者和管理者，也是参与者、辅导者、学习者等。无论是面对面的线下交流，还是各种网络平台的线上互动，都是为了加强师生之间的交流，最终促进学生的有效学习和成长。教师和学生建立起学习与成长共同体，开展更多的合作与交流，他们将从静态的"师教生学"关系转变为动态的"共生互学"关系。教师和学生之间需要加强对彼此的尊重和理解，相互包容和促进，构建一种对话的师生关系。这种有意义的对话关系的构建，能更好地提升学生在学生工作中的主动意识，改善被动管理的局面，让学生工作者更好地了解学生在学校学习和成长过程中的状态和所需要解决的问题。

三、高校学生工作评估要注重一线实效

随着高校学生工作的深化发展，为进一步提高学生工作的质量，提升基层学生工作者的积极性和创造性，增强学生工作的系统化、规范化和科学化，高校需要建立完善的学生工作评估体系，科学合理地对学生工作进行有效评估。

（一）学生工作队伍建设

推动"研究型"队伍建设，促进学生工作队伍专业化。[①] 一是加强专职辅导员的管理与考核，进一步强化专职辅导员作为学生思想政治教育工作骨干力量的重要地位，设立辅导员业务工作年度考核制度并建立考核档案。二是进一步实施"辅导员职业能力提升计划"，通过集中培训、重点资助等形式，加强对辅导员的职业能力和综合素质培训；探索建立辅导员学习交流工作坊，研究制定培训课程，加强校内专题培训，同时鼓励院（系）间进行学生工作经验交流，达到互促互学的目的。三是以"科研课题和精品项目建设"为抓手，推进辅导员科研课题和精品项目建设，促进学生工作队伍科研能力提升，更好地用理论知识指导实际工作。四是以"辅导员团队建设"为基础，逐步建设名辅导员工作室，培养学生工作的领军人物、工作骨干，推进形成学生工作"头雁"效应，带动学生工作队伍整体能力的提升。五是进一步落实兼职辅导员配备要求，完善选拔、管理、考核与激励制度，从兼职辅导员中遴选专职辅导员和党政机关管理干部，组织建立起学生工作队伍后备力量。六是拓宽辅导员职业发展路径，积极培养辅导员成为党政管理后备干部和机关管理骨干，为辅导员职业发展建立良好机制。

（二）思想政治工作

重视高校思想政治教育是落实立德树人根本任务的内在要求。习近平总书记在 2016 年 12 月 7 日至 8 日的全国高校思想政治教育工作会议上强调，高校

---

① 参见朱建《坚持"两个导向"加强高校学生工作队伍建设》，载《高校辅导员》2015 年第 3 期，第 3～6 页。

思想政治工作关系高校培养什么样的人、如何培养人以及为谁培养人这个根本问题，要坚持把立德树人作为中心环节，把思想政治工作贯穿教育教学全过程，实现全员育人、全程育人、全方位育人，努力开创我国高等教育事业发展新局面。高校思想政治教育工作应坚持以学生为本，以党团组织为依托，开展有效的思想政治教育活动，促进学生全面发展，帮助学生形成正确的世界观、人生观、价值观。

（三）日常管理服务

高校学生日常管理和服务是高校学生工作的重要组成部分，主要包括学生学习生活的事务性工作，如奖勤助贷补、学籍学费、宿舍管理等。科学高效的日常事务管理服务能为学生学习生活提供可靠保障。

（四）学业发展规划

良好的学业规划能够使学生快速融入高校的学习环境。通过建立学业规划引导机制、设立学业导师，能够让学生充分了解所学专业特点、学习思路及未来职业发展方向。学生可根据自己的兴趣和自身能力合理规划专业学习，同时建立良好的职业发展观，设计自己的职业发展规划，合理安排专业课程学习计划，树立职业发展目标。

（五）安全稳定工作

安全稳定工作是高校学生工作的重点，是学生在学校进行学习成长的重要前提。面向学生群体做好安全教育是安全稳定工作的基础，如印发安全教育手册、举办安全知识宣讲等；随着社会的发展，心理健康教育的重要性日益凸显，学生群体中心理健康问题频发，学生工作需要加强心理干预、开设心理健康教育课程，增强学生自我调节能力；同时，加强对重点群体学生的排查，建立高关注台账，做到及时跟进、及时处理。

第二节 高校学生工作与"三全育人"

高校学生工作要坚持和加强党的全面领导，充分发挥中国特色社会主义的思想教育优势，立足立德树人根本，构建运行科学、标准健全、内容完善、保障有力、成效显著的高校学生工作体系，形成全员、全程、全方位的育人格局，切实提高学生工作的亲和力和针对性，着力培养德智体美劳全面发展的社会主义建设者和接班人，培养担当民族复兴大任的时代新人。

一、高校学生工作要做好"三全育人"的组织

党的十九大对我国高等教育工作提出了明确的要求，高校要坚持把立德树人作为立身之本，加大人才培养力度。随着社会的不断发展和进步，要深入推进高校"三全育人"工作，就需要党和国家在全面强化高校育人工作举措的前提下，为高校立德树人与学生发展提供政策保障和法律依据。2018 年 5 月，教育部在推进"三全育人"综合试点改革工作时，印发了《普通高等学校"三全育人"综合改革试点建设标准》，标志着我国"三全育人"工作进入了全新的发展阶段。"三全育人"是新时代高校以立德树人根本任务为主体构建的具有可行性、系统性、全面性特点的全新育人体系，该体系的构建和施行为高校思想政治工作的有效开展提供了全面的保障和支持。"三全育人"体系中的全员育人，实际上就是构建以党政领导干部、思想政治理论课教师、专业课教师、辅导员、共青团干部等所有与教学、管理和服务相关的人员为主体，积极参与人才培养的工作体系。全程育人则是将育人元素融入学生在校期间学习、生活的各个阶段，从教学、管理、服务工作等方面着手推进高校思想政治工作，在潜移默化的过程中影响和熏陶在校学生，从而有效提升学生的思想政治素质。高校开展全方位育人工作，要充分发挥各个育人载体的优势，深入挖掘以课程、科研、实践、文化、网络、心理、管理、服务、资助、组织等为主要内容的育人要素，对在校学生进行全方位教育与管理，并将思想政治教育元素寓于其中。

高校要将立德树人作为立身之本，着力构建"三全育人"工作体系，不断提升人才培养的针对性和实效性，切实肩负起培养德智体美劳全面发展的社会主义建设者和接班人的神圣使命。高校学生工作要做好"三全育人"的组织工作，建立高校"三全育人"工作联动机制以及相应保障措施。

（一）完善党委统一领导的联动机制

加强党对高校的领导是中国特色社会主义大学的显著特征，也是我们建设特色一流大学的根本政治保证。2021年4月16日，中共中央印发新修订的《中国共产党普通高等学校基层组织工作条例》，对高校基层党组织工作做出全面规范，是新时代高校党的建设的基本遵循。高校各级党组织要切实履行全面从严治党主体责任，把党的建设摆在突出位置来抓，坚持和加强党对学校的全面领导，不断完善党的组织体系、制度体系和工作机制，推动高校党建与事业发展深度融合，以高质量党建引领为党育人、为国育才，推动高校事业高质量发展。

高校要以立德树人为根本任务，构建完善的"三全育人"领导机制，建立健全育人责任体系，进一步强化领导责任，提升高校学生思想政治工作成效。高校党委要加强对思想政治工作的全面领导，建立党委统一领导、党政齐抓共管，各学院部门各司其职，全校师生共同参与的育人体系。发挥高校党委在思想政治工作中的核心领导作用，全面统筹育人资源，充分调动校内外各方面力量积极参与育人工作，进一步将思想政治工作贯穿到学校教育教学的过程之中，促进高校育人能力和水平的全方位提升，切实保障"三全育人"工作机制的有效运行。

（二）成立专门的监管工作小组

高校应该严格按照"三全育人"工作的有关要求，建立工作领导小组，对高校"三全育人"工作的开展进行组织领导，保证"三全育人"工作的顺利开展。党的领导在高等教育事业发展中起着决定性和方向性的作用，为了加强和改进"三全育人"工作，高校应建立以高校党委统一领导、相关职能部门负责人和教育专家为成员的"三全育人"工作的评审监督委员会，定期开展"三全育人"联动机制的检查工作，确保高校在形成稳健的"三全育人"

运行模式前提下，发挥自身独特的工作体系优势，促进高校"三全育人"成效的全面提升。评审监督委员会要始终坚持党委统一领导，对于高校育人工作中存在的问题迅速进行处理，稳步推进"三全育人"工作的有效开展。同时，高校应探索建立述职评议制度。实行校、院（系）党组织书记抓思想政治工作和党的建设述职评议考核制度，并将考核结果和有关情况作为领导班子、领导干部目标管理和实绩考核的重要内容，纳入执行党纪监督检查范围。高校还应严格落实意识形态责任制，加强校园各类思想文化阵地的规范管理，加强校园网络安全管理，健全校园重大活动和热点问题、突发事件的处置和校园舆情引导机制。

（三）实行有效的奖惩评价制度

高校应秉承"以评促建、以评促改"的理念，建立多元多层、科学有效的奖惩评价体系，建立合理有效的奖惩评价制度，增强相关工作措施的权威性和公信力，进而保证"三全育人"工作的有效开展。高校应以中共教育部党组印发的《高校思想政治工作质量提升工程实施纲要》所涵盖的"十大育人体系"为基础，系统梳理归纳各个群体、各个岗位的育人元素，并作为职责要求和考核内容融入整体制度设计和具体操作环节，推动高校思想政治工作制度化，推动全体教职员工把工作的重心和目标落在立德树人育人实效上。高校还应健全评价体系，坚持定性分析和定量分析相结合、工作评价和效果评价相结合，研究制定内容全面、指标合理、方法科学的评价体系，推动高校思想政治工作制度化。要将教职工的职称评定、评奖评优、绩效奖励以及津贴待遇等与评价结果关联在一起，在确保评价结果与教职工自身利益相匹配的基础上，引导全体教职员工认识推进"三全育人"工作的重要性。另外，高校在开展育人工作评价时，应采用问卷调查、综合测评、走访学生等多样化评价方式有机结合的模式，方能在充分体现育人评价工作权威性与公信力特点的基础上，推动高校"三全育人"工作的全面开展。

二、高校学生工作要跟进"三全育人"工作的落实

高校学生工作要精准把握构建"三全育人"工作长效机制的关键点，跟

进"三全育人"工作的有效落实。

（一）建立社会、学校、家庭、学生协同育人机制

全员育人，要求全员都要成为育人者，其一言一行、一举一动都要履行育人之责、产生育人之效，实现育人无不尽责。全程育人，要求将立德树人贯穿高校教育教学全过程和学生成长成才全过程，实现育人无时不有。全方位育人，要求将立德树人覆盖到课上课下、线上线下、校内校外，实现育人无处不在。这就要求高校学生工作从以下三方面着手，积极推动全员育人工作的开展。第一，要进一步完善"三全育人"工作机制。教育引导高校学生树立正确的理想信念，全面提升自身道德修养，加快形成德智并重、德育为先的课程设置体系。课堂是学生获取知识技能的主要阵地，育人工作不能只停留在思想政治理论课堂上，而应在不同学科领域都加强思想政治教育，多学科、多元化地进行思想政治教育渗透，各类教师应当在各自承担的课程之中深入挖掘育人元素，优化课程育人培养方案，推动课程思政与思政课程同向同行。第二，将全员育人责任落实到院（系）目标责任书中。高校在开展育人工作时，要注重增强学校各级单位参与育人工作的主动意识，从制度层面上着手，建立并完善高校全员育人工作机制，确保全员育人工作的有序开展。第三，加大高校产学研协同育人机制建设力度。高校应该在全面优化和完善育人工作顶层设计的基础上，与政府、社会联合建立保障体系，充分发挥育人合作机制的优势，将育人工作与地方政治经济发展相结合，推动产学研融合发展，确保协同育人目标的顺利实现。

（二）将育人工作融入高校学生的学习和生活

高校学生工作要将育人元素融入高校学生学习和生活的各个方面，坚持以立德树人为根本任务，妥善解决高校育人工作中存在的问题。首先，优化育人工作机制。按照育人的目标导向原则，建立一套完整的制度体系和资源配套机制，将高校学生的职业生涯发展与个性化培养有机结合。在实践教育方面，要坚持将学生的理论教育与实践养成相结合，丰富实践内容，拓展实践平台，进一步提高实践育人质量。在文化建设方面，要注重以文化人、以文育人，结合高校自身特点，打造文化品牌，创新"文化育人"形式。随着互联网的深入

发展，网络成为新时代高校学生学习和生活的主要平台，高校教师要不断进行探索和尝试，通过互联网和新媒体平台，提高网络育人能力，积极正确地引导学生树立正确的世界观、人生观、价值观。同时，高校还要强化科学管理对道德涵育的保障功能，把解决学生实际问题与思想政治教育结合起来，进一步提高管理育人与服务育人的工作质量。针对家庭经济困难学生，要坚持把"扶困"与"扶智"、"扶困"与"扶志"结合起来，构建"资助育人"长效机制。把组织建设与教育引领相融合，充分发挥各党团组织在高校学生群体中的政治核心作用与战斗堡垒作用，提高组织育人水平。其次，时刻跟进掌握育人措施的实施情况。高校开展育人工作，既要注重引导学生加强理论知识学习，还应密切关注学生个人综合素质的提高。要坚持以课堂教学为基础，鼓励学生向第二课堂延伸，充分发挥学校、家庭、社会协同育人优势，进一步提高全程育人工作成效。最后，高校要把心理育人摆在重要位置。由于学生在大学校园学习生活期间，经常会面临学习、生活、情感等方面的压力，难免会出现焦虑、紧张情绪，高校应当将心理健康教育作为常态化课程长期开展，有效缓解学生压力，帮助学生更好地适应大学生活。

（三）结合经济社会发展需求创新人才培养模式

高校要成为坚持党的领导的坚强阵地，要有效开展高校学生理想信念教育，培育和践行社会主义核心价值观，塑造学生健全的人格、向善的人性和高尚的人品，让他们用智慧和能力为国家、民族和人民服务，成为担当民族复兴大任的时代新人。高校制定和实施人才培养方案，要从国家经济社会发展需求的角度出发，高校要主动对接国家经济社会发展的人才需要，瞄准科技前沿和关键领域，深入推进学科专业调整，提升导师队伍水平，完善人才培养体系，创新人才培养模式，加快培养国家急需的高层次人才，为坚持和发展中国特色社会主义、实现中华民族伟大复兴的中国梦做出贡献。

三、高校学生工作要彰显"三全育人"的成效

"三全育人"教育理念不仅是对马克思主义理论中国化的进一步传承和发展，同时也是一种符合我国当前国情的先进理论体系，其所体现出的鲜明时代

特征，为广大高校学生的成长和发展指明了方向。高校学生工作在积极创新和改革"三全育人"教育模式时，应该在充分体现思想政治工作时代性特色的基础上，构建多元化的"三全育人"工作体系，创新工作实施路径，方能满足社会发展对高校思想政治工作提出的新要求。

（一）统筹推进课程育人

大力推进习近平新时代中国特色社会主义思想"三进"。持续推进思想政治工作质量提升工程，实施高校思想政治理论课建设体系创新计划，不断提高教育教学的实效性。不断深化习近平新时代中国特色社会主义思想的宣传研究阐释，充分发挥高校人才优势和智力优势，结合学科专业实际，生动阐释习近平新时代中国特色社会主义思想，聚焦"四个面向"，提升高校科技创新能力和理论研究水平。高校应强化专业课程育人导向，深入挖掘和提炼各门专业课程所蕴含的思想政治教育元素和所承载的思想政治教育功能；建立名师工作室，扶持一批将思想政治教育融入各类课程教学的教学名师；培育一批学科育人示范课程，推广一批课程思政典型，推动课程思政建设。加强教材建设和课堂教学管理，建立健全教材建设与使用管理机制，制定课堂教学指导意见，完善课程设置管理制度，建立课程标准审核和教案评价制度，落实督导听课制度。

（二）着力加强科研育人

高校应改进科研环节和程序，将思想价值引领贯穿选题设计、科研立项、项目研究、成果运用全过程，把思想政治表现作为组建科研团队的底线要求。同时还应完善科研评价标准，改进学术评价方法，健全具有中国特色的学术评价标准和科研成果评价办法，构建集教育、预防、监督、惩治于一体的学术诚信体系，治理遏制学术研究、科研成果不良倾向。此外，高校应实施科研创新团队培育支持计划、科教协同育人计划、产学研合作协同育人计划等项目，健全优秀成果评选推广机制，服务国家和区域经济发展；加大学术名家、优秀学术团队先进事迹的宣传教育力度，加大对黄大年式教师团队、抗疫支援队等先进团队的宣传力度。

（三）扎实推进实践育人

首先，整合实践资源，拓展实践平台。高校应依托实习基地、城市社区、对口扶贫工作、爱国主义教育场所等，建立多种形式的社会实践、爱国教育实践基地。其次，完善实践体系，创新实践形式。高校应整合专业课实践教学、社会实践活动、创新创业教育、志愿服务、军事训练等实践教育环节，形成统一规划、分层实施、分类管理的实践育人体系。再次，深入推进实践教学改革，分类制定实践教学标准，完善实践育人长效机制。最后，加大统筹力度，强化支持机制。高校应构建"党委统筹部署、政府扎实推动、社会广泛参与、高校着力实施"的实践育人协同体系。

（四）深入推进文化育人

坚持价值引领，推进革命文化和中华优秀传统文化教育，引导高雅艺术、非物质文化、民族民间优秀文化走近师生。高校要弘扬大学精神，繁荣校园文化，将社会主义核心价值观主题教育与学校文脉传承、时代精神培育有机融合，注重发挥文化的浸润、感染、熏陶作用，挖掘校史校风校训校歌的教育功能。此外，要开展文明校园创建，优化校园育人环境，支持一批校园重点文化场馆建设，推进校史馆、博物馆等文化场馆建设，培育校园文化精品，使校园文化"看得见、摸得着、感受得到"。同时还要广泛开展"文明校园"创建行动。

（五）创新推动网络育人

高校要打造高素质网络思想政治工作队伍，重视开展新媒体网络育人工作，加大对名师、名课的网络宣传力度，完善新形势下网络授课机制，完善推动将优秀网络文化成果纳入高校科研成果统计、列为教师职务职称评聘条件、作为师生评奖评优依据的工作，建设一支政治强、业务精、作风硬的网络工作队伍。同时可以开展高校学生网络文化节、高校网络教育优秀作品推选等网络文化作品创作生产活动，引导师生弘扬网络主旋律，传播网络正能量。

（六）大力促进心理育人

高校要加强心理知识教育，把心理健康教育课程纳入学校整体教学计划，实现心理健康知识教育全覆盖，强化咨询服务，提升预防及干预水平。按照师生比不低于1：4000的比例配备心理健康教育专业教师，每校至少配备2名专业教师；推广应用"中国大学生心理健康筛查量表"和"中国大学生心理健康网络测评系统"，实现新生心理筛查全覆盖；建立学校—院（系）—班级—宿舍四级预警防控体系。

（七）将思想政治工作融入办学治校各环节

一是强化管理育人，把规范管理的严格要求和春风化雨、润物无声的教育方式结合起来，全面推进依法治教，促进教育治理能力和治理体系现代化，强化科学管理对道德涵育的保障功能，大力营造治理有方、管理到位、风清气正的育人环境。二是深化服务育人，把解决实际问题与解决思想问题结合起来，提供靶向服务，增强供给能力，积极帮助解决师生工作学习中的合理诉求，在关心人、帮助人、服务人中教育人、引导人。三是推进资助育人，把"扶困"与"扶智""扶志"结合起来，构建物质帮助、道德浸润、能力拓展、精神激励有效融合的资助育人长效机制，形成"解困—育人—成才—回馈"的良性循环，着力培养受资助学生自立自强、诚实守信、知恩感恩、勇于担当的良好品质。四是优化组织育人，把组织建设与教育引领结合起来，发挥高校党委领导核心作用、院（系）党组织政治核心作用和基层党支部战斗堡垒作用，发挥工会、共青团、学生会、学生社团等组织的联系服务、团结凝聚师生的桥梁纽带作用，强化高校各类组织的育人职责。

第三节　高校学生工作与"五育"并举

2021年4月16日，在全国教育大会上，习近平总书记站在党和国家事业发展全局的战略高度，阐明了培养德智体美劳全面发展的社会主义建设者和接班人这一教育的根本目标，明确了培养社会主义建设者和接班人六个方面的重点任务，为落实立德树人根本任务提供了根本遵循。全国教育大会的召开，标志着我国人才培养教育体系进入了德智体美劳"五育"并举的全面发展阶段。高校学生工作作为高校其他一切工作的"生命线"，要主动适应建设"五育"

并举教育体系的新形势与新要求，积极探索学生工作创新发展的体制机制，着力构建一体化的高校学生工作体系。

一、高校学生工作要以德润心

"德"乃人之本，人无德不立，国无德不兴，道德教育是教育的首要与根本。党的十八大以来，以习近平同志为核心的党中央始终把立德树人作为学校教育的根本任务，加强高校学生道德教育是高校学生工作的重中之重，是落实立德树人根本任务的中心所在。高校学生工作在全面巩固管理、服务职能基础上，需要更加突出立德树人、德育为先的功能，要将立德树人落实到学生工作的各个环节，充分发挥学生工作在"培养德智体美劳全面发展的社会主义建设者和接班人"中的重要作用。高校学生工作要探索将中华优秀传统文化与时代精神相融合，大力培育和践行社会主义核心价值观，牢记为党育人、为国育才使命。要加强高校学生德育教育，内容涵盖思想品德教育、职业道德教育、行为养成教育、形势政策教育、中华优秀传统文化教育、社会主义核心价值观教育等，尤其可以加强对党史、新中国史的学习，运用红色文化资源做好做实党史育人工作，帮助学生树立正确的世界观、人生观、价值观。同时，高校学生工作还应充分利用思想政治理论课、哲学社会科学课程、学生日常生活管理等多种教育载体，在第一课堂和第二课堂的协同下，将德育内容润化于学生内心。

道德品质教育不是单纯线性的上升过程，而是纵横交错的、网状的全面提升过程。从人的道德养成来看，德育工作需要在道德认知、道德情感认同、道德实践等各个环节下真功夫、真下功夫，方能取得实效；从构成方面来看，德育工作既包括德育活动实施前的准备工作，也包括德育活动中各个小的环节，还包括德育活动阶段性的总结和跟进等；从德育工作和人的道德养成的影响因素来看，根据马克思主义道德观，人的道德意识作为与特定时代生产方式相适应的意识形态之一，从根本上说受制于一定的历史条件和社会环境，因此，德育工作要在与其他工作的统筹配合中共同推进。具体到高校，相对独立化的工作流程和相对封闭的教育环境，为德育工作的开展提供了特定的背景，师生们丰富多彩的学习生活内容也为德育工作提供了更多可选择的载体和切入点，这些都是高校德育工作全方位、多角度开展的有利条件。

首先，完善高校德育工作的全过程，要整合好德育过程中的各环节。就高校德育工作整体而言，这是一项需要持续推进、不断深化的全局性工作，具体到不同的工作环节，其主体无疑是德育的实施，但相关的工作保障、工作反馈以及工作评估也都是不可或缺的组成部分，因此，要确保德育效果不能忽略任何一个工作环节。为了有效地开展一项德育活动，往往需要在德育活动真正开始前做好充分的准备工作，包括了解教育对象现有的道德水平，尽量多地查找与活动相关的道德素材，布置德育场景，等等；在德育活动具体进行过程中，则需要精心组织德育内容和进行步骤，营造德育现场氛围等；在德育活动结束后，还需要通过多种途径和方法进一步追踪德育效果，及时进行评估和反馈，把思想品德作为核心素养体现在教师工作考核和学生学业质量评定中。

其次，完善高校德育工作的全过程，要特别注重在师生的社会实践活动中融入德育内容。社会实践活动是高校师生教育教学活动的重要组成部分，全社会也为高校师生提供了丰富的实践选择和机会，从人的道德养成过程来说，已经形成的道德认知和情感认同还需要在实践活动中进一步巩固和夯实。在各种田野调查、参观考察等实践活动中，师生们可以通过近距离地感受国家的建设成就、了解相关领域的发展历程，在更好地认识社会、了解国情的过程中增强社会责任感。参与党和国家的重大庆祝活动，也逐渐成为高校师生社会实践活动的一项重要内容，亲身经历和参与这些重大活动的师生能够在其中深切地体会到身为中国人的自豪感和光荣感，从而在更加广阔的视野中增强理想信念，在更高水平上提升道德品质。通过参与志愿服务，师生们也更加牢固地树立起为社会做贡献、为他人服务的公共精神。德育视角下的高校师生社会实践活动还要重视为师生创造参与劳动的机会，引导师生在劳动过程中热爱劳动、尊重劳动，体味其中蕴含的崇高精神，确立起"劳动最光荣、劳动最美丽"的道德认知和情感认同。完善高校德育工作的全过程，要争取多方力量的支持和共同参与。高校有自己的教育教学规律，而高校师生并非置身世外，他们的道德养成受到多方面因素的影响甚至干扰，尤其在现代网络信息化高度发达的背景下更是如此，因此，高校的德育工作要敞开大门，努力争取更多力量参与其中。作为既是高校主体也是高校德育工作主要对象的学生群体，实际上处于逐步脱离原生家庭、步入社会的过渡阶段，他们既处于建构知识体系的关键时期，也处于提升道德素养的关键时期，因此，高校的学生德育工作需要来自家庭和社会两个方面的支持和参与。家庭是社会的基本组成部分，是个人道德养成的起点。生活在尊老爱幼、夫妻和睦、勤俭持家、邻里互助的家庭环境中的子女，在良好家教家风的涵养下往往会具有温厚恭谨的道德品行。这就要求高校的学生德育工作不能忽视与学生家庭教育的配合，如今日益便捷化的沟通方式使得这种配合更加及时和高效，我国目前交通网络的迅速发展也使高校教育工作者通过走访了解学生家庭来进一步加强工作针对性成为可能。此外，争取更多力量的支持和参与，也意味着高校需要与一些社会机构或组织合作开展德育工作，充分挖掘各种社会机构和组织，以及校友群体中蕴含着的丰富的德育资源，让各行各业的道德模范、先进典型成为广大师生学习的榜样和行为的示范。同时，高校德育工作在争取家庭和校外组织机构的参与配合中并非是单向提升师生的道德素养，这实际上是一个双向互动的过程，在这个过程中，整个社会的道德水平和文明素养都会同步得到提升。

二、高校学生工作要以智启人

智育即文化科学知识与技能教育，是"五育"并举教育体系的重点和关键，是高校学生工作需要贯穿、结合、融入的人才培养工作的重要方面，其主要目标是启迪智慧。"五育"并举教育体系中，通过加强和改进高校学生工作，推进思想政治工作与教育教学工作深度融合创新，提高课程质量、提升师资水平、挖掘学科专业课程的思想政治教育价值和思想政治教育元素，从学科专业的角度启迪学生思想政治教育，着力培养又红又专、德才兼备、全面发展的中国特色社会主义合格建设者和可靠接班人。因此，从人才培养的角度来说，智育的过程也是开展思想政治工作的过程，只有二者真正做到了贯穿与融合，知识传授和价值引领充分结合，才能实现人才培养的高质量与高水平。

（一）提高学科专业课程质量

高等学校以教学为主，学生的主要精力和大部分时间用于专业学习，他们的思想品德常常在专业学习中表现出来。因此，通过专业教学进行思想教育，是高校思想政治教育的显著特点，也是最广泛的有效途径。教师在专业课的课堂讲授中，将知识性和思想性有机结合起来，这是专业课教学进行思想政治教育经常的、普遍的形式。

（二）提升师资水平

高校以教学为中心，教师在教学过程中起着主导作用。没有一支好的师资队伍，很难形成较高的教学水平，也不可能培养出高质量的人才。加强教师队伍建设，提高教师的专业水平和政治业务素质，建设一支政治过硬、业务精湛的高校教师队伍，将有助于为社会主义现代化建设培养又红又专的合格人才，并且能够为做好高校德育工作和智育工作提供有力的保障。

（三）加大课程思政建设力度

坚持用习近平新时代中国特色社会主义思想铸魂育人，大力加强思政课程建设，在"双一流"建设中将马克思主义学院作为第一学院、将思想政治理论课作为第一课程重点建设。同时，大力挖掘学科所蕴含的思想政治教育元素，切实加强课程思政建设。认真审视各专业知识体系与经济社会发展和学生发展需求的契合度、课程体系与培养目标和毕业要求的耦合度、教学大纲与思想政治教育元素的融合度，深入挖掘课程的德育内涵和思想政治教育元素；全面修订课程大纲，将思想政治教育元素基因式地融入课堂教学主渠道，实现课程思政全覆盖，思想政治教育覆盖所有培养过程。

三、高校学生工作要以体强身

体育即体育运动，包括体育教育、竞技运动和身体锻炼三个方面，是高校学生工作需要深度融合的教育活动，其主要目标是强身健体。高校学生工作可以第二课堂为依托，组织丰富多彩的体育教育内容，如开展竞技类体育活动、趣味运动会、素质拓展等，推广中华传统体育项目，涵养阳光健康、拼搏向上的校园体育文化，培养学生的爱国主义、集体主义、社会主义精神，增强其文化自信，促进学生知行合一、刚健有为、自强不息，实现以体育智、以体育心的育人目标，努力为学生的未来发展奠定坚实、强壮的身体基础。

（一）有利于促进高校学生全面发展

在高校课程思政建设的推动下，高校体育工作将在马克思关于人的全面发展观的指导下，进一步推进高校学生的德智体美劳全面发展。高校体育工作在引导学生强健体格、提升学生运动能力的同时，还可以让学生在综合性的身体运动中锻炼心理素质。高校学生的身心健康发展与心智的成熟离不开运动能力的不断提升，在此基础上，体育课程思政建设将在培养学生的规则意识、爱国主义和体育精神等方面有促进作用。例如，学生开展体育活动须遵守比赛规则，能渐渐产生正确的价值追求，形成积极向上的精神面貌，也能自觉遵守社会道德规范。课程思政建设无疑强化了体育学科的育人价值，培养了高校学生不怕困难、顽强拼搏的精神和自尊、自信、自立、自强的信念，进一步丰富了体育学科的育人内涵。体育学科在提升学生运动技术水平的同时，也锻炼了学生的实践能力。此外，有纪律、有组织的体育运动还能提升学生的思想政治觉悟。例如，在团体性体育项目中，容易自卑、自律性差的学生在同伴和教师的鼓励、监督和帮助下，坚持不懈、勇往直前，逐渐养成了吃苦耐劳、顽强不屈的品格和不断战胜自我的进取精神；在技术要求较高的项目中，学生认识到坚持就会胜利，磨炼出不怕困难、勇敢克服困难的坚强意志，进而使学生勇于挑战困难，提升了心理韧性，最终促进学生全面发展。

（二）有利于落实立德树人根本任务

高校体育工作内容十分丰富，特别是体育活动，既有很高的综合性和灵活度，也有很强的规则性、纪律性，能够培养高校学生的团结精神。在高校体育课程中推进课程思政建设，除了能够锻炼学生体格，更能培养学生的艰苦奋斗信念，使学生自觉投身于国家和民族发展大局中，有利于高校进一步落实立德树人根本任务。高校学生将体育锻炼坚持到底，除了能够形成乐观向上的道德认知，还有利于培养他们坚强的意志品质，使他们在面对激烈的社会竞争时具备较强的环境适应能力和过硬的情绪调控能力。

（三）有利于培育高校学生的拼搏精神

为了更好地培育和塑造高校学生的体育精神，一方面，可进一步挖掘体育学科的思想政治教育元素，深入、科学、全面地总结人类体育史上的优秀思想成果和宝贵的体育实践经验，使学生心怀更远大的家国理想投入体育运动和锻炼中；另一方面，可充分挖掘在我国体育事业发展史上写下浓墨重彩篇章的代表性人物和先进团体，学习他们勇往直前、不畏艰险、超越自我、为国争光的典型事迹和优良传统，学习他们不懈奋斗、顽强拼搏、锲而不舍的体育精神，激励学生在体育学习中形成善于思考、勤于练习、勇于挑战的体育学习方法。除此以外，在课程思政建设的推动下，高校学生在团体性的学习和工作中将更善于服从纪律、勇于承担责任、乐于完成团队任务、维护团队集体荣誉，为塑造学生高尚的体育精神奠定坚实的基础。

四、高校学生工作要以美育人

美育，又称审美教育、情操教育、心灵教育，通过培养学生认识美、体验美、感受美、欣赏美和创造美的能力，使他们具有美的理想、美的情操、美的品格和美的素养，达到以美育人、以美化人的目的，它是有效提升高校学生工作吸引力、感染力的艺术形式与有效载体，其主要目是增强学生艺术涵养。2019 年 4 月 2 日教育部印发的《关于切实加强新时代高等学校美育工作的意见》中提出，学校美育是培根铸魂的工作，提高学生的审美和人文素养、全面加强和改进美育是高等教育当前和今后一个时期的重要任务。高校学生工作要积极探索和推进符合高校实际的艺术教育方式，通过开设公共艺术课程，培育建设一批高质量的美育精品课程；因地因校制宜地开展丰富多彩的艺术实践活动，积极探索创造具有时代特征、校园特色、学生特点、教育特质的艺术实践活动形式；加强高校艺术社团建设，加大从普通在校生中挖掘、选拔、培养艺术团成员的力度，带动校园文化活动的开展，学校艺术实践活动要让大多数学生参与其中、乐在其中，不断增强校园文化的感染力，发挥艺术的以美育人功能。

（一）优化美育顶层设计

第一，积极响应并落实高校美育政策。以习近平同志为核心的党中央高度重视美育工作，美育工作已经成为党的教育方针中的重要组成部分。高校美育工作不仅要遵循美育的发展规律，还要遵循人才成长的规律，注重提高学生的审美能力和人文素养，在树立文化自信的过程中继承和发扬中华优秀传统艺术。一方面，价值观的引领问题是美育工作的核心问题。高校在开展美育工作时要注重核心价值观教育的融合，引导美育的正确发展方向，避免美育功利化。社会主义核心价值观是高校美育工作的旗帜，应将社会主义核心价值观教育融入高校美育的方方面面并落实、落细、落小，引导学生发现美和创造美，对中华优秀传统艺术的历史、文化产生认同感与归属感。同时，高校美育还应当不忘立德树人之初心，利用情感教育和心灵教育促进学生的全面发展。另一方面，从文化自信的认识高度体现高校美育工作的价值。高校学生是新时代文化主体意识和文化创新意识最强烈的群体，在对他们进行美育培养的过程中，高校应当培养学生传承中华传统文化的精神，建立文化创新意识的信心和责任，从文化自信的高度加强高校美育工作。这也是增强国家文化自信、弘扬中华民族优秀文化的必然需求。

第二，高校美育工作要把握好工作重心。首先，高校美育工作要被重视起来，就要充分认识到美育工作的重要性。美育工作是党和国家事业发展的全局需求，是实现人的全面发展、坚持立德树人根本任务的必然途径。高校美育工作要认清新时代的新形势，明确高校美育工作的艰巨性和紧迫性，全面落实高校的美育工作。其次，高校美育工作在开展过程中，要不忘顺应艺术发展的规律，建立适合高校学生发展的美育课程，在普及美育的同时注重学生的个性化发展，提升学生的综合素养。最后，依据时代发展的需求，丰富高校美育的内容，满足新时代高校学生对美育的需求，从而真正提升高校美育工作质量。

（二）推进高校美育改革

高校美育要构建科学完整的课程体系，需要注重学科之间知识的交叉渗透，发挥美育在"五育"中的作用，推进"五育"协同发展。推进高校美育教学的改革，构建科学完整的课程体系，要将高校公共艺术教育与专业艺术教育进行协同发展，完成高校美育教学目标。高校公共艺术教育课是每个高校学生的必修课程，必须确保课程普及度。新时代高校学生对艺术审美的需求越来越高，内容也越来越丰富，课堂中所能学到的理论知识不仅有局限，学生能够吸收的也甚少。因此，高校的公共艺术课不能只限于理论教学，还需要更多的美育实践活动,这对新形势下的学生工作提出了更高的要求。学习艺术是为了学会更好地生活,只进行艺术欣赏活动而没有艺术表现和创意实践机会,就无法将艺术与生活相结合。唯有高校的美育课程与现实生活有交集,才能将学生的生活美育化,美育课程生活化。此外,学科之间也要注重知识的融合,在非艺术课程中融入美育内容,让学生在学习专业技能的同时提升审美能力和专业素养。

（三）彰显美育社会属性

高校美育的评价体系要以育人为目标,促进"五育"融合,满足高校学生素质发展的需求。高校美育的评价体系要遵守高校教育的内在规律,遵循教学和课程管理的理论原则,采用合适的考评标准,运用高校的教学质量监控和管理手段,对高校美育的实施进行系统测评和分析。构建高校美育评价体系的重点在于建设评价模式要符合学校的办学定位,符合学校的人才培养质量要求,能够充分将美育所要达到的教学成果反映出来。高校美育的评价体系应该具有多元、完整、互动等特征,测评完成后,不仅能够反映学生的实际审美水平,而且能区分开不同审美水平的学生。此外,应该建立一套评价的标准,方能有依据可循,并运用多样化的技术手段对需要评价的对象进行全面考察,对测评数据进行总结,反映出学生成长的真实性。高校美育评价体系要依据新时代高校的发展需求而不断创新和完善。目前,高校美育评价机制已经呈现出系统化的趋向,可以结合高校学科专业的特点和已经成形的教育质量评价体系对美育课程进行探索,制定出属于美育课程的评价机制,促使美育评价机制更好地为高校美育发展服务,从而更好地发挥美育的社会属性服务。

五、高校学生工作要以劳促学

劳动教育即劳动观念与劳动技能教育,指通过组织学生参加生活劳动、生产劳动和服务性劳动,让学生动手实践、出力流汗,接受锻炼、磨炼意志。它是切实增强高校学生工作实效性的重要手段和途径方式,能够培养学生基本的劳动能力,促使学生养成良好的劳动习惯与劳动品质。高校作为人才培养的基地,承担着为国家建设发展输送高素质人才的重要任务,劳育是高校学生成人成才的基础，更是关系到高校立德树人根本任务的实现、国家的发展和民族的未来。高校学生工作在推进劳育工作过程中，首先要教育引导学生树立正确的劳育观，其次要为学生搭建各种实践平台，如勤工俭学、义务服务、志愿服务、传统劳作教育、企业实习等，切身的劳动实践是服务他人的过程，也是服务自己、教育自己的过程，能让学生在实践中快速成长。

（一）劳动教育有利于培养高校学生的理想人格

高校学生理想人格的实现与社会发展是同步的，学校教育是高校学生理想人格发展的重要途径。在劳动教育过程中，高校学生互帮互助互学，在与他人的合作竞争中学会自我反思，注重见贤思齐，培养高校学生博大的胸襟和精益求精的精神。通过个人的努力完成一件件有意义的事情，直观地看到自己的劳动成果，帮助他们认识到自己的价值，学会正确处理各种矛盾关系。高校学生在社会服务的劳动过程中，看到因为自己的力量让别人更加快乐和幸福，逐渐发现劳动的美，成为乐于奉献的人，便会有意识地把集体利益放在个人利益之前，将个人的命运与祖国的命运统一起来。

（二）劳动教育有利于激发高校学生的探索精神

劳动教育的过程能够帮助学生自主思考，激发其求知和探索的内在动力。在劳动教育的过程中，高校学生有极为广阔的空间去尝试、去探索、去创造，他们带着对未知事物的好奇，通过体力的付出、自主的思考和一定的技巧更好地完成某件事情，这个过程就是高校学生求知和自主探索的过程。

（三）劳动教育有利于提高高校学生的实践能力

新时代更加强调志愿服务精神和动手实践能力。劳动教育正是在社会生活的实践中不断丰富和完善劳动者的劳动技能和劳动认知水平的。在高校开展劳动教育，既能提高高校学生的实践能力，也能培养学生的服务意识。通过劳动教育，高校学生对劳动的认识从认知层面转向实践层面，认识到实践的重要性和乐趣。针对不同专业的学生，开展不同的劳动实践课，能够提高他们的动手操作能力。目前，各高校的劳动教育主要以志愿活动的形式开展，这在一定程度上让学生感受到了助人为乐的喜悦，懂得如何处理人与自然、人与社会、人与人之间的关系，在实践中践行和谐、爱国、友善的社会主义核心价值观，意识到劳动过程中的收获和成就远远大于劳动成果本身，这对于培养高校学生的服务意识有很大的帮助。

（四）劳动教育有利于强健高校学生的身心素质

劳动过程中，人们一般会利用生产工具或徒手从事生产活动，在生产出产品的同时，身心也随之得到了锻炼，这就是人们常说的"以劳强体"。习近平总书记多次谈到七年知青岁月的艰苦生活对自己人生成长的重要意义，正是因为这段艰苦的生活经历，才锻造了他坚韧不拔的意志和顽强拼搏的奋斗精神。习近平总书记回忆起自己当年在陕北插队的经历，种地、挑水等农活不仅让他对我国农村的现状和生活条件有了更加清晰、深刻的了解，而且使身体素质与劳动能力都得到了锻炼。[①] 高校开展劳动教育，既能增强学生的体魄，也能让学生认识到良好的身体素质、心理素质和精神风貌是未来人生发展的基本前提。

---

① 参见中央党校采访实录编辑室《习近平的七年知青岁月》，中共中央党校出版社 2017 年版。

后　记

立德树人是教育的根本任务，人才培养是高校的中心工作。当今世界正经历百年未有之大变局，中国特色社会主义进入新时代，我国社会的主要矛盾已经转化为人民日益增长的美好生活需要和不平衡不充分发展之间的矛盾。"变化者，乃天地之自然"（《抱朴子·黄白》），高校学生工作要以学生成长为中心，培养引领未来的人才。为此，必须与时俱进地更新观念、丰富内涵、提升水平、追求卓越。

《新时代高校学生工作实务基础》一书是基于实践发展和现实需求而编写的。在书稿撰写过程中，我们参阅了大量国内外有关政治理论、高等教育、思想道德、人才培养、青年发展、风险治理、组织管理、质量评估等方面的文献材料，并吸收借鉴了其中一些研究成果，引用了政府部门、各类媒体的相关报告及新闻报道，在此对相关材料的作者深表谢意！文中采用脚注方式标明了参考文献，但因时间有限、工作量大，肯定会有遗漏之处，恳请相关专家学者理解与指正。

本书是广东省 2021 年度教育规划课题（德育专项）"新时代高校学生工作治理体系研究"（项目编号：2021JKDY002）及 2021 年度广东省高校思想政治教育课题"人才强国战略下高校培育时代新人的机制研究"（项目编号：2021GXSZ004）的阶段性成果。全书框架和写作体例由钟一彪负责统筹，第一章由彭雪婷撰写，第二章由李燕撰写，第三章由刘洁予撰写，第四章由董婉撰写，第五章由陈保瑜撰写，第六章由张剑撰写，第七章由罗妙琪撰写，第八章由周昀撰写，第九章由钟一彪撰写，第十章由陈有志、黄佳玮撰写。在此，感谢课题组成员的团结协作和共同努力！感谢支持和帮助我们的各位专家和师长！感谢中山大学出版社，尤其要感谢编辑赵婷老师为本书出版付出的辛劳！

　　尽管《新时代高校学生工作实务基础》一书力求展现新时代高校学生工作的前沿思考与实践成果，但由于我们的理论视野和研究能力有限，虽已竭尽全力，但本书肯定还有疏漏之处，恳请各位专家、学者、同道及读者们批评指正。

编　者

2022 年 3 月于中山大学